河北中醫學院古籍目録

白霞　主編

中醫古籍出版社
Publishing House of Ancient Chinese Medical Books

圖書在版編目（CIP）數據

河北中醫學院古籍目録 / 白霞主編 . -- 北京 : 中醫古籍出版社 , 2020.11

ISBN 978-7-5152-2150-2

Ⅰ . ①河… Ⅱ . ①白… Ⅲ . ①中國醫藥學－古籍－圖書目録－河北 Ⅳ . ① Z838

中國版本圖書館 CIP 數據核字 (2020) 第 129403 號

河北中醫學院古籍目録

主編　白霞

責任編輯　王　梅
封面設計　韓博玥
出版發行　中醫古籍出版社
社　　址　北京東直門内南小街 16 號（100700）
電　　話　010-64089446（總編室）010-64002949（發行部）
網　　址　www.zhongyiguji.com.cn
印　　刷　廊坊市鴻煊印刷有限公司
開　　本　787mm × 1092mm　1/16
印　　張　14.25　　彩插 1
字　　數　210 千字
版　　次　2020 年 11 月第 1 版　2020 年 11 月第 1 次印刷
書　　號　ISBN 978-7-5152-2150-2
定　　價　198.00 圓

古籍閱覽室

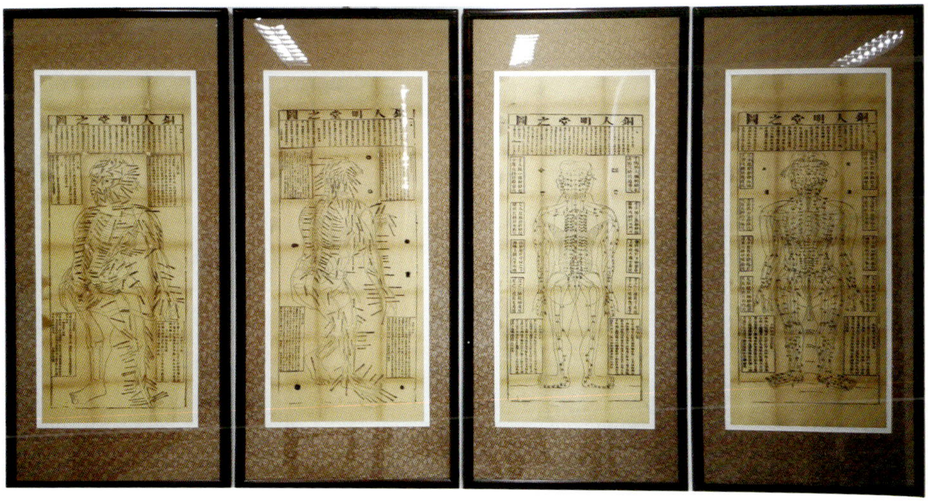

銅人明堂之圖　清康熙四年（1665）刻印

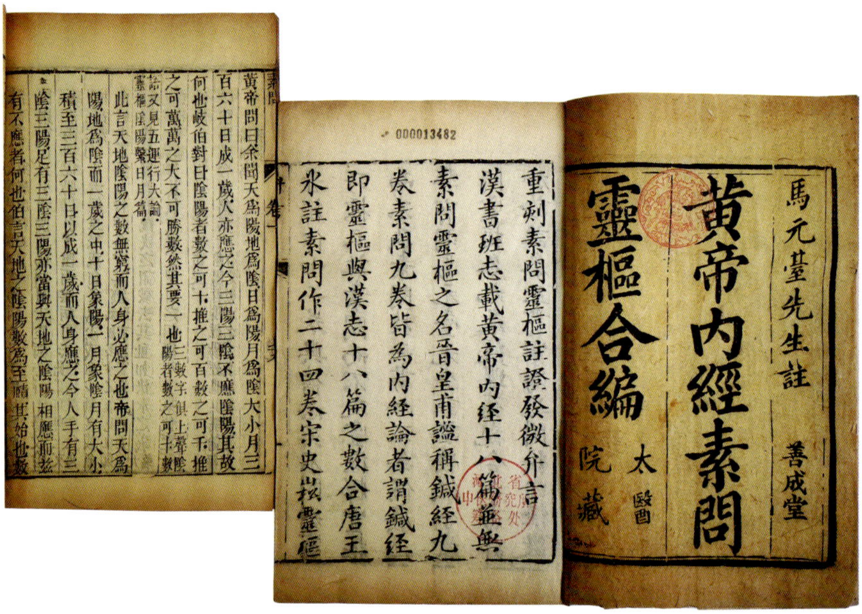

黄帝内經素問註證發微九卷　（明）馬蒔註證　清嘉慶十年（1805）善成堂刻本

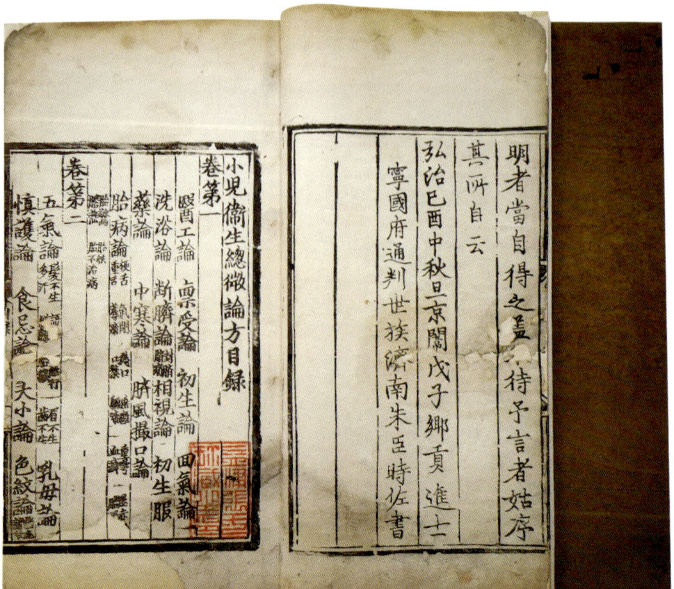

小兒衛生總微論方二十卷　善本　（宋）佚名撰　明弘治二年（1489）刻本

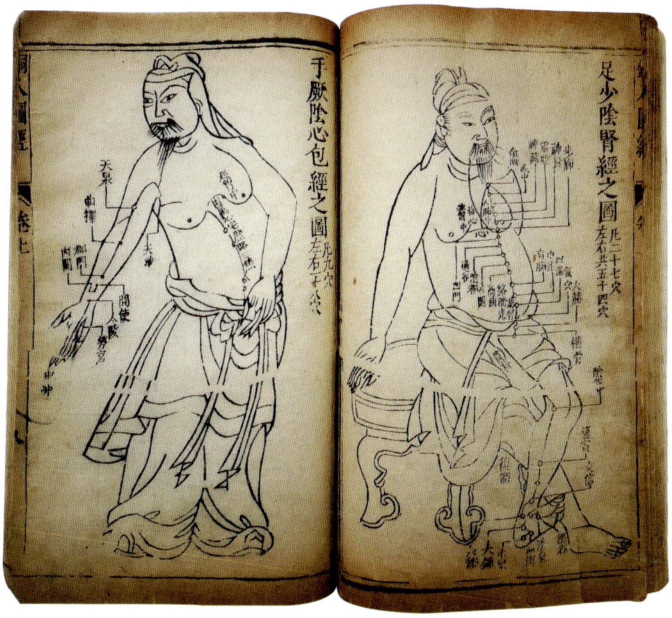

銅人腧穴鍼灸圖經三卷 善本 （宋）王惟一撰 清（1644–1911）三多齋刻本

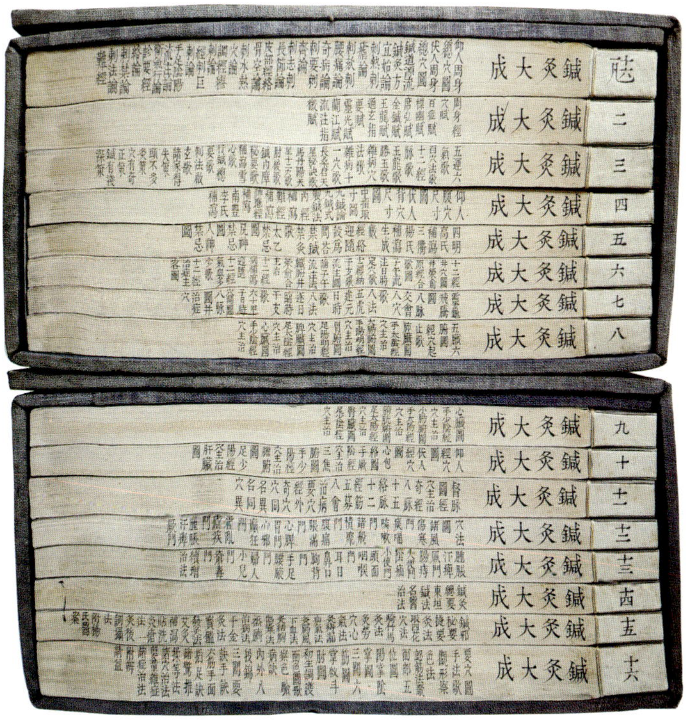

針灸大成十卷 善本 （明）楊濟時著 明萬曆二十九年（1601）刻本

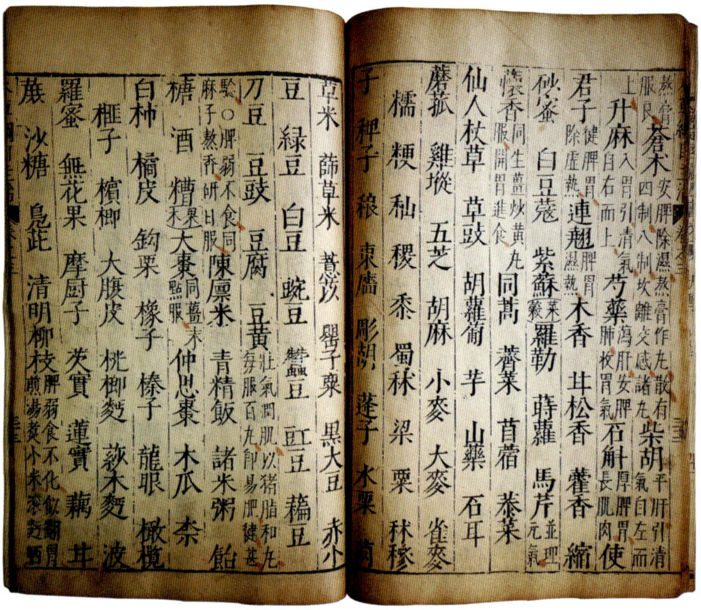

本草綱目五十二卷 善本 （明）李時珍輯 明萬曆三十一年（1603）刻本

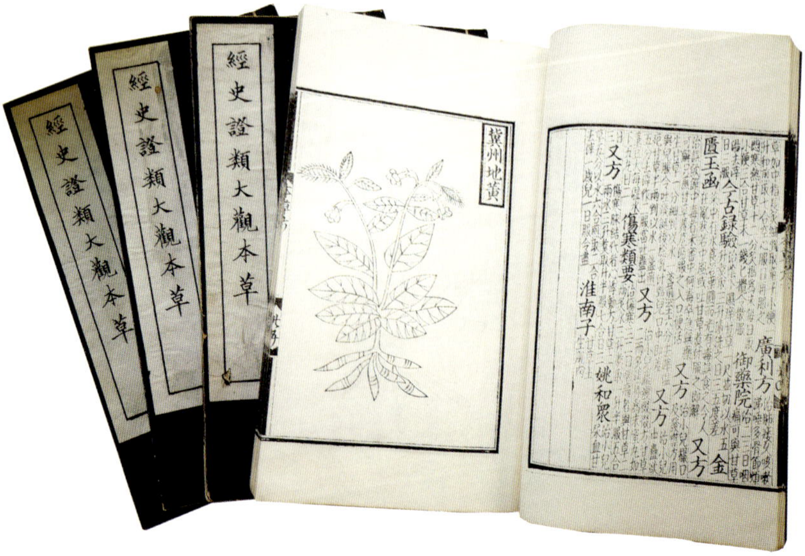

經史證類大觀本草三十一卷 （宋）唐慎微纂 清光緒三十年（1904）武昌柯氏刻本

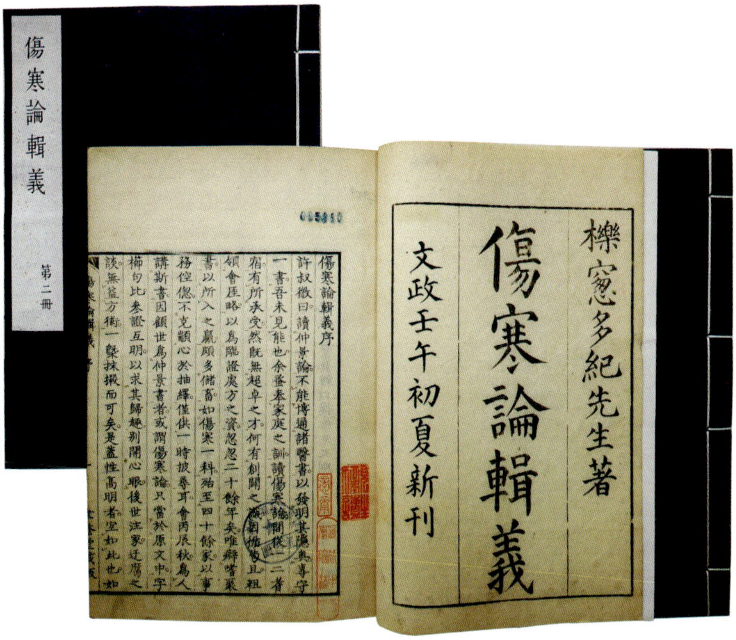

傷寒論輯義七卷　（日本）丹波元簡學　日本文政五年（1822）聿修堂刻本

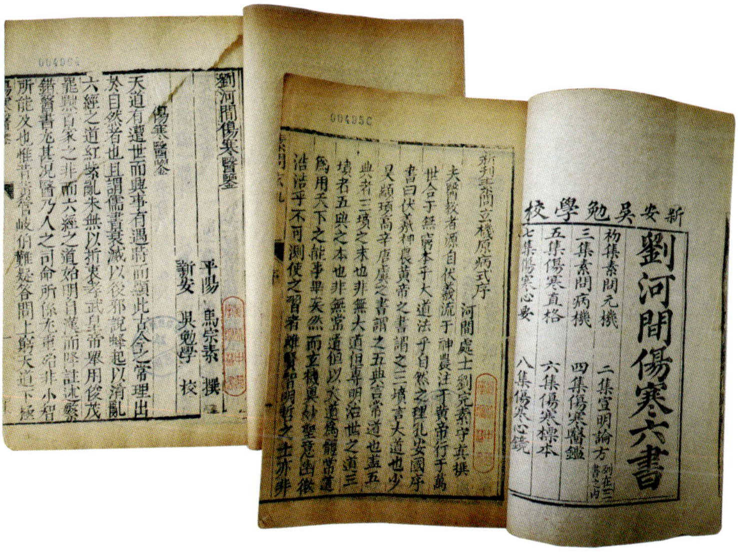

劉河間傷寒六書八種　（金）劉完素撰　（明）吳勉學校　清（1644–1911）刻本

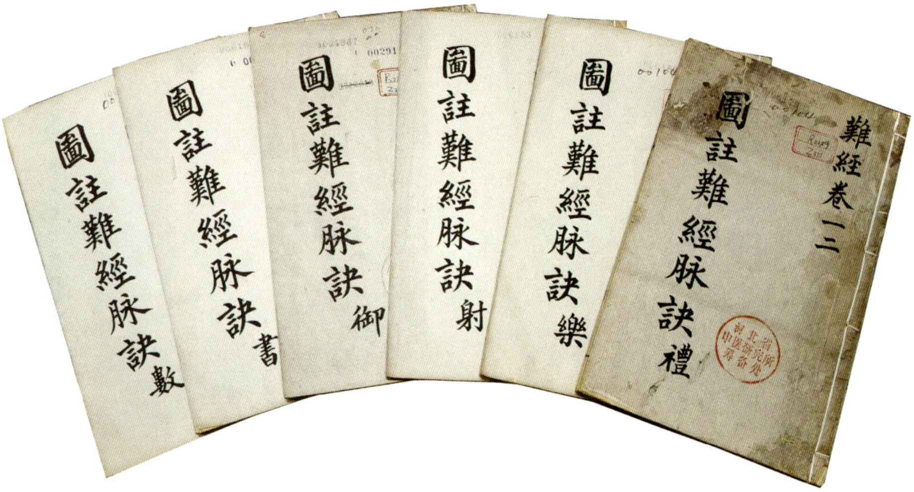

圖註難經脉訣八卷附奇經八脉考一卷脉訣考證一卷脉訣附方一卷瀕湖脉學一卷
（明）張世賢注　清（1644–1911）姑蘇掃葉永記刻本

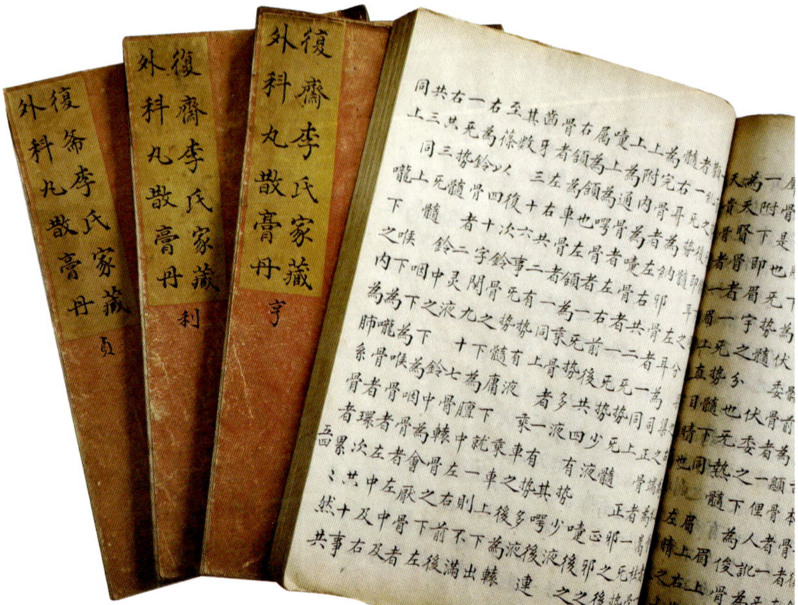

復齋李氏家藏外科丸散膏丹四卷　佚名著　清（1644–1911）寫本

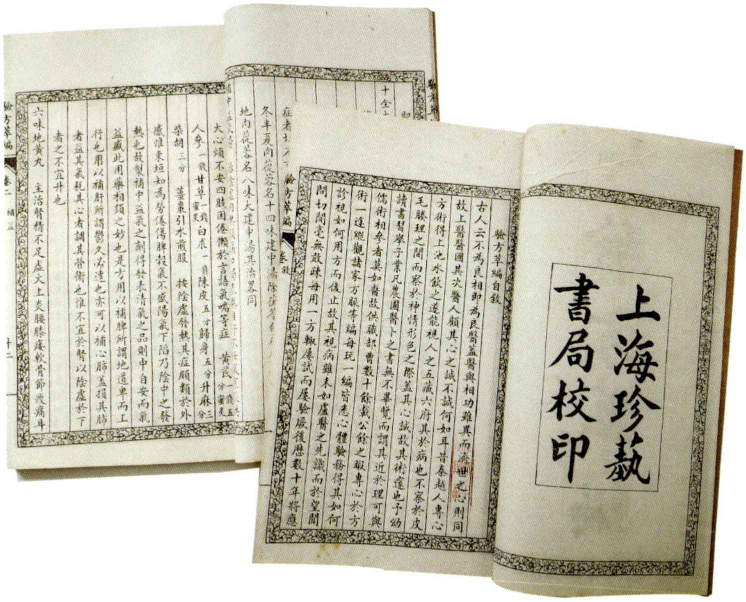

厚德堂集驗方萃編四卷 （清）奇克唐阿輯　清光緒二十二年（1896）上海珍藝書局石印本

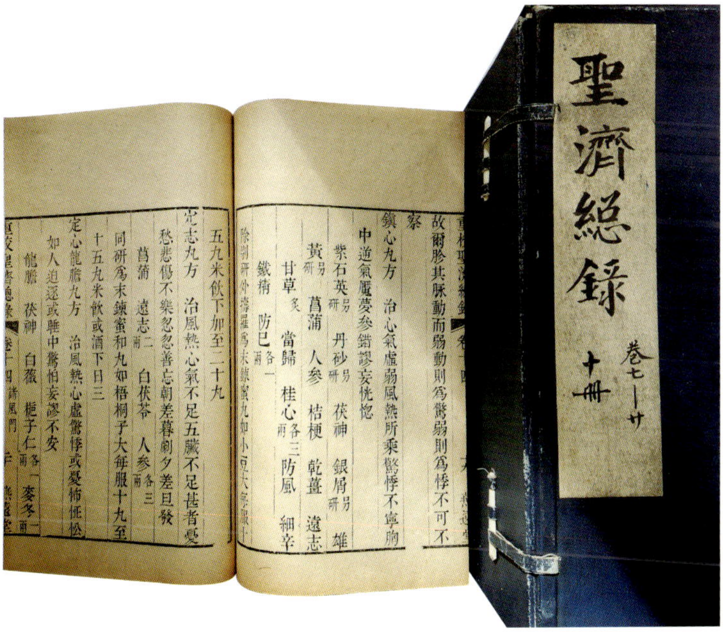

重校聖濟總録二百卷目録一卷 善本 （宋）宋徽宗趙佶敕撰 （清）汪鳴珂等校　清乾隆五十四年（1789）燕遠堂刻本

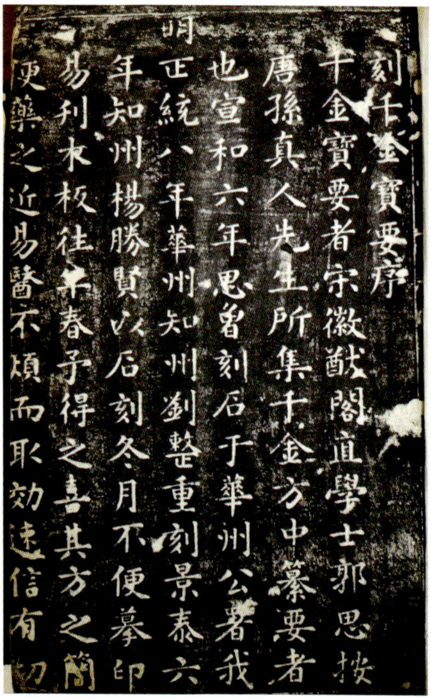

千金寶要六卷附孫真人海上方一卷 （宋）郭思編撰　清（1644–1911）石拓本

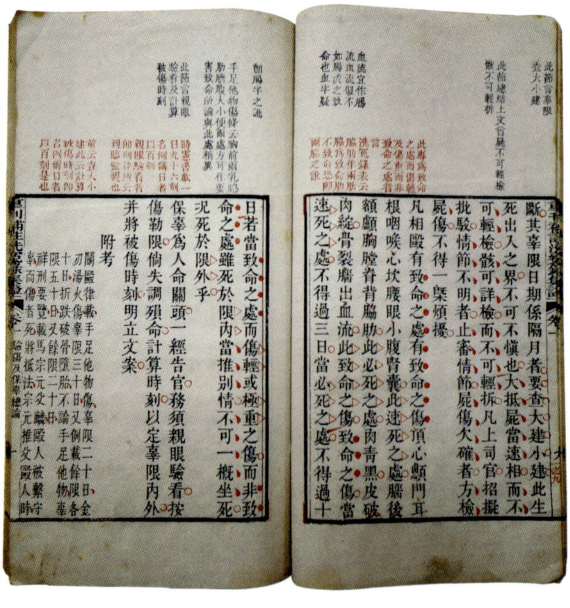

重刊補註洗冤録集證五卷 善本 （宋）宋慈撰 （清）王又槐增輯 （清）李觀瀾補輯 （清）孫光烈參閲 （清）阮其新補註 （清）王又梧校訂 （清）張錫蕃重訂加丹　清道光十七年（1837）三色套印本

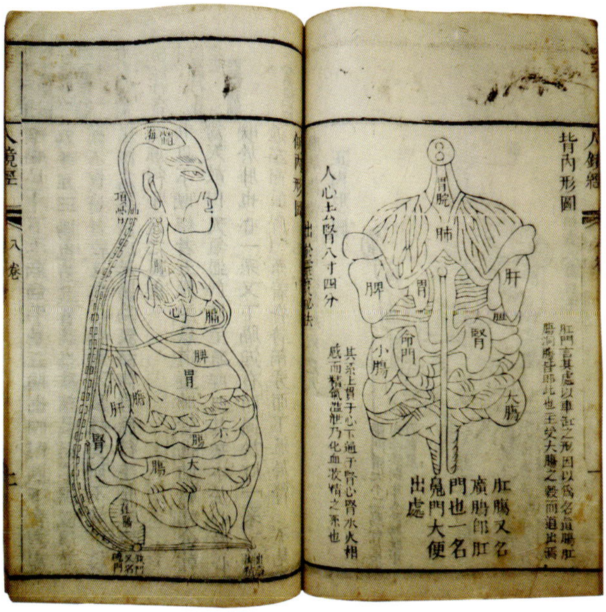

臟腑證治圖説人鏡經八卷附録二卷續録二卷　善本　佚名撰　（明）錢雷續　（清）張俊英續　清雍正十一年（1733）益州張鶴州據姑蘇原本重輯刻本

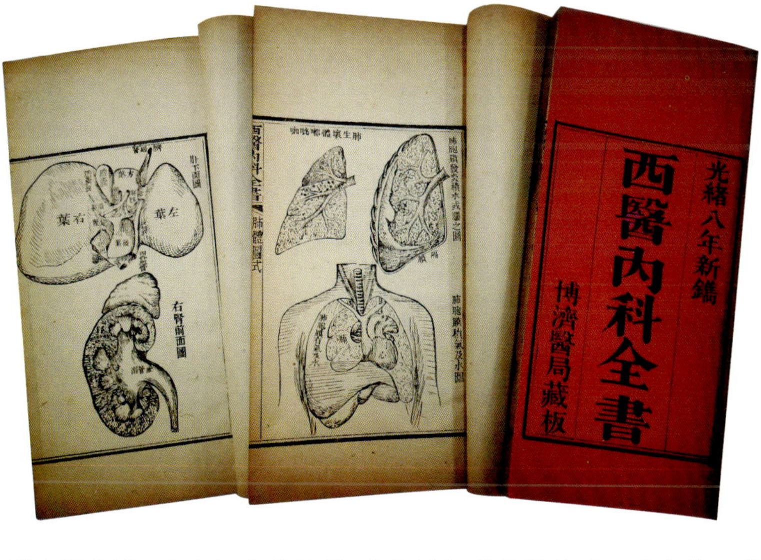

西醫内科全書九卷　（清）孔慶高譯　（美國）嘉約翰校正　清光緒八年（1882）刻本博濟醫局藏板

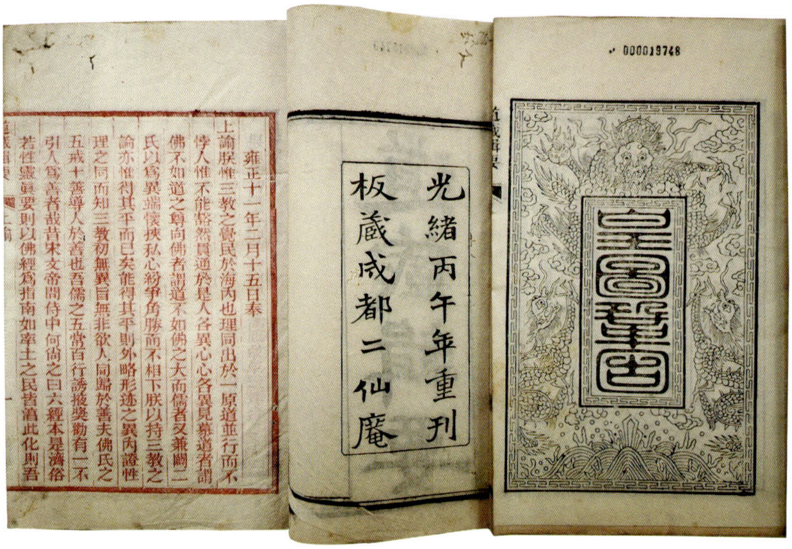

道藏輯要二十八集 （清）彭定求輯　清光緒三十二年（1906）成都二仙庵刻本

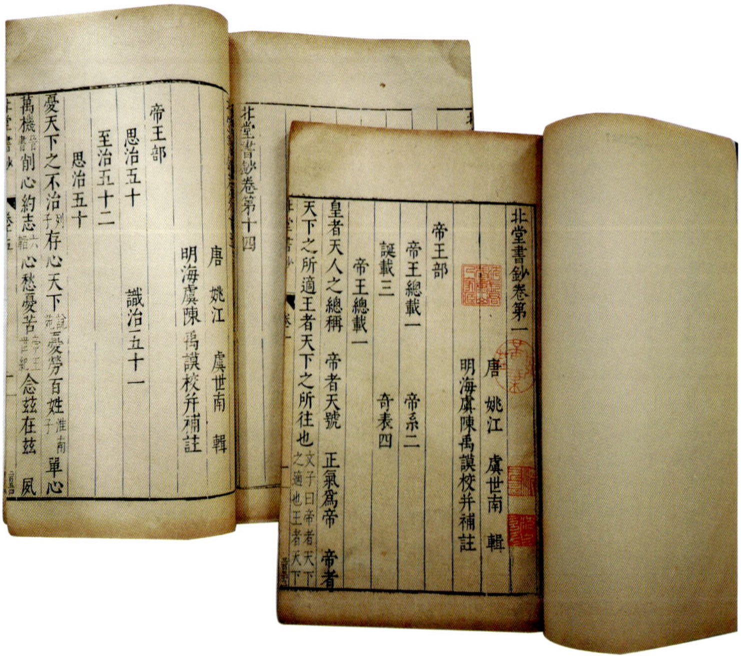

北堂書鈔一百六十卷 善本 （唐）虞世南輯 （明）陳禹謨補註　明萬曆二十八年（1600）陳禹謨刻本

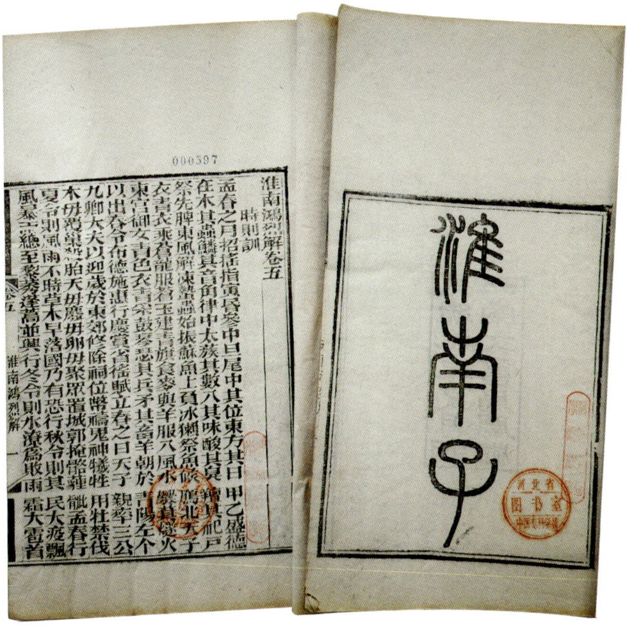

百子全書之淮南子

百子全書一百種 （清）崇文書局編　清光緒元年（1875）湖北崇文書局刻本

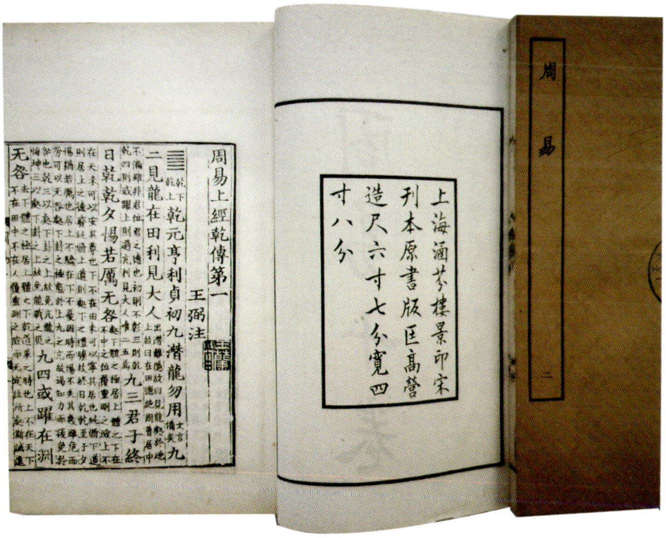

四部叢刊之周易

四部叢刊三百三十一種 （民國）張元濟等輯　民國十六年至十七年（1927–1928）上海涵芬樓影印本

二十四史三千二百四十一卷 （清）弘晝監理 （清）鄂爾泰、張廷玉總閱（清）張照、李清植等總裁 （清）陳浩等提調 （清）沈德潛等編校 （清）廖名揚等校録 （清）雅爾岱等監造 民國五年（1916）上海涵芬樓據清乾隆（1736–1795）武英殿刻本影印本

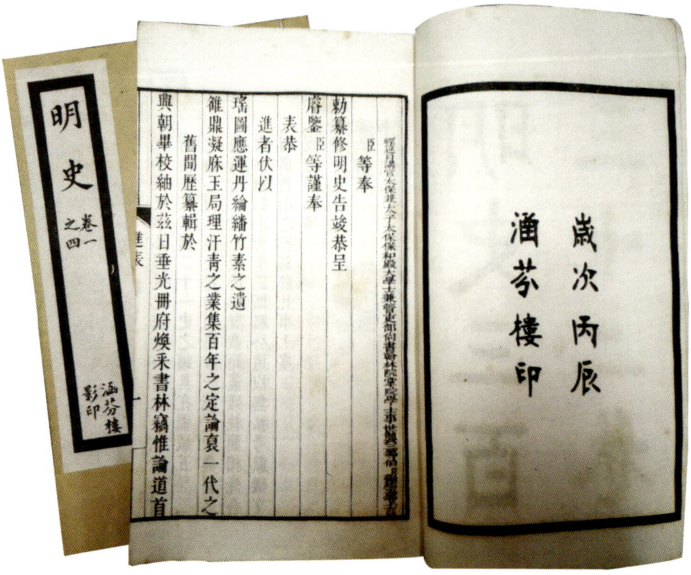

二十四史之明史

《河北中醫學院古籍目録》編纂委員會

主　任　姜建明　高維娟

委　員　張祥競　孫士江　任德亮　王占波

　　　　李永民　張明莉　崔雪芹　方朝義

　　　　王鑫國　趙同安　杜惠蘭

主　編　白　霞

副主編　李春霞

編　委　周雅傑　薛慧霊　楊豔紅　蔡秀娟

前言

河北中醫學院圖書館收藏之綫裝古籍文獻，總量居全國高等中醫院校前列，這與我校獨特的發展歷程密不可分，自 1956 年建校以來，輾轉保定、天津、石家莊三地，仍然保有古籍文獻 2948 部 22906 冊，其中善本 130 部 1299 冊，不僅數量宏富，種類齊全，而且版本品質上乘，這是我校歷代中醫人珍視中醫古籍，苦心搜集、妥善保存的結果。沉寂數十載，再現逢盛世。

2013 年我校恢復獨立建制以來，千帆競發，百事待興。全校上下勠力同心，短短幾年實現跨躍式發展。圖書館館藏的中醫古籍資源亟待金匱開匣，重放異彩。2015 年以來，依託全國古籍普查平臺，圖書館啟動館藏古籍文獻普查整理工作，聚合散佚，考辨源流；發掘珍品，梳整類叢。在校領導的大力支持下，經過三年多的努力，終於完成了我校古籍普查及《河北中醫學院古籍目録》的編輯工作。館藏的明清古籍 1695 部 12251 冊、民國古籍 1223 部 10493 冊、域外古籍 30 部 162 冊共同編入《河北中醫學院古籍目録》。至此厘清家底，以饗學者。

古籍所藏，根脈所在。《河北中醫學院古籍目録》的出版，是河北中醫學院六十年來文化事業的一項碩果，為燕趙中醫學術的傳承發揚、整理研究奠定了堅實的文獻基礎。

本書編纂過程中，經歷了數輪校對，由於編者水平有限，難免疏漏，敬請讀者指正，以臻完善。

河北中醫學院

2019 年 5 月 29 日

路序

《河北中醫學院古籍目録》出版了，館藏古籍數量之多，種類之豐，在全國中醫院校中名列前茅，令人讚歎。

河北中醫學院歷經幾十年的坎坷歷程，2013 年恢復獨立建制以來，廣大師生以嶄新的面貌，奮發有為，勵精圖治。他們把幾代人珍藏的中醫古籍整理出來，奉獻給神州杏林同道，助力於中醫學術的復興與發展，這是中醫界一大幸事。

《河北中醫學院古籍目録》全面反映了學校現存古籍的數量、品種、版本及收藏情況。特別在館藏中醫類古籍方面，呈現三個特點：一是數量衆多，在 2948 部古籍中，醫書有 2708 部，占九成以上；二是門類齊全，《中國中醫古籍總目》將中醫古籍分為醫經、基礎理論、傷寒金匱、診法、針灸推拿、本草、方書、臨證各科、養生、醫案醫話醫論、醫史、綜合性著作十二類，河北中醫學院圖書館所藏醫籍涵蓋了這全部十二類；三是經典注本豐富，如館藏的《黄帝内經》，就有王冰、吳崐、楊上善、張志聰、高世栻、陳念祖等各家注本。《傷寒雜病論》除了張仲景原文本外，還有成無已、陳修園、柯琴、周揚俊、胡嗣超、黄元御、李纘文、張志聰、王夢祖、何廉臣、惲鐵樵、包識生、丹波元堅、淺田惟常等多家的注本。為廣大讀者提供了較為完整準確的資料訊息。

中醫古籍是我國寶貴的文獻遺產，是藴藏、保存、傳播中醫藥學術和文化的知識載體，它記載了祖國醫學深厚的理論體系，歷朝歷代醫學家防病治病的臨床經驗和方藥研究成果，是中華民族在與疾病作鬥爭的過程中產生的智慧結晶。

《中華人民共和國中醫藥法》第三十九條説：“國家採取措施支持對中醫藥古籍文獻、著名中醫藥專家的學術思想和診療經驗以及民間中醫藥技術方法的整理、研究和利用。”通過對中醫古籍的整理，我們可以探本求源，了解中醫學術發展脈絡和中醫大家的高超醫術，並從中汲取養分，指導實踐。整理、研究中醫古籍，對傳承中醫學術思想、傳播中醫理念、推動中醫學術及文化的創新發展都有着重要意義。

2019 年 4 月 26 日

張序

范文正有言，不為良相，當為良醫。無他，心存普濟天職然也。燕趙名邦，世多俊傑，而其有譽於橘井者，代不乏人。先秦扁鵲，醫家之祖，瓜瓞派衍，綿綿可繼。迄金元而醫分門戶，出幽冀者居其三，曰易水張潔古、河間劉守真、真定李明之，葢其術師古而不泥古，連年兵燹間，有功於生民者大矣。至晚近則玉田王勳臣著《醫林改錯》，翻千百年陳案以繩愆糾繆；鹽山張壽甫作《衷中參西》，采中西醫之長而補濟發明，文行備至，史冊足彪。

《四庫全書總目》有云："儒有定理而醫無定法，病情萬變，難守一宗"，故醫典賅博繁碎，諸家所著往往一書而兼數科，難以總其綱領，分而隸之。然欲入其學，必究其文；欲究其文，必覽其書；欲覽其書，必循其門；欲登其門，必自目録為始，正所謂"辨章學術，考鏡源流"是也。

河北中醫學院溯盧醫之餘緒，裒畿輔之遺珠，所藏舊籍近兩萬三千冊，積庭盈棟，内多孤罕。然經理乏人，龐雜難悉，藏而兼用，未遑論也。近歲重熙累洽，稽古右文，整飭醫典，儼然大政。至此杏林振奮，如響應聲；同仁忭舞，力荷大任。在館諸公不避煩難，夙夜匪懈，片紙務盡，搜羅恐缺。始則重厘清而求確數，繼之録精微以成全目，復次詳加校讎，再二再三，開雕梨棗，公諸於世。

醫者，仁術也。術而不仁，足以誤世；仁而不術，無以濟人。醫典所載，古仁人之精術也，可鑒可法者，不啻萬端。林文忠贈名醫何書田云：讀史有懷經世略，驗方常著活人書。誠可謂也。今目録付梓，使先賢仁心精術可尋流而溯、按部而稽，非特為讀此數萬冊書開一門徑，亦作杏林同仁補敝起廢、存亡繼絕之表率也。慰乎哉！幸甚幸甚。志清謹序。

张志清

2019 年 5 月 8 日

凡例

一、本書共著録河北中醫學院目前收藏的全部明清、民國和域外綫裝古籍2948部22906册。明清古籍有1695部12251册，民國古籍有1223部10493册，日本、朝鮮古籍有30部162册。善本書有130部1299册。

二、本書内容分類以傳統四部分類法为基础，一級分類為：經、史、子、集、類叢、新學。因館藏醫書數量巨大，故在子部醫家類下增加三級分類。

三、每類内容按題名拼音排序，如有題名冠以“重刊”“新刻”等詞語的，以“重”“新”作為首字進行拼音排序。同題且版本相同或相近者放在一起。

四、古籍信息著録盡量依照原文，依據以正文首卷卷端和内封（版權頁）為主。遇異體字（如“針”和“鍼”，“脈”和“脉”，“彙”、“匯”和“滙”）、通假字、錯字、顛倒（如“瀕湖脈學”錯刊成“湖瀕脈學”）等情況，我們也盡量按原書實際文字著録。對於極少出現的異體字則不作特殊著録，（如“奇”和“竒”，“秘”和“祕”），統一録為通行的字體。有些情況如“掃葉山房”、“埽葉山房”，在一書之中都不盡統一，我們統一録為“掃葉山房”。在索引中，異體字作為不同的字進行排序。

五、著者姓名一般録其名。個別以字或號行而名實不彰者則録其字或號。著者不可考者録為“佚名”。

六、通常一個索書號對應一册書，因在流傳、修復過程中出現合訂等情況，故個別條目索書號跟實際册數不對應。

目録

經部

易　類

014132/41
新刻來瞿唐先生易註十五卷圖一卷首一卷末一卷　（明）來知德撰　（清）凌厚子圈點　清（1644–1911）刻本　10册

023308/17
御覽易經傳十四卷易學啟蒙補二卷　（清）梁錫璵集傳　（清）梁錫璵著　清乾隆十六年（1751）刻本　10册

023599/600
周易本義四卷　（宋）朱熹撰　清（1644–1911）刻本　2册

021522/25
狀元易經四卷　（宋）朱熹本義　清光緒二十三年（1897）青州怡翰齋刻本　4册

書　類

022785/88
書經集傳六卷　（宋）蔡沈集傳　清（1644–1911）刻本　4册

詩　類

014403/06
詩集傳八卷　（宋）朱熹集傳　清（1644–1911）刻本　4册

021512/21
詩識名解十卷　（清）姚炳著　清康熙四十七年（1708）刻本　10册

儀禮類

024449/56
儀禮疏五十卷　（唐）賈公彦等撰　清道光十年（1830）藝芸書舍影宋刻本　8册

023729/32
儀禮鄭注十七卷　（漢）鄭玄注　（唐）賈公彦疏　清道光十四年（1834）刻本立本齋藏板　4册

禮記類

025816/25
禮記集説十卷　（元）陳澔集説　清咸豐元年（1851）刻本　10册

三禮總義類

014402
司馬氏書儀十卷　（宋）司馬光撰　清同治七年（1868）江苏書局刻本　1册

春秋類

022436/55
春秋大事表五十卷附録一卷　（清）顧棟高輯　清乾隆十三年（1748）萬卷樓刻本　20册

020565/72
春秋左傳杜林五十卷　（晉）杜預註釋　（唐）陸德明音義　清光绪五年（1879）李光明莊刻本　8册　存23卷（1–23）

021451/55
胡氏春秋傳三十卷　（宋）胡安國撰　清（1644–1911）刻本　5册

四書類

023260
大學章句一卷中庸章句一卷　（宋）朱熹撰　清（1644–1911）刻本　1册

023389/92
宦學録五卷　（清）吳光耀撰　清宣統元年（1909）刻本　4册

023261/62
論語集註二十卷　（宋）朱熹集註　清（1644–1911）刻本　2册

025340/41
論語集註二十卷　（宋）朱熹集註　清

（1644–1911）遵訓堂刻本　2 冊　存 4 卷（4–7）

022179/81
孟子集註七卷　（宋）朱熹集註　清（1644–1911）刻本　3 冊

022480/89
四書讀本十九卷　（宋）朱熹撰　民國元年（1911）上海鑄記書棧石印本　10 冊

024154/57
四音釋義十二卷　（清）鄭長庚輯　清嘉慶二十五年（1820）刻本忠恕堂藏板　4 冊

群經總義類

024975/86,025465/68
經義述聞三十二卷　（清）王引之撰　清道光七年（1827）京師壽藤書屋刻本　16 冊

小學類

022751/58
澄衷蒙學堂字課圖説四卷　（清）劉樹屏編　清光緒二十七年（1901）澄衷蒙學堂二次石印本　8 冊

024263/64
段氏説文注訂八卷　（清）鈕樹玉著　清同治五年（1866）碧螺山館補刻本　2 冊

023269/70
爾雅箋注四卷　（晉）郭璞注　清（1644–1911）刻本江左桐荟閣藏板　2 冊

023265/68
爾雅匡名二十卷　（清）嚴元照撰　清（1644–1911）刻本　4 冊

022221/28
廣雅疏證十卷博雅音十卷　（清）王念孫學　清光緒五年（1879）淮南書局重刻本　8 冊

024934/37
江氏音學十書十二卷　（清）江有誥撰　清嘉慶道光間（1796–1850）江氏刻本　8 冊

024004/08
金文編十四卷附録二卷檢字一卷　容庚纂集　民國十四年（1925）貽安堂影印本　5 冊

022456/66
經籍籑詁一百六卷首一卷　（清）阮元譔集　民國（1912–1949）上海鴻章書局石印本　11 冊　存 94 卷（首 1 卷,1–53,67–106）

024329/33
經籍纂詁五卷　（清）阮元撰　清光緒九年（1883）點石齋石印本　5 冊

025436
經籍纂詁一百六卷　（清）阮元纂輯　民國（1912–1949）上海文瑞樓影印本　1 冊　存 13 卷（54–66）

014918/77
康熙字典三十六集總目一卷檢字一卷辨似一卷等韻一卷備考一卷補遺一卷　（清）張玉書等纂修　民國十年（1921）上海古書流通處影印本　60 冊

014892/97
康熙字典十二集三十六卷檢字一卷辨似一卷等韻一卷備考一卷補遺一卷　（清）張玉書總閱　清光緒十三年（1887）上海同文書局石印本　6 冊

014789/828
康熙字典十二集三十六卷檢字一卷辨似一卷等韻一卷備考一卷補遺一卷　（清）張玉書總閱　清（1644–1911）刻本　40 冊

021032/38

康熙字典十二集三十六卷檢字一卷辨似一卷等韻一卷備考一卷補遺一卷 （清）張玉書總閱　清光緒三十二年（1906）上海商務印書館石印本　7 冊

014854/91

康熙字典十二集三十六卷總目一卷檢字一卷辨似一卷等韻一卷備考一卷補遺一卷 （清）張玉書、陳廷敬總閱　（清）凌紹雯等纂修　（清）陳世倌纂修兼校刊　清道光七年（1827）刻本　38 冊

015231/70

康熙字典十二集三十六卷總目一卷檢字一卷辨似一卷等韻一卷備考一卷補遺一卷 （清）張玉書、陳廷敬總閱　（清）凌紹雯等纂修　（清）陳世倌纂修兼校刊　清道光七年（1827）刻本　40 冊

021039/70,025344/48

康熙字典十二集三十六卷總目一卷檢字一卷辨似一卷等韻一卷備考一卷補遺一卷 （清）張玉書、陳廷敬總閱　（清）凌紹雯等纂修　（清）陳世倌纂修兼校刊　清道光七年（1827）刻本　37 冊　缺 1 卷（辰集 2）

025343

康熙字典十二集三十六卷總目一卷檢字一卷辨似一卷等韻一卷備考一卷補遺一卷 （清）張玉書、陳廷敬總閱　（清）凌紹雯等纂修　（清）陳世倌纂修兼校刊　清道光七年（1827）刻本　1 冊　存 3 卷（總目 1 卷，檢字 1 卷，辨似 1 卷）

026121/22

康熙字典十二集三十六卷總目一卷檢字一卷辨似一卷等韻一卷補遺一卷備考一卷 （清）張玉書總閱　清（1644–1911）刻本　2 冊　存 2 卷（備考 1 卷，申集卷上）

001570/71

佩文廣韻匯編五卷 （清）李元祺編輯　清同治十一年（1872）金陵書局刻本　2 冊

024487/89,025535/42

説文解字詁林補遺十五卷前編三卷後編一卷補遺續一卷通檢一卷 （民國）丁福保編纂　民國二十一年（1932）商務印書館影印本　11 冊　缺 8 卷（補遺 10–15，後編 1 卷，通檢 1 卷）

024485/86

説文解字詁林後編不分卷 （民國）丁福保編纂　民國二十年（1931）詁林精舍刻本　2 冊

025528/34,024464/84

説文解字詁林十五卷 （漢）許慎著　（民國）丁福保編纂　民國二十年（1931）詁林精舍刻本　28 冊　存 9 卷（1 下，3–6，11 下，13–15）

023666/67

説文通檢十四卷首一卷末一卷 （清）黎永椿編　清光緒二年（1876）崇文書局重刻本　2 冊

024259/62

説文引經考證七卷附互異説 （清）陳瑑撰　清光緒十年（1884）三益廬刻本　4 冊

023700/04

剔幣廣增分韻五方元音二卷首一卷 （清）樊騰鳳著　（清）趙培梓改正新編　清（1644–1911）藜光閣刻本　5 冊

023055/63

文字系十五卷董理文字之我見一卷 （民國）華學涑述　民國二十八年（1939）天津市教育文化振興委員會石印本　9 冊

023350/55

小學考五十卷 （清）謝啟昆編　清光緒十五年（1889）上海书局石印本　6 冊

013196/99

新纂五方元音全書二卷 （清）凌虛樊原本 （清）年希堯增補　民國二年（1913）京都打磨廠文成堂刻本　4 冊

024134

雅學考不分卷 （清）胡元玉撰　民國二十五年（1936）鉛印本　1 冊

史部

叢 編

017482/8161
二十四史三千二百四十一卷 （清）弘晝監理 （清）鄂爾泰、張廷玉總閱 （清）張照、李清植等總裁 （清）陳浩等提調 （清）沈德潛等編校 （清）廖名揚等校録 （清）雅爾岱等監造 民國五年（1916）上海涵芬樓據清乾隆（1736–1795）武英殿刻本影印本 680册 缺110卷（後漢書41–120, 三國志魏書1–30）

020433/561,020681/715,025457/59,025665
欽定二十四史三千二百五十七卷 （漢）司馬遷等著 清光緒十年（1884）上海同文書局影印本 164册 存639卷（史記27–74、96–130, 前漢書1、21、22、28, 后漢書2–6、49–53、61–69、73–85、118–120, 晉書1–9、37–82, 宋書1–26, 梁書1–56, 周書1–50, 北史25–56, 舊唐書35–45、118–174, 唐書70、71, 舊五代史1–3、25–30、37–42、49–98, 宋史73–97、182–241, 明史109–180、286–288、295–297）

紀傳類

021179/238
碑傳集一百六十卷首二卷末二卷 （清）錢儀吉纂輯 清光緒十九年（1893）江蘇書局刻本 60册

021411/26
后漢書一百二十卷 （南朝宋）范曄著 （唐）李賢注 清同治八年（1869）金陵書局刻本 16册

021427/50 善本
金史一百三十五卷 （元）脱脱撰 清乾隆四年（1739）刻本 24册

021376/95
晉書一百三十卷 （唐）房玄齡等撰 清同治十年（1871）金陵書局刻本 20册

021360/75
舊五代史一百五十卷 （宋）薛居正撰 清同治十一年（1872）湖北崇文書局重刻本 16册

021396/410
前漢書一百卷 （漢）班固著 （唐）顔師古注 清同治八年（1869）金陵書局刻本 15册 缺11卷（62–72）

021456/63
三國志六十五卷 （晉）陳壽撰 （南朝宋）裴松之注 清同治九年（1870）金陵書局刻本 8册

024135
史記紀年考三卷 （民國）劉坦著 民國二十六年（1937）商務印書館影印本 1册

018162/220
新元史二百五十七卷目録一卷正誤表一卷 （民國）柯劭忞撰 民國（1912–1949）鉛印本 59册 存258卷（1–82,84–257, 目録1卷, 正誤表1卷）

024285/98
元史二百十卷 （明）宋濂等修 清光緒二十九年（1903）上海點石齋石印本 14册

編年類

025746/65
尺木堂綱鑑易知録九十二卷 （清）吴乘權等輯 民國二十四年（1935）掃葉山房石印本 20册

020863/72,020883/907
續資治通鑒二百二十卷 （清）畢沅撰 清同治八年（1869）江蘇書局重刻本 35册 存118卷（1–42,47–65,135–137,198–217,166–182,183–197,218–220）

021000/31
續資治通鑒綱目二十七卷末一卷 （明）陳仁錫評閲　清同治三年（1864）刻本漁古山房藏板　32 冊

023817/36
御批歷代通鑒輯覽一百二十卷 （清）傅恒等編修　清光緒二十五年（1899）美華賓記石印本　20 冊

025766/89
袁王加批綱鑑彙纂三十九卷首一卷資質明紀綱目二十卷資質明紀綱目三編 （明）袁黄編纂　（明）王世貞編纂　民國（1912–1949）上海掃葉山房石印本　24 冊

020833/62,020873/882,025478/82
資治通鑒二百九十四卷通鑒釋文辨誤十二卷 （宋）司馬光撰　（元）胡三省音註　清同治八年（1869）江蘇書局據清嘉慶（1796–1820）鄱陽胡氏仿元刻本補修本　45 冊　存 105 卷（1–30,61–75,136–150,181–183,193–195,226–228,232–234,238–240,241–270）

020908/19
資治通鑒綱目前編二十五卷 （明）陳仁錫評　清同治三年（1864）刻本漁古山房藏板　12 冊

020920/99
資治通鑒綱目五十九卷 （明）陳仁錫評閲　清同治三年（1864）刻本漁古山房藏板　80 冊

紀事本末類

024346/47
金史紀事本末五十二卷首一卷 （清）李有棠編纂　清光緒二十八年（1902）上海捷記書局石印本　2 冊

024345
遼史紀事本末四十卷 （清）李有棠編纂　清光緒二十八年（1902）上海捷記書局石印本　1 冊

024355/61
明史紀事本末八十卷 （清）谷應泰編輯　清光緒二十八年（1902）上海捷記書局石印本　7 冊

024344
三藩紀事本末二十二卷 （清）楊陸榮撰　清光緒二十八年（1902）上海捷記書局石印本　1 冊

024349/54
宋史紀事本末一百九卷 （明）馮琦撰　（明）陳邦瞻增訂　（明）張溥論正　清光緒二十八年（1902）上海捷記書局石印本　6 冊

024376/95
通鑒紀事本末二百三十九卷 （宋）袁樞編輯　清光緒二十八年（1902）上海捷記書局石印本　20 冊

024343
西夏紀事本末三十六卷首二卷 （清）張鑒著　清光緒二十八年（1902）上海捷記書局石印本　1 冊

022111/66
繹史一百六十卷世系圖一卷年表一卷 （清）馬驌撰　清（1644–1911）刻本　56 冊

024348
元史紀事本末二十七卷 （明）陳邦瞻撰　（明）張溥論正　清光緒二十八年（1902）上海捷記書局石印本　1 冊

024340/42
左傳紀事本末五十三卷 （清）高士奇撰　清光緒二十八年（1902）上海捷記書局石印本　3 冊

史表類

024208
新撰東西年表不分卷（日本）井上賴圀、大槻如電撰　日本明治三十一年（1898）鉛印本　1 册

傳記類

026053
傅青主先生年譜不分卷（清）丁寶銓輯　清宣統三年（1911）刻本　1 册

023998/4003
光宣列傳四十卷附前編二卷附編一卷　金梁輯　民國二十三年（1934）鉛印本　6 册

023501
中國藏書家考略不分卷（民國）楊立誠、金步瀛編（民國）費寅校閲　民國十八年（1929）浙江省立圖書館鉛印本　1 册

政書類

013376/77　善本
補註洗冤録集證四卷附檢骨圖格一卷作吏要言一卷（宋）宋慈撰（清）王又槐集證（清）阮其新補註（清）張錫蕃句讀　清道光二十三年（1843）江都鍾淮校刻三色套印本　2 册

025092/104
重校元典章六十卷新集二册沈刻元典章校補十卷（元）佚名著　陳垣校補　民國二十年（1931）北京大學研究所國學門刊行影印本　13 册　存 26 卷（35-60, 沈刻 1-10）

012715/18　善本
重刊補註洗冤録集證五卷（宋）宋慈撰（清）王又槐增輯（清）李觀瀾補輯（清）孫光烈參閲（清）阮其新補註（清）王又梧校訂（清）張錫蕃重訂加丹　清道光十七年（1837）三色套印本　4 册

012703/04
洗冤録參考二卷（民國）王熾昌編　民國八年（1919）石印本　2 册

012710/14
洗冤録詳義四卷首一卷摭遺二卷（清）許槤編校（清）葛元煦撰　清光緒四年（1878）刻本　5 册

012705/09
洗冤録詳義四卷首一卷摭遺二卷（清）許槤編校（清）葛元煦撰　清光緒五年（1879）刻本　5 册

003457/62
洗冤録詳義四卷首一卷摭遺二卷（清）許槤編校（清）葛元煦撰　清光緒三年（1877）湖北藩署刻本　6 册

024314
元典章校補釋例六卷　陳垣撰　民國二十三年（1934）北平國立中央研究院歷史語言研究所刻本　1 册

地理類

023519/22
居濟一得八卷（清）張伯行著　清同治光緒間（1862-1908）刻本福州正誼書院藏版　4 册

025218
徐水縣新志十二卷末一卷（民國）劉鴻書纂　民國二十一年（1932）鉛印本　1 册　存 2 卷（1,2）

022025/34
徐霞客遊記十卷外編一卷補編一卷（明）徐宏祖著（清）葉廷甲補編　清光緒七年（1881）瘦影山房木活字本　10 册

目録類

024009/24
八史經籍志三十卷（清）張壽榮校刊　清光緒八年（1882）刻本　16 册

022330
重印四部叢刊書録一卷 佚名録 民國十八年（1929）商務印書館鉛印本 1冊

024303
故宮博物院文獻館現存清代實録總目一卷（民國）張國瑞編 民國二十三年（1934）故宮博物院鉛印本 1冊

024304
故宮善本書目三編 （民國）故宮博物院編 民國二十三年（1934）故宮博物院鉛印本 1冊

024121
國立北平圖書館善本書目乙編續目四卷（民國）北平圖書館編 民國二十六年（1937）鉛印本 1冊

022472/77
郘亭知見傳本書目十六卷附掃葉山房書目一卷 （清）莫友芝著 民國七年（1918）掃葉山房石印本 6冊

025860/63
明代版本圖録初編十二卷 潘承弼、顧延龍同纂 民國三十年（1941）開明書店鉛印本 4冊

022479
欽定四庫全書提要醫家類不分卷 （清）中西醫學研究會刊 清宣統三年（1911）上海文明書局鉛印本 1冊

024229
日本訪書志補不分卷 （清）楊守敬撰 王重民輯 民國十九年（1930）鉛印本 1冊

014374/89
善本書室藏書志四十卷附録一卷 （清）丁丙松輯 清光緒二十七年（1901）錢塘丁氏刻本 16冊

024315/16
書目長編二卷 （民國）邵瑞彭輯 民國十七年（1928）中華印刷局鉛印本 2冊

022852/55
四部備要書目提要四卷 （民國）中華書局編 民國二十五年（1936）上海中華書局鉛印本 4冊

024092/93
四庫全書總目及未收書目引得不分卷（民國）引得編纂處編 民國二十一年（1932）燕京大學圖書館鉛印本 2冊

022229/36
宋槧袁本昭德先生郡齋讀書志五卷附志一卷後志兩卷 （宋）晁公武撰 民國二十二年（1933）上海涵芬樓據北平故宮博物院圖書館藏宋淳祐（1241–1252）袁州刻本影印本 8冊

013116/19
宋元本書目行格表二卷 （清）江標輯 民國三年（1914）上海文瑞樓石印本 4冊

022490/99
鐵琴銅劍樓藏書目録二十四卷 （清）瞿鏞撰 清光緒二十三年（1897）诵芬室刻本 10冊

023467/74
續彙刻書目十二卷 （清）傅雲龍輯 清光緒二年（1876）善成堂刻本 8冊

024108/11
鄞范氏天一閣書目内編十卷 （民國）馮貞群編 民國二十九年（1940）重脩天一閣委員會鉛印本 4冊

024302
中國版本略説一卷 （民國）中國科學社中國書版展覽會出版社撰 民國二十年（1931）中國科學社鉛印本 1冊

子部

叢　編

020603/06,022257/75,023656/59,026054/61

百子全書一百種　（清）崇文書局編　清光緒元年（1875）湖北崇文書局刻本　35冊　存40種（韓非子20卷，管子24卷，神異經1卷，述異記2卷，鬼谷子1卷，穆天子傳6卷，拾遺記10卷，尹文子1卷，慎子1卷，海内十洲記1卷，洞冥記4卷，公孫龍子1卷，燕丹子3卷，鄧析子1卷，子華子2卷，鬻子1卷补1卷，伸蒙子3卷，玉泉子1卷，計倪子1卷，商子5卷，素履子3卷，金華子2卷，於陵子1卷，尸子2卷，白虎通4卷，金樓子6卷，叔苴子8卷，何博士備論2卷，司馬法1卷，孫子3卷，素書1卷，六韜3卷，李忠定輔政本末1卷，握奇經1卷，吳子2卷，尉繚子2卷，心書1卷，齊民要術10卷，淮南子20卷，呂氏春秋26卷）

021732/806,026120

紀録彙編二百十六卷　（明）沈節甫纂輯　民國二十七年（1938）上海涵芬樓據明萬曆（1573–1620）刻本影印本　76冊

儒家類

026220/23

精校重增繪圖幼學故事瓊林四卷首一卷　（清）程允升原本　（清）鄒聖脈增補（民國）蔡東藩續增　民國十七年（1928）上海會文堂書局石印本　4冊

022966

儒門法語不分卷　（清）彭定求編　（清）湯金釗輯要　清道光二年（1822）刻本　1冊

014304/08

小學集解六卷綱領一卷　（清）張伯行纂輯　（清）李蘭校訂　清道光二十七年（1847）刻本文英閣藏板　5冊

023295/99

御纂性理精義十二卷　（清）李光地修　清康熙五十六年（1717）刻本　5冊

道家類

024782

抱朴子内篇二十卷外篇五十卷　（晉）葛洪著　民國（1912–1949）上海涵芬樓據明（1368–1644）魯藩刻本影印本　4冊　存7卷（内篇1–7）

025489

道德經二卷　（清）徐大椿注　清（1644–1911）刻本善成堂藏板　1冊

023578/81

道言内外五種秘録　（清）仇兆鰲輯　清嘉慶五年（1800）瀛經堂刻本　4冊

019748/991

道藏輯要二十八集　（清）彭定求輯　清光緒三十二年（1906）成都二仙庵刻本　244冊

022167/78

道藏心珠集十二卷　（明）朱之俊輯（明）李長祥訂　清（1644–1911）刻本　12冊

022936/39

道藏續編二十三種　（清）閔一得編訂　民國（1912–1949）寧一子鉛印本　4冊

022237/42

淮南鴻烈集解二十一卷附淮南天文訓補註不分卷　（漢）高誘注　劉文典集解　民國十二年（1923）上海商務印書館鉛印本　6冊

023587/92

南華真經正義不分卷識餘三種　（清）陳壽昌輯　清光緒十九年（1893）怡顏齋刻本　6冊

023684/89
至道根宗十三卷 （漢）魏伯陽撰 清道光三十年（1850）刻本忠恕堂藏板 6冊

法家類

023393/98
韓非子集解二十卷首一卷 （清）王先慎集解 清光緒二十二年（1896）刻本 6冊

農家農學類

021682/701
農政全書六十卷 （明）徐光啟撰 清道光二十三年（1843）刻本曙海樓藏板 20冊

023952/87
佩文齋廣群芳譜一百卷 （明）王象晉原編 （清）汪灝等編 清同治七年（1868）刻本姑蘇亦西齋藏版 36冊

023711/14
齊民要術十卷 （北魏）賈思勰撰 民國（1912–1949）上海涵芬樓影印本 4冊

024025/34
三農紀二十四卷 （清）張宗法著 清（1644–1911）刻本大道堂藏板 10冊

013347/48
新編集成馬醫方一卷牛醫方一卷 （朝鮮）赵浚撰 民國二十八年（1939）萃文齋據明崇禎六年（1633）朝鮮刻本影印本 2冊

014431/32
新輯纂圖元亨療馬集六卷首一卷 （明）喻本元、喻本亨著 清宣統元年（1909）上海江左書林石印本 2冊

雜家類

023849/56
大鶴山房全書不分卷 鄭文焯撰 清光緒三十年（1904）刻本 8冊

022685/92
論衡三十卷 （漢）王充著 清（1644–1911）刻本 8冊

022789/95
隨園隨筆二十八卷 （清）袁枚撰 清嘉慶十三年（1808）刻本小倉山房藏板 7冊

雜著類

022197/220
讀書雜志八十二卷餘編二卷 （清）王念孫撰 清同治九年（1870）金陵書局重刻本 24冊

022767
觳觫紀聞二卷 （民國）項乃登輯 民國十六年（1927）鉛印本 1冊

012023
靈秘丹藥十二種 （明）高濂著 清（1644–1911）刻本 1冊

026226/29
增廣智囊補二十八卷 （明）馮夢龍重輯 民國五年（1916）上海鴻文書局石印本 4冊 存18卷（1–14,25–28）

023535/40
札迻十二卷 （清）孫詒讓撰 民國（1912–1949）上海千頃堂書局石印本 6冊

小說家類

025178/79
山海經廣注十八卷 （清）吳任臣注 清（1644–1911）刻本 2冊 存10卷（1–3,6–12）

藝術類

026232
陳曼生書孫夫人墓誌一卷 （清）陳鴻壽

書　民國十五年（1926）西泠印社石印本　1冊

026179
古監閣藏漢禮器碑一卷　（民國）秦綱孫藏　民國十六年（1927）上海藝苑真賞社石印本　1冊

026225
虢季子白盤放大本一卷　民國十一年（1922）上海有正書局石印本　1冊

026233
南唐澄心堂拓右軍洛神賦全文一卷　孫陟甫書　民國二十四年（1935）商務印書館石印本　1冊

026230
王羲之斷碑集句一卷　（晉）王羲之書　民國十四年（1925）上海文明書局石印本　1冊

026224
吳倉碩石鼓文一卷　（民國）吳昌碩書　民國（1912–1949）求古齋書帖局石印本　1冊

022940/43
士禮居藏書題跋記六卷　（清）黄丕烈著（清）潘祖蔭輯　清光緒十年（1884）滂喜齋刻本　4冊

026231
宋拓大麻姑仙壇記一卷　（唐）顔真卿書　民國（1912–1949）上海有正書局石印本　1冊

026178
鄭板橋道情詞墨蹟一卷　（清）鄭燮書　民國十五年（1926）上海有正書局石印本　1冊

醫家類

醫　經

004925/30
補注黄帝内經素問二十四卷黄帝内經靈樞十二卷附素問遺篇　（唐）王冰注　（宋）林億校勘　清光緒二十二年（1896）圖書集成局鉛印本　6冊

002186/91
補注黄帝内經素問二十四卷遺篇一卷黄帝内經靈樞十二卷　（唐）王冰注　（宋）林億校勘　清光緒二十二年（1896）圖書集成局鉛印本　6冊

002216/17
補註黄帝内經素問二十四卷　（唐）王冰注　（宋）林億等校正　（宋）孫兆改誤　清光緒三年（1877）浙江書局據武陵顧氏影宋嘉祐本刻本　2冊

004849
重訂古本難經闡註不分卷　（清）丁錦集註　民國十九年（1930）千頃堂書局石印本　1冊

025556
重訂駱龍吉内經拾遺方論四卷　（明）劉浴德、朱練訂　清（1644–1911）刻本　1冊　存1卷（4）

002490/91
重訂駱龍吉内經拾遺方論四卷　（明）劉浴德、朱練訂　清（1644–1911）刻本二雅堂藏板　2冊

002502/05
重廣補註黄帝内經素問二十四卷　（清）錢熙祚校　民國十七年（1928）中國學會據清咸豐二年（1852）錢熙祚守山閣校刻本影印本　4冊　存10卷（15–24）

002498/501,002510/13
重廣補註黄帝内經素問二十四卷　（清）

錢熙祚校　民國十七年（1928）中國學會據清咸豐二年（1852）錢熙祚守山閣校刻本影印本　8冊　存22卷（1–22）

002468/77
重廣補註黄帝内經素問二十四卷黄帝内經靈樞十二卷附素問遺編一卷（唐）王冰注（宋）林億校勘　清光緒十年（1884）京口文成堂刻本　10冊

002586/93
重廣補註黄帝内經素問二十四卷（唐）王冰注　民國十一年（1922）武進惲鐵樵據明嘉靖二十九年（1550）顧從德本影印本　8冊

002218/27
重廣補註黄帝内經素問二十四卷附群經見智録三卷（唐）王冰注（民國）惲鐵樵學　民國十一年（1922）鉛印本　10冊

002306/15
重廣補註黄帝内經素問二十四卷附群經見智録三卷（唐）王冰注（民國）惲鐵樵學　民國十一年（1922）武進惲鐵樵據明嘉靖二十九年（1550）顧從德本影印本　10冊

002443/51
重廣補註黄帝内經素問二十四卷黄帝内經靈樞十二卷（唐）王冰注（宋）林億等校正（宋）孫兆改誤　清光緒十年（1884）刻本　9冊

024581/83　善本
讀素問鈔九卷補遺一卷（元）滑壽編輯（明）汪機續註　明嘉靖（1507–1567）刻本　3冊

004856/57
古本難經闡注二卷（戰國）秦越人撰（清）丁錦集注　清同治三年（1864）高郵趙春普旌孝堂據嘉慶五年（1800）刻本重刻本　2冊

004851/52
古本難經闡注二卷（戰國）秦越人撰（清）丁錦集注　清同治三年（1864）高郵趙春普旌孝堂據嘉慶五年（1800）刻本重刻本　2冊

004850
古本難經闡注二卷（清）丁錦集注　民國十九年（1930）上海中醫書局影印本　1冊

004855
古本難經闡註校正四卷（清）丁錦注　民國十八年（1929）千頃堂書局石印本　1冊

024126/28
鬼僦術三卷（民國）陸晉笙編　民國二十四年（1935）鉛印本　3冊

025919/21
鬼僦術三卷（民國）陸晉笙編　民國二十四年（1935）鉛印本　3冊

004883
黄帝八十一難經正本不分卷（民國）張驥補校　民國二十六年（1937）成都義生堂刻本　1冊

004884/86
黄帝八十一難經纂圖句解七卷（宋）李駉句解　民國（1912–1949）上海涵芬樓據正統道藏本影印本　3冊

004887/89
黄帝八十一難經纂圖句解七卷（宋）李駉句解　民國（1912–1949）上海涵芬樓據正統道藏本影印本　3冊

002506/09
黄帝内經靈樞二十四卷（清）錢熙祚校　民國十七年（1928）中國學會據清咸豐二年（1852）錢熙祚守山閣校刻本影印本　4冊

002389/92

黃帝内經靈樞二十四卷附内經靈樞校勘記（清）錢熙祚校　民國十七年（1928）中國學會據清咸豐二年（1852）錢熙祚守山閣校刻本影印本　4冊

024077/79

黃帝内經靈樞略一卷黃帝内經靈樞集註二十三卷（唐）王冰注（宋）林億校刊　民國（1912–1949）上海涵芬樓據正統道藏本影印本　3冊

002386/89

黃帝内經靈樞十二卷附黃帝内經素問遺篇一卷（清）黄以周總校（宋）劉溫舒原本　清光緒十年（1884）刻本文成堂藏板　4冊

025577

黃帝内經靈樞十二卷（宋）史崧音釋　民國二十五年（1936）上海中華書局鉛印本　1冊　存5卷（1–5）

002368/77

黃帝内經靈樞註證發微九卷补遺一卷（明）馬蒔注　清光绪五年（1879）刻本太医院藏板　10冊

002356/67

黃帝内經靈樞注證發微九卷补遺一卷（明）馬蒔注　清光绪五年（1879）刻本太医院藏板　12冊

002298/305

黃帝内經素問二十四卷（明）吳崐注　清（1644–1911）刻本大興堂藏板　8冊

002228/33

黃帝内經素問集註九卷（清）張志聰集註（清）莫承藝参訂（清）朱景韓校正　清光緒十六年（1890）浙江書局刻本　6冊

002234/39

黃帝内經素問集註九卷（清）張志聰集註（清）莫承藝参訂（清）朱景韓校正　清光緒十六年（1890）浙江書局刻本　6冊

024795/97,025070/72

黃帝内經素問集註九卷（清）張志聰集註（清）莫承藝参訂（清）朱景韓校正　清光緒十六年（1890）浙江書局刻本　6冊

002240/49

黃帝内經素問九卷（清）張志聰集註　清（1644–1911）善成堂刻本　10冊

006321/36

黃帝内經素問靈樞合纂二十卷（清）張志聰注（明）馬蒔注（清）高世栻参訂　民國（1912–1949）上海錦章書局石印本　16冊

002409/26

黃帝内經素問靈樞合纂二十卷（清）張志聰注（明）馬蒔注（清）高世栻参訂　民國二十年（1931）上海錦章書局石印本　18冊

002427/42

黃帝内經素問靈樞合纂二十卷（清）張志聰注（明）馬蒔注（清）高世栻参訂　清宣統二年（1910）上海錦章書局石印本　16冊

024631/45

黃帝内經素問遺篇五卷補註釋文五十卷　佚名撰　民國（1912–1949）上海涵芬樓據正統道藏本影印本　15冊

002250/57

黃帝内經素問直解九卷（清）高世栻註解　清光緒十三年（1887）浙江書局重刻本　8冊

002269/76
黄帝内經素問直解九卷　（清）高世栻註解　清光緒十三年（1887）浙江書局重刻本　8冊

002348/55
黄帝内經素問直解九卷　（清）高世栻註解　清光緒十三年（1887）浙江書局重刻本　8冊

002528/35
黄帝内經素問直解九卷　（清）高世栻註解　清光緒十三年（1887）浙江書局重刻本　8冊

002174/85
黄帝内經素問註證發微九卷　（明）馬蒔註證　清（1644–1911）善成堂刻本　12冊

013482/93
黄帝内經素問註證發微九卷　（明）馬蒔註證　清嘉慶十年（1805）善成堂刻本　12冊　存8卷（1–8）

002258/62
黄帝内經素問註解十卷　慈濟大帝講述　民國二十八年（1939）北京救世新教會鉛印本　5冊

002452/59
黄帝内經太素補注三十卷　（唐）楊上善撰注　（民國）楊明濟補注　民國二十四年（1935）漢口餘生印刷社鉛印本　8冊

002516/23
黄帝内經太素補注三十卷　（唐）楊上善撰注　（民國）楊明濟補注　民國二十四年（1935）漢口餘生印刷社鉛印本　8冊

002578/85
黄帝内經太素補註三十卷　（唐）楊上善撰注　（民國）楊明濟補注　民國二十四年（1935）漢口餘生印刷社鉛印本　8冊

002460/67
黄帝内經太素三十卷　（唐）楊上善撰注　民國十三年（1924）蘭陵堂刻本　8冊

002571/77,025474
黄帝内經太素三十卷　（唐）楊上善撰注　民國十三年（1924）蘭陵堂刻本　8冊

002482/86
黄帝内經太素三十卷　（唐）楊上善撰注　清光緒二十三年（1897）通隱堂刻本　5冊　存21卷（2,3,5,6,8–17,19,22–27）

006337/42
黄帝内經太素三十卷　（唐）楊上善撰注　清光緒二十三年（1897）通隱堂刻本　6冊

004804/07
黄帝素問靈樞經十二卷　佚名撰　民國十六年至十七年（1927–1928）上海涵芬樓據明（1368–1644）趙府居敬堂刻本影印本　4冊

002294/97
黄帝素問宣明論方十五卷　（金）劉完素撰集　（明）吴勉學校　清（1644–1911）刻本　4冊

002544/67　善本
類經三十二卷　（明）張介賓類註　明天啟四年（1624）刻本　24冊

004816/38,025717/25
類經三十二卷附類經圖翼十一卷附翼四卷　（明）張介賓類註　清嘉慶四年（1799）金閶翠英堂刻本　32冊

004808/15,022726/33,024906/21　善本
類經三十二卷附類經圖翼十一卷附翼四卷　（明）張介賓類註　明天啟四年（1624）刻本　32冊

025440
類經圖翼十一卷　（明）張介賓著　清

（1644–1911）刻本　1 冊　存 3 卷（3–5）

002524/27

類經纂要三卷附難經摘抄壽芝醫案（清）虞庠輯　清同治六年（1867）刻本　4 冊

004843/46

類經纂要三卷附難經摘抄壽芝醫案（清）虞庠輯　清同治六年（1867）刻本　4 冊

004839/42

類經纂要三卷附難經摘抄壽芝醫案（清）虞庠輯　清同治六年（1867）刻本浙江翰墨齋藏板　4 冊

002327/34

靈樞經集註九卷（清）張志聰集註（清）張文啟參訂（清）張兆璜校正　清光緒十六年（1890）浙江書局刻本　8 冊

002536/43

靈樞經集註九卷（清）張志聰集註（清）張文啟參訂（清）張兆璜校正　清光緒十六年（1890）浙江書局刻本　8 冊

002317/26

靈樞經九卷（清）張志聰集註　清光緒二十九年（1903）刻本善成堂藏板 10 冊

025065/69

靈素集註節要十二卷（清）陳念祖集註　清（1644–1911）掃葉山房刻本　5 冊　存 10 卷（3–12）

024625

靈素提要淺註十二卷（清）陳念祖集註　民國（1912–1949）石印本　1 冊

006313/20,025866/73

馬元臺張隱庵合註素問靈樞二十卷（清）張志聰註（明）馬蒔注　民國八年（1919）上海掃葉山房石印本　16 冊

004853/54

難經本義二卷（元）滑壽本義　清（1644–1911）刻本　2 冊

004882

難經從考不分卷（民國）張驥輯　民國二十七年（1938）成都汲古書局刻本　1 冊

022557

難經從考不分卷（民國）張驥輯　民國二十七年（1938）成都汲古書局刻本　1 冊

022558

難經從考不分卷（民國）張驥輯　民國二十七年（1938）成都汲古書局刻本　1 冊

004878/81

難經彙注箋正三卷首一卷（民國）張壽頤編纂　民國十二年（1923）蘭溪中醫專校油印本　4 冊

004858

難經會通不分卷（清）黄維翰述　民國三十七年（1948）樊川濬陽樂素洞石印本　1 冊

006136/37

難經集註五卷（明）王九思、石友諒、王鼎象、王惟一輯（清）錢熙祚校　民國（1912–1949）上海中華書局鉛印本　2 冊

005064/65　善本

難經直解二卷（清）莫熺注　清康熙十一年（1672）刻本　2 冊

025892/93

内經方集釋二卷（民國）張驥集釋　民國二十二年（1933）成都義生堂刻本　2 冊

025894/95
内經方集釋二卷 （民國）張驥集釋　民國二十二年（1933）成都義生堂刻本　2 冊

025896/97
内經方集釋二卷 （民國）張驥集釋　民國二十二年（1933）成都義生堂刻本　2 冊

002492/97
内經藥瀹十卷 （民國）張驥輯　民國二十四年（1935）成都張義生堂刻本　6 冊

025864/65
内經知要二卷 （明）李中梓輯 （清）薛雪校正重刊　民國十年（1921）江陰寶文堂刻本　2 冊

002480/81
内經知要二卷 （明）李中梓輯 （清）薛雪校正重刊　清（1644–1911）刻本掃葉莊藏板　2 冊

002478/79
内經知要二卷 （明）李中梓輯 （清）薛雪校正重刊　清光緒九年（1883）重刻本常熟抱芳閣藏板　2 冊

001183/84
群經見智録三卷 （民國）惲鐵樵學　民國十一年（1922）鉛印本　2 冊

002403/05
素問靈樞類纂三卷 （清）汪昂輯註 （民國）江忍庵增註　民國十四年（1925）上海廣文書局石印本　3 冊

025342
素問靈樞類纂約註三卷 （清）汪昂纂　清乾隆四十四年（1779）書業堂刻本　1 冊　存 1 卷（1）

002568/70
素問靈樞類纂約註三卷 （清）汪昂纂　清同治十年（1871）掃葉山房刻本　3 冊

025573/74
素問靈樞類纂約註三卷 （清）汪昂纂輯　民國（1912–1949）鉛印本　2 冊　存 2 卷（中，下）

025939/40
素問靈樞類纂約註三卷 （清）汪昂纂輯　清（1644–1911）刻本　2 冊　存 2 卷（中，下）

002487/89
素問靈樞類纂約註三卷 （清）汪昂纂輯　清光緒六年（1880）刻本江左書林藏板　3 冊

002406/08
素問靈樞類纂約註三卷 （清）汪昂纂輯　清光緒七年（1881）重刻本綠蔭堂藏版　3 冊

005008/10
素問靈樞類纂約註三卷 （清）汪昂纂輯　清咸豐元年（1851）刻本同文堂藏板　3 冊

025633
素問釋義十卷 （清）張琦學　清道光十年（1830）宛鄰書屋刻本　1 冊　存 5 卷（1–5）

002335/46
素問懸解十三卷附校餘偶識一卷靈樞懸解九卷難經懸解二卷 （清）黄元御解　清同治十一年（1872）陽湖馮氏刻本　12 冊

002267/68
唐氏中西醫判二卷 （清）唐宗海著　民國三年（1914）百草廬石印本　2 冊

004872/75　善本
圖註八十一難經辨真四卷（戰國）秦越人述（明）張世賢注　明（1368–1644）刻本　4 冊

004862/63　善本
圖註八十一難經辨真四卷（戰國）秦越人述（明）張世賢注　明（1368–1644）刻本　2 冊

013583
新靈樞經二十一章（清）丁福保編　清宣統元年（1909）上海文明書局鉛印本　1 冊

023022/25
醫經理解九卷（清）程知述　民國十四年（1925）上海元昌印書館石印本　4 冊

022629/34
醫經原旨六卷（清）薛雪集註　民國十七年（1928）上海千頃堂書局石印本　6 冊

002206/11
醫經原旨六卷（清）薛雪集註　清（1644–1911）掃葉山房刻本　6 冊

002200/05
醫經原旨六卷（清）薛雪集註　清（1644–1911）刻本寧郡簡香齋藏板　6 冊

002194/99
醫經原旨六卷（清）薛雪集註　清（1644–1911）掃葉山房刻本　6 冊

002212/15,026118/19
醫經原旨六卷（清）薛雪集註　清（1644–1911）掃葉山房刻本　6 冊

022619/24
醫經原旨十二卷（清）薛雪集註　民國（1912–1949）上海江東書局石印本　6 冊

013313
中西匯通醫經精義二卷（清）唐宗海著　清光緒三十四年（1908）千頃堂書局石印本　1 冊

013409/10
中西醫解二卷（清）唐宗海著　清光緒二十年（1894）刻本　2 冊

023475/78
中西醫學入門二卷（清）唐宗海著　清光緒二十一年（1895）上海書局刻本　4 冊

醫　理

008110/11
病理補證二卷（民國）陸淵雷撰述　民國（1912–1949）鉛印本　2 冊

008116/17
病理學讀本二卷（民國）張壽頤纂修　民國二十年（1931）浙江蘭谿中醫學校鉛印本　2 冊

008112/13
病理學稿裁二編（民國）姚心源撰　民國二十年（1931）鉛印本　2 冊

008114/15
病理學稿裁二編（民國）姚心源撰　民國二十年（1931）鉛印本　2 冊

012741/42
補校醫林改錯二卷（清）王清任著　清光緒五年（1879）校經山房刻本　2 冊

010385/86
補校醫林改錯二卷（清）王清任著　清光緒十五年（1889）上海掃葉山房刻本　2 冊

008092/103
巢氏諸病源候總論五十卷（隋）巢元方撰　清光緒十七年（1891）池陽周氏校刻本　12 冊

008104/06
重刊巢氏諸病源候總論十二卷 （隋）巢元方撰　清光緒二十二年（1896）博文書局石印本　3 冊

008107/09
重刊巢氏諸病源候總論十二卷 （隋）巢元方撰　清光緒二十二年（1896）博文書局石印本　3 冊

008081/83,025334
重刊巢氏諸病源候總論五十卷 （隋）巢元方撰　民國七年（1918）上海千頃堂書局石印本　4 冊

008084/91
重刊巢氏諸病源候總論五十卷 （隋）巢元方撰　民國七年（1918）上海千頃堂書局石印本　8 冊

026070/71
華氏中藏經八卷 （漢）華佗撰 （清）吳勉學、鮑士奇校　清（1644–1911）刻本　2 冊

002399/400
華氏中藏經三卷 （漢）華佗撰 （清）孫星衍校 （清）朱記榮校刊　清光緒十一年（1885）朱氏據嘉慶十三年（1808）平津館孫氏刻本重刻本　2 冊

002401/02
華氏中藏經三卷附素女方一卷秘製大黄清寧丸方一卷 （漢）華佗撰 （清）孫星衍校 （清）朱記榮校刊　清光緒十一年（1885）朱氏據嘉慶十三年（1808）平津館孫氏刻本重刻本　2 冊

012754
檢骨補遺考證一卷 （清）許梿輯著　清光緒十二年（1886）刻本　1 冊

008078
生理新語四卷 （民國）惲鐵樵著　民國二十五年（1936）上海中醫書局鉛印本　1 冊

008080
生理新語四卷 （民國）惲鐵樵著　民國二十五年（1936）上海中醫書局鉛印本　1 冊

025661
四聖心源十卷附莊氏慈幼二書 （清）黄元御著 （清）莊一夔著　清道光二十二年（1842）刻本　1 冊　存 5 卷（6–10）

004973/74
宋徽宗聖濟經十卷 （宋）吳禔注　清光緒十三年（1887）刻本　2 冊

005069/72
宋徽宗聖濟經十卷 （宋）吳禔注　清光緒十三年（1887）刻本　4 冊

025941/43
素問六氣玄珠密語十七卷 （唐）王冰述　民國（1912–1949）上海涵芬樓影印本　3 冊

024063/65
素問六氣玄珠密語十七卷 （唐）王冰述　民國（1912–1949）上海涵芬樓影印本　3 冊

024068
素問入式運氣論奥三卷 （宋）劉溫舒撰　民國（1912–1949）上海涵芬樓影印本　1 冊

013358/61
新醫學圖説四卷 （清）陳念祖著　民國（1912–1949）上海江東書局石印本　4 冊

012739/40
醫林改錯二卷 （清）王清任著　清道光十年（1830）京都隆福寺三槐堂刻本　2 冊

022535/36

醫聖心源十卷 （清）黄元御著　清咸豐七年（1857）刻本本衙藏板　2 册

022684

醫學辨正不分卷 （清）張學醇著　清光緒七年（1881）刻本　1 册

023176/79

醫學辨正四卷 （清）張學醇撰　民國九年（1920）紹興醫藥學報社刻本　4 册

014098/99

醫學指歸二卷首一卷 （清）趙術堂編輯　清咸豐元年（1851）刻本　2 册

014092/93

醫學指歸二卷首一卷 （清）趙術堂輯　民國二十七年（1928）上海中一書局受古書店石印本　2 册

025658

醫學指歸二卷首一卷 （清）趙術堂編輯　清（1644–1911）刻本　1 册　存 2 卷（首，上）

009033

醫易通説一卷醫易詳解一卷 （清）唐宗海撰　民國（1912–1949）上海千頃堂石印本　1 册

014294/95　善本

醫旨緒餘二卷 （明）孫一奎著輯　明（1368–1644）刻本　2 册

008462/63

醫旨緒餘二卷 （明）孫一奎著輯　清（1644–1911）刻本　2 册

023002/04

醫宗經旨四卷 （清）蔡貽績著　清光緒二十二年（1896）刻本分州懷遠官舍藏板　3 册

014216/19

雲水遊集十四卷 （清）程其芝著　清宣統元年（1909）刻本　4 册

014042　善本

運氣易覽三卷 （明）汪機編輯　明嘉靖十二年（1533）程鐍刻本　1 册

025221　善本

運氣易覽三卷 （明）汪機編輯　明嘉靖十二年（1533）程鐍刻本　1 册

025642

運氣易覽四卷 （明）汪機編輯　民國（1912–1949）石印本　1 册　存 2 卷（3,4）

022802/07　善本

臟腑證治圖説人鏡經八卷附録二卷續録二卷 佚名撰　（明）錢雷續　（清）張俊英續　清雍正十一年（1733）益州張鶴州據姑蘇原本重輯刻本　6 册

022840/45　善本

臟腑證治圖説人鏡經八卷附録二卷續録二卷 佚名撰　（明）錢雷續　（清）張俊英續　清雍正十一年（1733）益州張鶴州據姑蘇原本重輯刻本　6 册

025235,025245

中西病理學合參三編 吴漢仙、劉裁吾合編　民國二十四年（1935）鉛印本　2 册

013612

中西醫粹三卷附春溫三字訣一卷痢症三字訣一卷 （清）羅定昌述　民國十年（1921）上海千頃堂書局石印本　1 册

002263/66

中西醫粹三卷附春溫三字訣一卷痢症三字訣一卷 （清）羅定昌述　民國十年（1921）上海千頃堂書局石印本　4 册

013604/07

中西醫粹三卷附春溫三字訣一卷痢症三

字訣一卷 （清）羅定昌述 民國十年（1921）上海千頃堂書局石印本 4冊

013608/11
中西醫粹三卷附春溫三字訣一卷痢症三字訣一卷 （清）羅定昌述 民國十年（1921）上海千頃堂書局石印本 4冊

013173/78
中西臟腑圖像合纂三卷首一卷 （清）朱沛文編輯 清光緒二十三年（1897）宏文閣石印本 6冊

013613
中醫病理學會宗不分卷 劉寶森著 民國二十六年（1937）上海中醫書局鉛印本 1冊

013757
中醫病理學會宗不分卷 劉寶森著 民國二十六年（1937）上海中醫書局鉛印本 1冊

005306
中藏經八卷附内照法一卷 （漢）華佗撰 清光緒六年（1880）江左書林刻本上虞蘭蘭山房徐氏藏板 1冊

014232
中藏經八卷附内照法一卷 （漢）華佗撰 （清）徐舜山重校 民國十七年（1928）刻本江陰寶文堂藏版 1冊

傷寒金匱

003232/47
百大名家合註傷寒論十六卷 （民國）吳考槃編 民國十三年（1924）上海千頃堂書局石印本 16冊

003411/26
百大名家合註傷寒論十六卷 （民國）吳考槃編 民國十三年（1924）上海千頃堂書局石印本 16冊

003090/107
百大名家合註傷寒論十六卷仲景存真集二卷 （民國）吳考槃編 （清）吳蓬萊編 民國十三年（1924）上海千頃堂書局石印本 18冊

003050/61 善本
補拙齋重梓傷寒論條辨八卷附本草鈔一卷痙書一卷尚論篇四卷 （明）方有執條辨 （清）林起龍評定 清康熙十三年（1674）刻本補拙齋藏板 12冊

014300/03
曹氏傷寒發微四卷 （民國）曹家達釋義 民國二十年（1931）上海昌明醫藥學社鉛印本 4冊

023768/71
曹氏傷寒發微四卷 （民國）曹家達釋義 民國二十年（1931）上海昌明醫藥學社鉛印本 4冊

003037/40
訂正醫聖全集保身壽世真經四卷 （清）李纘文撰 清光緒十九年（1893）刻本 4冊

009169/72
感症寶筏四卷 （清）吳貞撰 （清）何炳元重訂 民國元年（1912）浙東印書局鉛印本 4冊

009226/33
感症寶筏四卷 （清）吳貞撰 （清）何炳元重訂 民國元年（1912）浙東印書局鉛印本 8冊

009326/33
感症寶筏四卷 （清）吳貞撰 （清）何炳元重訂 民國元年（1912）浙東印書局鉛印本 8冊

006312
古方通覽不分卷 （日本）佐藤正昭纂

清光緒十一年（1885）上海福瀛書局刻本　1冊

003361/64
校刻傷寒圖歌活人指掌五卷　（宋）吳恕撰　清（1644–1911）致和堂刻本　4冊

022826/27,025316/17
金匱方歌括六卷　（清）陳念祖定　（清）陳蔚參訂　（清）陳元犀韻註　清道光十六年（1836）刻本崇英堂藏板　4冊

025563
金匱講義不分卷　邢錫波編述　民國（1912–1949）華北新中醫學社油印本　1冊

014323/24
金匱傷寒補遺合編不分卷　（民國）惠和著　民國三十年（1941）鉛印本　2冊

025922/24
金匱心典三卷　（漢）張機著　（清）尤怡集註　清同治八年（1869）刻本雙白燕堂陸氏藏板　3冊

006204/06
金匱心典三卷　（漢）張機著　（清）尤怡集註　清同治八年（1869）刻本雙白燕堂陸氏藏板　3冊

025644
金匱心典三卷　（漢）張機著　（清）尤怡集註　民國（1912–1949）石印本　1冊　存1卷（3）

006207/09
金匱心典三卷　（漢）張幾著　（清）尤怡集註　清光緒七年（1881）崇德書院刻本　3冊

006310
金匱心典三卷　（清）尤怡集註　民國（1912–1949）上海文瑞樓石印本　1冊

006153/57
金匱要略方論本義二十二卷　（清）魏荔彤釋義　民國十四年（1925）成都昌福公司鉛印本　5冊　存5卷（1–5）

006184/91
金匱要略方論今釋八卷　（民國）陸淵雷撰述　民國二十四年（1935）上海陸氏醫室鉛印本　8冊

023772/75
金匱要略集注折衷九卷　（民國）胡毓秀補注　民國二十六年（1937）信陽義興福印刷所鉛印本　4冊

006222/25
金匱要略講義九卷　（民國）陳紹勳撰　民國二十五年（1936）成都彬明印刷社鉛印本　4冊

006216/21
金匱要略淺註十卷　（漢）張機原文　（清）陳念祖集註　清光緒十五年（1889）光裕書屋刻本掃葉山房藏板　6冊

025685
金匱要略淺註補正九卷　（漢）張機原文　（清）陳念祖注　（清）唐宗海補正　清光緒三十四年（1908）千頃堂書局石印本　1冊　存3卷（1–3）

025686/87
金匱要略淺註補正九卷　（漢）張機原文　（清）陳念祖注　（清）唐宗海補正　清光緒三十四年（1908）千頃堂書局石印本　2冊　存6卷（1–3,7–9）

006215
金匱要略淺註補正九卷　（漢）張機原文　（清）陳念祖注　（清）唐宗海補正　清光緒三十四年（1908）千頃堂書局石印本　1冊

006214
金匱要略淺註補正九卷傷寒論淺註補正七卷首一卷 （漢）張機原文 （清）陳念祖注 （清）唐宗海補正 清光緒三十四年（1908）千頃堂書局石印本 1冊

025224
金匱要略淺註十卷 （漢）張機原文（清）陳念祖集註 民國（1912–1949）石印本 1冊

006305
金匱要略三卷 （漢）張機著 （晉）王叔和撰次 日本文化三年（1806）刻本諧仙堂藏板 1冊

006143/52
金匱要略五十家註二十四卷首一卷末一卷（民國）吳隱亭編纂 民國二十年（1931）上海千頃堂書局石印本 10冊

024212
金匱要略新註不分卷 （民國）王和安編纂 民國十八年（1929）漢口武漢印書館鉛印本 1冊

024254
金匱要略新註不分卷 （民國）王和安編纂 民國十八年（1929）漢口武漢印書館鉛印本 1冊

024306
金匱要略新註不分卷 （民國）王和安編纂 民國十八年（1929）漢口武漢印書館鉛印本 1冊

006226/28
金匱要略直解三卷附玉函經三卷 （漢）張機述 （清）程林校 清康熙（1662–1722）刻本 3冊

006229/36
金匱翼八卷 （清）尤怡集 清（1644–1911）宏道堂刻本 8冊

006237/40
金匱翼八卷 （清）尤怡集 清嘉慶十八年（1813）心太平軒刻本 4冊

026016/17
金匱玉函經二註二十二卷附補方一卷十藥神書一卷 （清）周揚俊補註 （清）葉萬青叅校 民國四年（1915）上海校經山房石印本 2冊

006192/97
金匱玉函經二註二十二卷附補方一卷十藥神書一卷 （宋）趙以德衍義 （清）周揚俊補註 （清）葉萬青叅校 清同治二年（1863）刻本養恬齋藏板 6冊

006198/203
金匱玉函經二註二十二卷附補方一卷十藥神書一卷 （宋）趙以德衍義 （清）周揚俊補註 （清）葉萬青叅校 清同治二年（1863）刻本養恬齋藏板 6冊

005538
金鏡録不分卷 （清）佚名著 清（1644–1911）文林堂刻本 1冊

012466/67
金鏡内台方議十二卷 （清）許宏集 清（1644–1911）心導樓刻本 2冊

003213/16
類證增註傷寒百問歌四卷 （宋）錢聞禮撰 清光緒三十年至民國元年（1904–1912）武昌醫館刻本 4冊

000453/58,000461/63
劉河間傷寒六書八種 （金）劉完素撰（明）吳勉學校 清（1644–1911）刻本 9冊

014410
劉河間傷寒六書六種 （金）劉完素撰集 清（1644–1911）刻本 1冊 存1種（素問玄機原病式不分卷）

025688,025690
劉河間傷寒六書六種 （金）劉完素撰集　清宣統元年（1909）上海千頃堂石印本　2 冊

000459/60
劉河間傷寒三書二十卷 （金）劉完素撰　清（1644–1911）刻本　2 冊　存 5 卷（素問病機氣宜保命集 1–3，新刊註釋素問玄機原病式 1、2）

025689,025691
劉河間傷寒三書二十卷 （金）劉完素撰集　清宣統元年（1909）上海千頃堂石印本　2 冊

003199/02
傷寒辨證四卷 （清）陳堯道著　（清）勞鳳翔訂　清嘉慶十一年（1806）刻本本衙藏板（第四卷抄本補配）　4 冊

003172/76
傷寒辨證四卷 （清）陳堯道著　（清）勞鳳翔訂　清嘉慶十一年（1806）勞氏重刻本　5 冊

003019/24
傷寒辨證四卷 （清）陳堯道著　（清）勞鳳翔訂　清康熙十七年（1678）刻本　6 冊

002946/49
傷寒辨註不分卷金匱辨註不分卷 （民國）陳金聲編註　民國十四年（1925）石印本　4 冊

003392/95
傷寒補天石二卷續傷寒補天石二卷 （明）戈維城著　清嘉慶十六年（1811）汲綆齋刻本　4 冊

002782/85
傷寒撮要四卷 （清）王夢祖輯　民國十九年（1930）上海中醫書局據清光緒六年（1880）靜益山房重刻本影印本　4 冊

006119/22
傷寒撮要四卷 （清）王夢祖輯　民國十九年（1930）上海中醫書局據清光緒六年（1880）靜益山房重刻本影印本　4 冊

002798/801
傷寒大白四卷 （清）秦之楨纂著　民國四年（1915）成都昌福公司鉛印本　4 冊

002744/47
傷寒大白四卷 （清）秦之楨纂著　清康熙五十三年（1714）其順堂刻本　4 冊

006285/88
傷寒大白四卷 （清）秦之楨纂著　清康熙五十三年（1714）其順堂刻本　4 冊

002633/37,002941/45
傷寒大成五種 （清）張璐纂述　（日本）前田安宅、前田安典子訂　（清）張登彙纂　清光緒二十五年（1899）浙江官書局重印本　10 冊　存 4 種（傷寒纘論 2 卷，傷寒舌鑒 1 卷，傷寒緒論 2 卷，傷寒兼證析義不分卷）

023737/45
傷寒大成五種 （清）張璐纂述　（日本）前田安宅、前田安典子訂　（清）張登彙纂　清光緒二十五年（1899）浙江官書局重印本　9 冊　存 3 種（傷寒纘論 2 卷，傷寒緒論 2 卷，傷寒兼證析義 1 卷）

003248/55
傷寒大成五種 （清）張璐手述　清康熙五十四年（1715）同德堂刻本　8 冊

002792/93
傷寒第一書四卷附餘二卷 （清）車宗輅、胡憲豊述　民國六年（1917）朝記書莊石印本　2 冊

003356/60,006250
傷寒第一書四卷附餘二卷 （清）車宗輅、

胡憲豊述　清同治十一年（1872）刻本奎照樓藏板　6 冊

024159/60
傷寒方法二卷　（清）王子接注　清（1644–1911）刻本　2 冊

002730
傷寒方經解不分卷　（清）姜國伊注　民國（1912–1949）成都黄氏茹古書局刻本　1 冊

003155/60　善本
傷寒分經十卷　（清）吳儀洛訂　清乾隆三十一年（1766）刻本硤川利濟堂藏板　6 冊

003147/54　善本
傷寒分經十卷　（清）吳儀洛訂　清乾隆三十一年（1766）刻本硤川利濟堂藏板　8 冊

003185/92
傷寒分經十卷　（清）吳儀洛訂　清乾隆三十一年（1766）刻本硤川利濟堂藏板　8 冊

002612
傷寒古本考不分卷傷寒雜病論古本三卷首一卷附六經傳變證誤　（日本）内藤希振撰　民國六年（1917）成都存古書局刻本　1 冊

003203/08
傷寒廣要十二卷　（日本）丹波元堅撰　民國九年（1920）成都福昌公司鉛印本　6 冊

002734/37
傷寒廣要十二卷　（日本）丹波元堅撰　日本文政十年（1827）聿修堂刻本　4 冊

002913/16
傷寒恒論十卷　（清）鄭欽安注　清光緒二十三年（1897）刻本　4 冊

002606/11　善本
傷寒集註十五卷　（清）舒詔著　清乾隆三十五年（1770）刻本　6 冊

003427/38
傷寒輯要十六卷附醫案一卷　（清）林渠清輯　清道光十一年（1831）寸耕堂刻本　12 冊　存 10 卷（8–16, 醫案 1 卷）

025674
傷寒兼證析義不分卷　（清）張倬著　民國（1912–1949）鉛印本　1 冊

025694
傷寒兼證析義不分卷　（清）張倬著　清（1644–1911）刻本　1 冊

025444/45
傷寒講義不分卷　邢錫波編述　民國（1912–1949）華北新中醫學社油印本　2 冊

003353
傷寒借治論二卷附唯識詮醫篇一卷　（民國）張有章著　民國十六年（1927）北京京師融會中醫學講習所石印本　1 冊

003373/75
傷寒借治論二卷附唯識詮醫篇一卷　（民國）張有章著　民國十六年（1927）北京京師融會中醫學講習所石印本　3 冊

003003/06
傷寒今釋選八卷　（民國）陸淵雷撰　民國（1912–1949）祥記彬明印刷社鉛印本　4 冊

002731
傷寒九十論不分卷　（宋）許叔微撰　民國元年（1912）黄氏濟忠堂刻本　1 冊

003290/97
傷寒來蘇集八卷　（漢）張機原文　（清）柯琴編註　（清）馬中驊較訂　清（1644–1911）刻本　8 冊

002917/22
傷寒來蘇集八卷 （漢）張機原文 （清）柯琴編註 （清）馬中驊較訂 清（1644–1911）刻本蘇州掃葉山房藏板 6冊 存6卷（傷寒論註4卷，傷寒附翼2卷）

003109/16
傷寒來蘇集八卷 （漢）張機原文 （清）柯琴編註 （清）馬中驊較訂 清（1644–1911）刻本 8冊

009983/88
傷寒來蘇集六卷 （漢）張機原文 （清）柯琴編註 （清）馬中驊較訂 （清）葉桂評 清光緒三十二年（1906）上海玉麟局石印本 6冊

002619
傷寒六經明義不分卷 （清）陳臣朔述 民國（1912–1949）鉛印本 1冊

025930/34
傷寒六書六卷 （明）陶華述 清（1644–1911）江陰朱氏校刻本 5冊 存5卷（2–6）

003161/66 善本
傷寒六書六卷 （明）陶華撰 明（1368–1644）刻本 6冊

002738/43
傷寒六書六卷 （明）陶華撰 清（1644–1911）敦化堂刻本 6冊

003396/403
傷寒論廣訓八卷 （民國）巫伯榮著 民國二十六年（1937）鉛印本 8冊

006123/25,025260/64
傷寒論廣訓八卷 （民國）巫伯榮著 民國二十六年（1937）鉛印本 8冊

003337/44
傷寒論後條辨十五卷 （清）程應旄注 （清）王式鈺校 清乾隆九年（1744）致和堂刻本 8冊

003345/52
傷寒論後條辨十五卷 （清）程應旄注 （清）王式鈺校 清乾隆九年（1744）致和堂刻本 8冊

025222/23,025399/400
傷寒論會參七卷首一卷末一卷 （民國）張拱端參註 民國二十一年（1933）湖南常德公和石印局石印本 4冊

003123/32
傷寒論集成十卷首一卷 （日本）山田正珍著 日本天保三年（1832）據日本寬政元年（1789）刻本杏花園藏板補刻本 10冊

002802/07
傷寒論集註六卷 （清）張志聰註釋 （清）高士栻纂集 （清）朱景韓、曾時泰、曹鐕參訂 清（1644–1911）刻本平遠樓藏板 6冊

025655
傷寒論集註六卷 （清）張志聰註釋 （清）高世栻纂輯 （清）朱景韓、曾時泰、曹鐕參訂 民國十二年（1923）上海鍊石書局石印本 1冊

002726/29
傷寒論集註六卷 （清）張志聰註釋 （清）高世栻纂集 清咸豐十一年（1861）刻本樹山左氏莊藏板 4冊

003167/71
傷寒論集註七篇 （清）佚名撰 清（1644–1911）抄本 5冊

002997/3002
傷寒論集注折衷七卷首一卷 （民國）胡毓秀補注 民國二十六年（1937）信陽義興福印刷所鉛印本 6冊

003065/74
傷寒論輯義按六卷 （民國）惲鐵樵著 民國十八年（1929）上海商務印書館鉛印本 10冊

002755/64
傷寒論輯義七卷 （日本）丹波元簡學 日本文政五年（1822）聿修堂刻本 10冊

003369/72
傷寒論講義八卷 （民國）張有章著 民國（1912–1949）石印本 4冊

025430
傷寒論類方不分卷 （清）徐大椿編 民國（1912–1949）石印本 1冊

025490
傷寒論類方不分卷 （清）徐大椿釋 清（1644–1911）刻本 1冊

002931/34
傷寒論淺註補正七卷首一卷 （清）陳念祖淺註 （清）唐宗海補正 （漢）張機原文 民國（1912–1949）上海千頃堂書局石印本 4冊

024276/79
傷寒論淺註補正七卷首一卷 （清）陳念祖淺註 （清）唐宗海補正 （漢）張機原文 民國（1912–1949）上海千頃堂書局石印本 4冊

003365/68
傷寒論淺註補正七卷首一卷 （清）陳念祖淺註 （清）唐宗海補正 （漢）張機原文 清光緒二十六年（1900）成都兩儀堂刻本 4冊

025195/98
傷寒論淺註補正七卷首一卷 （清）陳念祖淺註 （清）唐宗海補正 （漢）張機原文 清光緒二十年（1894）上海順成書局石印本 4冊

003141/46
傷寒論三註十六卷 （清）周揚俊輯 清光緒十三年（1887）刻本漁古山房藏板 6冊

002767/74 善本
傷寒論三註十六卷 （清）周楊俊輯 清乾隆四十五年（1780）刻本松心堂藏板 8冊

003298/305
傷寒論三註十七卷 （清）周楊俊輯 清（1644–1911）刻本竹園書林藏板 8冊

002950/53
傷寒論十卷 （漢）張機述 日本安政三年（1856）江戶掘川濟據明（1368–1644）趙清常景宋本影印本 4冊

026040/45
傷寒論十卷 （漢）張機述 （晉）王叔和撰次 民國十二年（1923）上海惲鐵樵據明（1368–1644）趙開美翻刻宋本影印本 6冊

003326/28,003445/47
傷寒論十卷 （漢）張機述 （晉）王叔和撰次 民國十二年（1923）上海惲鐵樵據明（1368–1644）趙開美翻刻宋本影印本 6冊

004946/51
傷寒論十卷 （漢）張機述 （晉）王叔和撰次 民國十二年（1923）上海惲鐵樵據明（1368–1644）趙開美翻刻宋本影印本 6冊

003047/52
傷寒論十卷 （漢）張機述 （晉）王叔和撰次 民國十二年（1923）上海惲鐵樵據明（1368–1644）趙開美翻刻宋本影印本 6冊

003329/30

傷寒論十卷 （漢）張機述 （晉）王叔和撰次 民國元年（1912）武昌醫館刻本 2冊

002627/32

傷寒論識六卷 （日本）淺田惟常著 民國二十年（1931）上海六也堂鉛印本 6冊

002935/40

傷寒論識六卷 （日本）淺田惟常著 民國二十年（1931）上海六也堂鉛印本 6冊

002958/63

傷寒論識六卷 （日本）淺田惟常著 民國二十年（1931）上海六也堂鉛印本 6冊

002964/69

傷寒論識六卷 （日本）淺田惟常著 民國二十年（1931）上海六也堂鉛印本 6冊

003077

傷寒論述義五卷 （日本）丹波元堅學 日本嘉永四年（1851）江戶青雲堂刻本 1冊

002694/95

傷寒論述義五卷補一卷 （日本）丹波元堅著 民國二十年（1931）上海六也堂書藥局鉛印本 2冊

025495

傷寒論條辨八卷 （明）方有執著 民國十四年（1925）渭南嚴氏孝義家塾重刻本 1冊 存3卷（2–4）

024169

傷寒論新註不分卷 （民國）王和安著 民國十八年（1929）漢口武漢印書館鉛印本 1冊

002775/76

傷寒論研究四卷 （民國）惲鐵樵撰 民國二十四年（1935）民有印刷公司鉛印本 2冊

003049/10

傷寒論研究四卷 （民國）惲鐵樵撰 民國二十四年（1935）民有印刷公司鉛印本 2冊

003139/40

傷寒論研究四卷 （民國）惲鐵樵撰 民國十三年（1924）上海商務印書館鉛印本 2冊

003025/28

傷寒論翼二卷附翼二卷 （清）柯琴著 （清）馬中驊較訂 清（1644–1911）刻本 4冊

003386/91

傷寒論直解六卷 （漢）張機撰 （清）張錫駒註解 清光緒十一年（1885）醉經閣刻本 6冊

003133/38

傷寒論直解六卷 （漢）張機撰 （清）張錫駒註解 清光緒十一年（1885）醉經閣重刻本 6冊

003035 善本

傷寒論直解六卷 （清）張錫駒註解 清康熙五十一年（1712）三餘堂刻本 1冊

025638

傷寒論注六卷 （清）王丙著 民國（1912–1949）上海江東書局石印本 1冊 存2卷（3,4）

012926

傷寒論注六卷 （清）王丙著 清（1644–1911）刻本 1冊 存2卷（1,2）

002975/80

傷寒論註四卷傷寒附翼二卷 （漢）張機

原文　（清）柯琴編註　（清）馬中驊較訂　清（1644–1911）刻本蘇州掃葉山房藏板　6冊

003322/23,025442/43,025560/61
傷寒論註四卷傷寒附翼二卷　（漢）張機原文　（清）柯琴編註　（清）馬中驊較訂　清乾隆二十年（1755）崑山馬中驊刻本蘇州掃葉山房藏板　6冊

003380/85
傷寒論脈證式校補八卷　（日本）川越正淑著　（民國）張驥校補　民國二十六年（1937）鉛印本　6冊

002957
傷寒審證表不分卷　（清）包誠纂輯　清同治十年（1871）湖北崇文書局刻本　1冊

002732
傷寒審證表不分卷　（清）包誠纂輯　清同治十年（1871）湖北崇文書局刻本　1冊

002733
傷寒審證表不分卷　（清）包誠纂輯　清同治十年（1871）湖北崇文書局刻本　1冊

025271,025675
傷寒緒論二卷　（清）張璐纂述　民國（1912–1949）鉛印本　2冊

002613/16,025449
傷寒懸解十四卷首一卷末一卷　（清）黄元御著　清道光十二年（1832）長沙徐氏燮龢精舍刻本　5冊

002954/56
傷寒尋源三卷　（清）呂震名著　清光緒七年（1881）刻本　3冊

002748
傷寒一百十三方集註不分卷　（清）繆遵義輯　（清）錢文光録　清嘉慶二十二年（1817）抄本　1冊

025917/18
傷寒醫訣串解六卷　（清）陳念祖著　清光緒三十四年（1908）寶慶富記書局刻本　2冊

002696/703
傷寒原旨不分卷　（民國）何仲皋註解　民國二十二年（1933）四川高等國醫學校鉛印本　8冊

002704/11
傷寒原旨不分卷　（民國）何仲皋註解　民國二十二年（1933）四川高等國醫學校鉛印本　8冊

002923/30
傷寒原旨不分卷　（民國）何仲皋註解　民國二十二年（1933）四川高等國醫學校鉛印本　8冊

003376/79
傷寒雜病論讀本十六卷　（民國）黄竹齋校訂　民國二十五年（1936）克興印字館鉛印本　4冊

002985/96
傷寒雜病論集註十六卷首二卷　（民國）黄維翰著　民國二十五年（1936）鉛印本　12冊

003331/32
傷寒雜病論精義折中二種四卷　（民國）朱茀著　民國二十三年（1934）北平京華印書局鉛印本　2冊　存1種（最新傷寒論精義折中2卷）

024311
傷寒雜病論精義折中二種四卷　（民國）朱茀著　民國二十五年（1936）華北國醫學院鉛印本　1冊　存1種（最新雜病論精義折中卷下）

024309/10

傷寒雜病論精義折中二種四卷 （民國）朱茀著　民國二十五年（1936）華北國醫學院鉛印本　2 冊　存 1 種（最新雜病論精義折中 2 卷）

003181/84

傷寒雜病論精義折中二種四卷 （民國）朱茀著　民國二十五年（1936）華北國醫學院鉛印本　4 冊

003333/36

傷寒雜病論精義折中二種四卷 （民國）朱茀著　民國二十五年（1936）華北國醫學院鉛印本　4 冊

002620/23

傷寒雜病論十六卷 （漢）張機述　民國（1912–1949）影印本　4 冊

002749/50

傷寒雜病論十六卷 （漢）張機述　民國二十五年（1936）上海大成書社鉛印本　2 冊

006251/52

傷寒雜病論十六卷 （漢）張機述　民國二十五年（1936）上海大成書社鉛印本　2 冊

002808/11

傷寒雜病論十六卷 （清）胡嗣超著　清道光二十七年（1847）刻本海隱書屋藏板　4 冊

006291/304

傷寒雜病論義疏十六卷 （民國）劉世楨述義　（民國）劉瑞瀜疏釋　民國二十三年（1934）長沙商務印書館鉛印本　14 冊

002713/26

傷寒雜病論義疏十六卷 （民國）劉世楨述義　（民國）劉瑞瀜疏釋　民國二十三年（1934）長沙商務印書館鉛印本　14 冊

013925/29

傷寒雜病論章句十六卷 （民國）孫鼎宜撰　民國（1912–1949）中華書局鉛印本　5 冊　存 13 卷（1–13）

002603

傷寒雜病指南二卷 （民國）葉隱衡編纂　民國十七年（1928）上海廣益書局石印本　1 冊

002604

傷寒雜病指南二卷 （民國）葉隱衡編纂　民國十七年（1928）上海廣益書局石印本　1 冊

002605

傷寒雜病指南二卷 （民國）葉隱衡編纂　民國十七年（1928）上海廣益書局石印本　1 冊

003015/18

傷寒折衷十二卷 （漢）張機著　（晉）王叔和採集　（金）成無己註解　（清）林瀾纂定　（清）朱大年參校　清康熙十九年（1680）刻本　4 冊

009266/73

傷寒證治準繩八卷 （明）王肯堂輯　清（1644–1911）刻本九思堂藏板　8 冊

003256/65

傷寒證治準繩八卷 （明）王肯堂輯　清（1644–1911）脩敬堂刻本　10 冊

003282/89

傷寒證治準繩八卷 （明）王肯堂輯　清（1644–1911）脩敬堂刻本　8 冊

002794/97

傷寒指掌四卷 （清）吳貞撰　（清）陸懋修重訂　民國七年（1918）上海鴻寶齋書局石印本　4 冊

006268/75
傷寒準繩八卷 （明）王肯堂輯　清（1644–1911）刻本九思堂藏板　8 冊

002686/89
傷寒總病論六卷 （宋）龐安時撰　民國（1912–1949）進業書局據士禮居黄氏刻本影印本　4 冊

003007/10
傷寒總病論六卷 （宋）龐安時撰　民國（1912–1949）據清宣統三年（1911）郭慕韓重刻本影印本　4 冊

002684/85
傷寒總病論六卷 （宋）龐安時撰　清道光三年（1823）吳門黄氏士禮居刻本　2 冊

025567
傷寒纘論二卷 （清）張璐纂述　民國（1912–1949）鉛印本　1 冊　存 1 卷（2）

003075/76
傷寒纘論二卷附古方分兩不分卷 （清）張璐纂述 （日本）前田安宅、前田安典子再訂 （清）張登、張倬參訂　清光緒二十五年（1899）浙江官書局重印本　2 冊

022901/10
尚論篇四卷首一卷後篇四卷寓意草不分卷（清）喻嘉言著　清光緒三十一年（1905）經元書室刻本　10 冊

003011/14
陶節菴傷寒全生集四卷 （明）陶華著（清）葉桂評　清（1644–1911）眉壽堂刻本　4 冊

003209/12
陶節菴傷寒全生集四卷 （明）陶華著（清）葉桂評　清（1644–1911）眉壽堂刻本　4 冊

003278/81
陶節菴傷寒全生集四卷 （明）陶華著（清）葉桂評　清（1644–1911）眉壽堂刻本　4 冊

024211,024305
通俗傷寒論三卷 （清）俞根初著　民國五年（1916）浙江紹興醫藥學報社鉛印本　2 冊　存 2 卷（上，中）

002594/602,025291
通俗傷寒論十二卷附歷代傷寒書目考一卷 （民國）何炳元增訂　民國二十三年（1934）上海六也堂鉛印本　10 冊

002970/74
吳氏醫學述第五種傷寒分經十卷 （漢）張機著 （清）喻嘉言注 （清）吳儀洛訂　清（1644–1911）刻本　5 冊

002617/18
新刻陳養晦先生傷寒五法四卷附敖氏傷寒金鏡録一卷 （清）石楷撰　清康熙二十二年（1683）刻本頤志堂藏板　2 冊

002626　善本
新刻傷寒活人指掌補註辨疑三卷 （明）童養學纂輯　明（1368–1644）刻本　1 冊

002751
新傷寒證治庸言四卷 （民國）羅止園著　民國三十六年（1947）慶記京城印書局鉛印本　1 冊

003036
新傷寒證治庸言四卷 （民國）羅止園著　民國三十六年（1947）慶記京城印書局鉛印本　1 冊

013378
新釋傷寒論不分卷 （民國）李遂良編釋　民國十六年（1927）天津新中醫學社鉛印本　1 冊

002786/91
新增傷寒廣要十二卷 （日本）丹波元簡撰述 （民國）何炳元新增 民國二十年（1931）上海六也堂書藥局鉛印本 6冊

003193/98
新增傷寒廣要十二卷 （日本）丹波元簡撰述 （民國）何炳元新增 民國二十年（1931）上海六也堂書藥局鉛印本 6冊

025453
葉氏醫效秘傳三卷附溫熱贅言一卷 （清）葉桂述 （清）吳金壽校 清道光十一年（1831）刻本 1冊 存2卷（1,2）

006290
伊尹湯液經六卷首一卷末一卷 （民國）楊紹伊考次 民國三十七年（1948）鉛印本 1冊

023027
伊尹湯液經六卷首一卷末一卷 （民國）楊紹伊考次 民國三十七年（1948）鉛印本 1冊

023054
伊尹湯液經六卷首一卷末一卷 （民國）楊紹伊考次 民國三十七年（1948）鉛印本 1冊

025181
醫門棒喝二集傷寒論本旨九卷 （清）章楠編註 清宣統元年（1909）石印本 1冊 存2卷（7,8）

022703/04,022706
醫效秘傳三卷 （清）葉桂述 （清）吳金壽校 清道光十一年（1831）刻本 3冊

006284
醫效秘傳三卷 （清）葉桂述 （清）吳金壽校 清道光十一年（1831）刻本 1冊

014112/15
醫效秘傳三卷附溫熱贅言一卷 （清）葉桂述 （清）吳金壽校 清道光十一年（1831）笠澤吳金壽刻本 4冊

002752/54
醫學質驗五種傷寒啟微三卷 （日本）片倉元周著 日本寬正五年（1793）靜儉堂刻本 3冊

014100/03 善本
醫宗承啟六卷 （漢）張機原文 （清）吳人駒疏衍 清康熙四十一年（1702）刻本 4冊

014411
陰證略例不分卷 （元）王好古撰 清光緒五年（1879）十萬卷樓重刻本 1冊

002624/25
余註傷寒論翼四卷附録武進曹氏醫學讀書志二則 （清）柯琴著 （清）余景和重訂 清光緒十九年（1893）刻本會稽孫思恭藏板 2冊

003324/25
余註傷寒論翼四卷附録武進曹氏醫學讀書志二則 （清）柯琴著 （清）余景和重訂 清光緒十九年（1893）刻本會稽孫思恭藏板 2冊

004969/72
余註傷寒論翼四卷附録武進曹氏醫學讀書志二則 （清）柯琴著 （清）余景和重訂 清光緒十九年（1893）刻本會稽孫思恭藏板 4冊

022898/900
喻嘉言先生傷寒尚論篇全書五種 （清）徐彬編 日本元祿九年（1696）平安城書林博古堂重刻本 3冊

002777/80
增訂傷寒百證歌註四卷 （民國）何炳元增訂 民國二十五年（1936）上海六也堂書藥局鉛印本 4冊

006276/83
增訂條注傷寒心法八卷 （民國）陳紹勳注　民國三十一年（1942）宏文石印局石印本　8 冊

025559,025651,025945/46
增輯傷寒類方四卷 （清）徐大椿編釋（清）潘霨增輯　清同治五年（1866）刻本蘇州振新書社藏板　4 冊

006132/35
增注類證活人書二十二卷釋音一卷藥性一卷 （宋）朱肱撰 （明）吳勉學校勘　清光緒（1875–1908）刻本　4 冊

006258/61
增注類證活人書二十二卷釋音一卷藥性一卷 （宋）朱肱撰 （明）吳勉學校勘　清光緒（1875–1908）刻本　4 冊

004980/84
增注類證活人書二十二卷釋音一卷藥性一卷 （宋）朱肱撰 （明）吳勉學校勘　清光緒十二年（1886）刻本　3 冊

006175/78
增注類證活人書二十二卷釋音一卷藥性一卷 （宋）朱肱撰 （明）吳勉學校勘　清光緒十二年（1886）刻本　4 冊

006126/31
增注類證活人書二十二卷釋音一卷藥性一卷 （宋）朱肱撰 （明）吳勉學校勘　清光緒十二年（1886）刻本　6 冊

006311
張仲景金匱要略論註二十四卷 （清）徐彬撰　民國三年（1914）上海校經山房石印本　1 冊

002981/84
張仲景傷寒論貫珠集八卷 （漢）張機撰（清）尤怡注　清嘉慶十五年（1810）刻本蘇州綠潤堂藏板　4 冊

006253/57
張仲景傷寒論原文淺註六卷 （清）陳念祖集註　清光緒十五年（1889）江左書林刻本　5 冊　存 5 卷（1–5）

003217/21
張仲景傷寒論原文淺註六卷 （清）陳念祖集註　清嘉慶二十五年（1820）刻本南雅堂藏板　5 冊

003407/08
張仲景先生傷寒一百十三方論不分卷 （清）喻嘉言著　清（1644–1911）抄本　2 冊

023661/62
仲景存真集二卷 （清）吳蓬萊編　民國二十年（1931）上海錦章圖書局石印本　2 冊

013460/61
仲景存真集二卷 （清）吳蓬萊編　清咸豐五年（1855）刻本　2 冊

013167/72
仲景歸真七卷 （清）陳煥堂編　清光緒三十三年（1907）四美堂刻本　6 冊

006881/88
仲景全書五種二十卷 （漢）張機著　民國五年（1916）上海千頃堂書局石印本　8 冊

003177/80
仲景傷寒補亡論二十卷 （宋）郭雍撰　清宣統三年（1911）武昌醫館刻本　4 冊

005090/93
注解傷寒論十卷 （漢）張機述 （晉）王叔和撰次 （金）成無已注解　清同治九年（1870）刻本常郡雙白燕堂陸氏藏板　4 冊

013205/08
注解傷寒論十卷附傷寒明理論四卷 （漢）

張機述　（晉）王叔和撰次　（金）成無己注解　民國十三年（1924）上海廣雅書局新新書局石印本　4 冊

診　法

008178
敖氏傷寒金鏡録一卷　（元）杜清碧增定（明）薛己潤圖　清光緒三年（1877）刻本　1 冊

005530/33　善本
寶顔堂訂正脉望八卷　（明）趙臺鼎著　明（1368–1644）刻本　4 冊

005400
瀕湖脉學一卷脉訣附方一卷　（明）李時珍著　（明）張世賢編次　清（1644–1911）刻本　1 冊

005401/02
瀕湖脉學一卷脉訣考證一卷脉訣附方一卷奇經八脉考一卷　（明）李時珍著　清（1644–1911）刻本　2 冊

026255
瀕湖脈學一卷脈訣附方一卷脈訣考證一卷奇經八脈考一卷　（明）李時珍著　清（1644–1911）刻本　1 冊

025176
瀕湖脉學一卷奇經八脉考一卷　（明）李時珍著　清（1644–1911）刻本學庫山房藏板　1 冊

013337/39
彩圖辨舌指南六卷　（民國）曹炳章撰　民國十七年（1928）集古閣石印本　3 冊　存 3 卷（1,3,5）

005484/89
彩圖辨舌指南六卷　（民國）曹炳章撰　民國十七年（1928）集古閣石印本　6 冊

005535/36
初等診斷學二卷　（清）錢斗保著　（民國）劉景泰增輯　民國十六年（1927）奉天燠休中醫學社鉛印本　2 冊

024129/30
初等診斷學二卷　（清）錢斗保著　（民國）劉景泰增輯　民國十六年（1927）奉天燠休中醫學社鉛印本　2 冊

005534
家傳太素脈秘訣二卷　（明）張太素述（明）劉伯祥註　民國十七年（1928）鉛印本　1 冊

013710　善本
家傳太素脉秘訣二卷　（明）張太素述（明）劉伯祥註　明（1368–1644）致和堂刻本　1 冊

025432
校正圖註脉訣四卷　（晉）王叔和撰（明）張世賢注　民國（1912–1949）石印本　1 冊　存 2 卷（1,2）

008322/25
歷代名醫外診察病法五卷　（民國）蔣延錫撰　民國十九年（1930）千頃堂書局鉛印本　4 冊

005539
脈法探微一卷　（清）失名氏先生著（清）石蘭校梓　清（1644–1911）小壺蘆齋刻本　1 冊

008513/18
脉經十卷　（晉）王叔和撰　民國（1912–1949）上海進化書局影印本　6 冊

008524/27
脈經十卷　（晉）王叔和撰　清道光二十三年（1843）嘉定黄氏鹵谿草廬刻本　4 冊

004923/24
脈經十卷　（晉）王叔和撰　清光緒二十年（1894）上海圖書集成印書局鉛印

本　2冊

008530/33
脈經十卷　（晉）王叔和撰　清宣統元年（1909）借月山房刻本　4冊

008507/12
脉經十卷　（晉）王叔和撰　（晉）袁表校　清道光二十九年（1849）刻本　6冊

005543/45
脈經十卷附脈訣刊誤二卷　（晉）王叔和撰　清光緒十七年（1891）池陽周氏刻本　3冊

008534/39　善本
脉經十卷附汪氏痘書一卷　（晉）王叔和著　（明）繆希雍訂刊　明（1368–1644）刻本　6冊

008540/43
脈經真本十卷首一卷　（晉）王叔和撰　清道光十三年（1833）刻本　4冊

008503/06
脈經真本十卷首一卷　（晉）王叔和撰　清咸豐六年（1856）刻本宏道書院藏板　4冊

023724/27
脉訣彙辨十卷　（清）李延是輯　清（1644–1911）刻本　4冊

025643
脉訣刊誤集解二卷　（元）戴起宗著　民國三十年（1941）石印本　1冊　存1卷（下）

005388/89
脉訣刊誤集解二卷附録二卷　（元）戴起宗學　（明）朱升允節抄　（明）汪機補訂　清（1644–1911）刻本　2冊

004922
脈訣刊誤集解二卷附録二卷　（元）戴起宗學　（明）朱升允節抄　（明）汪機補訂　清光緒二十年（1894）上海圖書集成印書局鉛印本　1冊

005496/97
脈訣刊誤集解二卷附録二卷　（元）戴起宗學　（明）朱升允節抄　（明）汪機補訂　清宣統元年（1909）重刻本　2冊

005502
脉訣考證一卷奇經八脉考一卷　（明）李時珍撰　清（1644–1911）刻本　1冊

005540
脉訣秘傳一卷　（民國）王秀山撰　民國十一年（1922）石印本　1冊

008443/46
脈訣新編全集四卷　（民國）劉本昌編　民國三十一年（1942）湘潭劉氏培根堂刻本　4冊

005499
脈理綱要不分卷　（民國）馮尚忠著　民國十一年（1922）成都昌福公司鉛印本　1冊

005500/01
脈説二卷　（清）葉霖著　民國（1912–1949）杭州三三醫學書社鉛印本　2冊

005528/29
脈説二卷　（清）葉霖著　民國（1912–1949）杭州三三醫學書社鉛印本　2冊

005526
脈學叢書四集　（民國）張子英輯　民國三十六年（1947）貴陽現代醫藥雜誌社鉛印本　1冊

005498
脈學輯要不分卷　（民國）丁澤周編　民國六年（1917）鉛印本　1冊

005390/92
脈原三卷（日本）大西葆光著　日本文久元年（1861）刻本　3冊

025678
奇經八脉考一卷（明）李時珍撰輯　清（1644–1911）芥子園刻本文成堂藏板　1冊

004954
三指禪三卷（清）周學霆著　清（1644–1911）益元書局重刻本　1冊

024198/99
石頑老人診宗三昧不分卷（清）張璐撰（清）張登編　清（1644–1911）刻本　2冊

013532
石頑老人診宗三昧不分卷（清）張璐撰（清）張登編　清（1644–1911）刻本思德堂藏板　1冊

004996/99
四診抉微八卷附管窺附馀一卷（清）林之翰纂　民國三年（1914）上海會文堂石印本　4冊

005505/08
四診抉微八卷附管窺附馀一卷（清）林之翰纂　民國十年（1921）上海會文新記書局石印本　4冊

005519/21　善本
太素張神仙脈訣玄微綱領宗統三卷（明）張太素述　明（1368–1644）刻本京都琉璃廠藏板　3冊

005403/06
圖註脉訣辨真四卷附脉訣附方一卷脉訣考證一卷瀕湖脉學一卷奇經八脉考一卷（晉）王叔和撰（明）張世賢注　清（1644–1911）刻本　4冊

005541/42
新刊王氏脉經十卷（晉）王叔和撰　民國（1912–1949）上海涵芬樓據元（1271–1368）廣秦書堂刻本影印本　2冊

025677
新刻校定脉訣指掌病式圖說不分卷丹溪先生金匱鉤玄三卷（元）朱震亨著　清（1644–1911）刻本　1冊　存1卷（金匱鉤玄1卷）

013563/65
續刊三指禪三卷（清）周學霆著　清道光十二年（1832）重刻本　3冊

023073/74
醫法征驗録二卷（清）李文庭纂（清）胡長新校編　清同治（1856–1875）刻本　2冊

008544/47
景宋本脈經十卷（晉）王叔和撰（宋）林億編　清光緒十九年（1893）景蘇園刻本　4冊

004931
玉函經三卷（唐）杜光庭撰　民國十二年（1923）天津華新印書局鉛印本　1冊

025659
玉函經三卷（唐）杜光庭撰　民國十六年（1927）紹興醫藥學報社鉛印本　1冊存2卷（2,3）

013505
診斷學彙編六卷（民國）李林馥輯　民國十三年（1924）上海千頃堂書局石印本　1冊

025692/93
診斷治療學二卷（民國）陸淵雷撰　民國（1912–1949）鉛印本　2冊

005397/98
診家正眼二卷（明）李中梓著述（清）

尤乘增補　清（1644–1911）刻本　2 冊

013179/80
中西脈學講義二卷　（民國）吳錫璜纂　民國十一年（1922）上海文瑞樓石印本　2 冊

008528/29
中醫脈學講義二卷　（民國）吳錫璜纂述　民國十一年（1922）上海文瑞樓石印本　2 冊

005522/25
周氏脈學四種　（清）周學海撰輯　清光緒十九年（1893）刻本　4 冊

針　灸

005567
古本十四經發揮三卷　（元）滑壽著　民國二十五年（1936）中國鍼灸學研究社鉛印本　1 冊

005614/15　善本
經絡全書二編　（明）沈子禄撰述　清康熙三十一年（1692）晤岐堂刻本　2 冊

005559/62
經脈圖考四卷　（清）陳惠疇著　民國十七年（1928）上海民和書局石印本　4 冊

005563/66
經脈圖考四卷　（清）陳惠疇著　清（1644–1911）刻本　4 冊

005616/17
經脈俞穴新考正二卷　（民國）張壽頤撰　民國十六年（1927）鉛印本　2 冊

005618
雷火神鍼不分卷　（清）張堅齋編　清（1644–1911）橘泉堂刻本　1 冊

005593/96
勉學堂鍼灸集成四卷　（清）廖潤鴻撰　清光緒五年（1879）刻本京門琉璃廠寶石齋藏板　4 冊

005585/88
勉學堂鍼灸集成四卷　（清）廖潤鴻撰　民國二十五年（1936）刻本北平老二酉堂藏板　4 冊

005589/92
勉學堂鍼灸集成四卷　（清）廖潤鴻撰　民國二十五年（1936）刻本北平老二酉堂藏板　4 冊

014400
實用鍼灸學　（民國）陳景文著　民國二十一年（1932）東方針灸學社鉛印本　1 冊

014329
腧穴折衷二卷　（日本）安井元越撰　民國二十六年（1937）中國醫藥書局影印本　1 冊

014330
腧穴折衷二卷　（日本）安井元越撰　民國二十六年（1937）中國醫藥書局影印本　1 冊

022776
腧穴折衷二卷　（日本）安井元越撰　民國二十六年（1937）中國醫藥書局影印本　1 冊

022777
腧穴折衷二卷　（日本）安井元越撰　民國二十六年（1937）中國醫藥書局影印本　1 冊

022778
腧穴折衷二卷　（日本）安井元越撰　民國二十六年（1937）中國醫藥書局影印本　1 冊

020562/63　善本
銅人腧穴鍼灸圖經三卷　（宋）王惟一撰

清（1644–1911）三多齋刻本　2 冊

025496
溫氏鍼灸治療學二卷　（民國）温主卿著　民國二十四年（1935）上海中醫書局石印本　1 冊　存 1 卷（2）

025497
溫氏鍼灸治療學二卷　（民國）温主卿著　民國二十四年（1935）上海中醫書局石印本　1 冊　存 1 卷（2）

005580/81
新刊補註銅人腧穴鍼灸圖經五卷　（宋）王惟一編修　清宣統元年（1909）劉世珩玉海堂據金大定（1161–1189）刻本影印本　2 冊

004985/86
新刊補註銅人腧穴鍼灸圖經五卷　（宋）王惟一編修　清宣統元年（1909）貴池劉氏玉海堂據金大定（1161–1189）刻本影印本　2 冊

005578/79
新刊補註銅人腧穴鍼灸圖經五卷　（宋）王惟一編修　清宣統元年（1909）貴池劉氏玉海堂據金大定（1161–1189）刻本影印本　2 冊

005583/84
新刊補註銅人腧穴鍼灸圖經五卷　（宋）王惟一編修　清宣統元年（1909）貴池劉氏玉海堂據金大定（1161–1189）刻本影印本　2 冊

013357
選鍼三要集二卷　（日本）杉山和一撰　民國二十六年（1937）東方針灸書局鉛印本　1 冊

013248/49
醫技便巧鍼灸指南四卷附五彩銅人全圖　佚名編　民國十四年（1925）上海大成書局石印本　2 冊

025650
景宋本備急灸方一卷　（宋）聞人耆年述　清（1644–1911）刻本十瓣同心蘭室藏版　1 冊

009365/66
景宋本備急灸方一卷增刻鍼灸擇日編集一卷　（宋）聞人耆年述　（明）全循義、全義孫撰　清光緒十七年（1891）江寧藩屬重刻本十瓣同心蘭室藏版　2 冊

005085/86
針灸問對三卷　（明）汪機編　民國（1912–1949）上海千頃堂書局石印本　2 冊

013705/06
針灸問對三卷　（明）汪機編　民國（1912–1949）上海千頃堂書局石印本　2 冊

013017
鍼灸便用圖考一卷附藥性良方一卷　（清）張希純撰　（清）蘇元箴編　清宣統二年（1910）刻本三義堂藏板　1 冊

005840
鍼灸傳真不分卷　佚名録　民國二十九年（1940）抄本　1 冊

025419
針灸大成十二卷　（明）楊濟時著　民國（1912–1949）石印本　1 冊

013401/06
針灸大成十二卷　（明）楊濟時著　民國（1912–1949）石印本　6 冊

013226/31
鍼灸大成十二卷　（明）楊濟時著　民國二十年（1931）上海中原書局石印本　6 冊

013019/24
鍼灸大成十二卷 （明）楊濟時撰　民國（1912–1949）廣益書局石印本　6 冊

020573/88　善本
針灸大成十卷 （明）楊濟時著　明萬曆二十九年（1601）刻本　16 冊

025420
針灸大成十卷 （明）楊濟時撰　清（1644–1911）刻本　1 冊　存 1 卷（7）

013127/35
鍼灸大成十卷 （明）楊濟時撰　清道光十四年（1834）重刻本文道堂藏板　9 冊　缺 1 卷（3）

013251/60
鍼灸大成十卷 （明）楊濟時撰　清光緒元年（1875）重刻本寳華順藏板　10 冊

005597/600
鍼灸集成四卷 （清）廖潤鴻撰　民國十九年（1930）北京天華館鉛印本　4 冊

005601/04
鍼灸集成四卷 （清）廖潤鴻撰　民國十九年（1930）北京天華館鉛印本　4 冊

013522/25
鍼灸集成四卷 （清）廖潤鴻撰　民國十九年（1930）北京天華館鉛印本　4 冊

025526
鍼灸甲乙經十二卷 （晉）皇甫謐撰　民國（1912–1949）江左書林石印本　1 冊　存 2 卷（1,2）

001217/20
鍼灸甲乙經十二卷 （晉）皇甫謐撰　民國六年（1917）上海江左書林石印本　4 冊

005004/07
鍼灸甲乙經十二卷 （晉）皇甫謐撰　清光緒十三年（1887）刻本行素草堂藏板　4 冊

005609/12
鍼灸甲乙經十二卷 （晉）皇甫謐撰　清光緒十三年（1887）刻本行素草堂藏板　4 冊

013548
鍼灸簡易不分卷 （民國）溫主卿著　民國二十年（1931）上海萬有書局石印本　1 冊

013549
鍼灸簡易不分卷 （民國）溫主卿著　民國二十年（1931）上海萬有書局石印本　1 冊

013209/16
鍼灸經穴圖考八卷 （民國）黄維翰撰　民國二十四年（1935）西安克興印書館鉛印本　8 冊

013016
針灸秘授全書二卷 （民國）周復初撰　民國二十三年（1934）寧波東方鍼灸學社鉛印本　1 冊

013391
鍼灸薪傳集四編 （民國）夏少泉編　民國二十六年（1937）無錫中國鍼灸醫學專門學校鉛印本　1 冊

013400
針灸易學二卷 （清）李守先著　清道光二十七年（1847）刻本　1 冊

005605
針灸易學二卷 （清）李守先著　清道光二十七年（1847）文光堂刻本　1 冊

013012
鍼灸則不分卷 （日本）菅沼周圭著　民國二十五年（1936）寧波東方鍼灸書局鉛印本　1 冊

013013
鍼灸則不分卷 （日本）菅沼周圭著　民國二十五年（1936）寧波東方鍼灸書局鉛印本　1冊

024299
鍼灸擇日編集一卷 （明）全循義、全義孫撰　清光緒十六年（1890）上杭羅氏重刻本十瓣同心蘭室藏版　1冊

014091
鍼灸擇要不分卷 （民國）薛玉堂撰　民國二十七年（1938）抄本　1冊

013025
鍼灸指南三卷 （民國）余纯編　民國二十四年（1935）上海明善書局鉛印本　1冊

013010/11
中國簡明針灸治療學二卷 （民國）溫主卿著　民國二十四年（1935）上海國醫書館石印本　2冊

005629
中西匯參銅人圖説一卷 （清）劉鐘衡著　清光緒二十五年（1899）刻本　1冊

推拿按摩外治

005558
按摩術使用指南二卷 （民國）曹澤普著　民國二十二年（1933）鉛印本　1冊

013823/26
釐正按摩要術四卷 （清）張振鋆纂輯　民國二十三年（1934）上海中醫書局影印本　4冊

005083/84
釐正按摩要術四卷 （清）張振鋆纂輯　民國二十三年（1934）上海中醫書局影印本　2冊　存2卷（2,4）

002149/53
釐正按摩要術四卷育嬰提要説一卷 （清）张振鋆纂輯　清（1644–1911）刻本　5冊

005632/37
釐正按摩要術四卷育嬰提要説一卷痧喉正義一卷 （清）张振鋆纂輯　清光緒十五年（1889）刻本邗上張氏藏版　6冊

005621/22
理瀹駢文不分卷 （清）吳師機撰　清（1644–1911）刻本　2冊

005623/28
理瀹駢文不分卷 （清）吳師機撰　清（1644–1911）刻本　6冊

005619/20
理瀹駢文摘要不分卷 （清）吳尚先著　清光緒二十五年（1899）江蘇書局刻本　2冊

024165/68
理瀹駢文摘要不分卷附十藥神書不分卷 （清）吳尚先著　清光緒三年（1877）吳縣潘敏德堂刻本　4冊

009764/65
外治壽世方初編四卷 （清）鄒存淦輯　（清）胡增彬校　清光緒三年（1877）杭州勤執堂刻本　2冊

005630/31
外治壽世方初編四卷 （清）鄒存淦輯　（清）胡增彬校　清光緒三年（1877）杭州勤執堂刻本　2冊

009762/63
外治壽世方初編四卷 （清）鄒存淦輯　（清）胡增彬校　清光緒三年（1877）杭州勤執堂刻本　2冊

009795/96
外治壽世方初編四卷 （清）鄒存淦輯　（清）胡增彬校　清光緒三年（1877）杭州勤執堂刻本　2冊

013333/36
小兒按摩術四卷 （明）周于蕃撰　民國十一年（1922）上海孚華書局石印本　4 冊

013557/60
小兒按摩術四卷 （明）周于蕃撰　民國十一年（1922）上海千頃堂書局石印本　4 冊

005320/21
小兒推拿廣意三卷 （清）熊應雄輯（清）陳世凱重訂　清（1644–1911）書業德刻本　2 冊

022847
小兒推拿廣意三卷 （清）熊應雄輯　民國（1912–1949）上海錦章書局石印本　1 冊

013657/58
新刻小兒推拿方脉活嬰秘旨全書二卷（明）龔雲林述撰（明）姚國禎補輯（明）胡連璧校正　清（1644–1911）經國堂刻本　2 冊

014074
潁川心法彙編不分卷 （清）陳炳泰著　清光緒十九年（1893）刻本　1 冊

232239
幼科推拿秘書四卷 （民國）駱如龍著　民國十六年（1927）商務印書館鉛印本　1 冊

本　草

024613
本草備要圖説二卷　佚名撰　民國（1912–1949）石印本　1 冊　存 1 卷（下）

001801/04
本草鈔要便覽三卷附綱目拾遺節鈔便覽一卷　佚名抄　民國（1912–1949）抄本　4 冊

012271/72
本草崇原集説三卷經讀附録一卷 （清）張志聰註釋（清）高世栻纂集（清）仲學輅集説　清宣統二年（1910）刻本錢塘仲氏藏板　2 冊

001702/05
本草崇原集説三卷經讀附録一卷 （清）張志聰註釋（清）高世栻纂集（清）仲學輅集説　清宣統二年（1910）刻本錢塘仲氏藏板　4 冊

001706/09
本草崇原集説三卷經讀附録一卷 （清）張志聰註釋（清）高世栻纂集（清）仲學輅集説　清宣統二年（1910）刻本錢塘仲氏藏板　4 冊

012151/54
本草崇原集説三卷經讀附録一卷 （清）張志聰註釋（清）高世栻纂集（清）仲學輅集説　清宣統二年（1910）刻本錢塘仲氏藏板　4 冊

010610/17
本草崇原三卷 （清）張志聰註釋（清）高世栻纂集　清乾隆三十二年（1767）刻本　8 冊

011135/38
本草從新十八卷 （清）吳儀洛撰　民國（1912–1949）石印本　4 冊

012175/80
本草從新十八卷 （清）吳儀洛撰　民國九年（1920）江陰寶文堂刻本　6 冊

025242
本草從新十八卷 （清）吳儀洛撰　清（1644–1911）刻本　1 冊　存 4 卷（5–8）

011143/44
本草從新十八卷 （清）吳儀洛撰　清道

光二十六年（1846）瓶花書屋刻本　2 冊

009698
本草從新十八卷（清）吳儀洛撰　清光緒六年（1880）刻本掃葉山房藏版　1 冊　存 8 卷（5–12）

011125/30
本草從新十八卷（清）吳儀洛撰　清光緒六年（1880）刻本掃葉山房藏版　6 冊

012181/86
本草從新十八卷（清）吳儀洛撰　清光緒七年（1881）恒德堂刻本　6 冊

011145/50
本草從新十八卷（清）吳儀洛撰　清同治九年（1870）據道光二十六年（1846）瓶花書屋重刻本　6 冊

001710/11
本草撮要十卷（清）陳其瑞輯　清光緒二十八年（1902）資生堂刻本　2 冊

012229/32　善本
本草發明蒙筌十二卷（明）陳嘉謨撰　明（1368–1644）刻本　4 冊

001712/13
本草分經不分卷（清）姚瀾編輯　清光緒十四年（1888）刻本　2 冊

001772/73
本草分經不分卷（清）姚瀾編輯　清光緒十四年（1888）刻本　2 冊

001673/74
本草分經不分卷（清）姚瀾編輯　清光緒十五年（1889）天祿閣刻本　2 冊

012966/74
本草綱目拾遺十卷首一卷（清）趙學敏輯　清乾隆五十四年（1789）刻本　9 冊　缺 1 卷（8）

024619
本草綱目圖一卷（明）李時珍輯　民國五年（1916）上海鴻寶齋書局石印本　1 冊

024620
本草綱目圖一卷（明）李時珍輯　民國五年（1916）上海鴻寶齋書局石印本　1 冊

024595/97
本草綱目萬方類編三十二卷（清）曹繩彥集　清嘉慶五年（1800）睦華堂刻本　3 冊　存 6 卷（4–7,18,19）

003467/73,011070/109,025519　善本
本草綱目五十二卷（明）李時珍輯　明萬曆三十一年（1603）刻本　48 冊

001693/98
本草綱目五十二卷（明）李時珍輯　清（1644–1911）刻本　6 冊　存 10 卷（25–34）

011001
本草綱目五十二卷附本草萬方鍼線八卷本草綱目拾遺十卷（明）李時珍編輯　民國（1912–1949）上海錦章圖書局石印本　1 冊　缺 18 卷（本草綱目 1–18）

024551/75,024598/601, 024769, 025174
本草綱目五十二卷附瀕湖脉學一卷脉訣考證一卷奇經八脉考一卷（明）李時珍編輯　清同治十一年（1872）芥子園刻本漁古山房藏板　31 冊　缺 14 卷（8,12–14,18 上 ,22,23,37–43）

010814/34
本草綱目五十二卷附瀕湖脈學一卷奇經八脈考一卷脈訣考證一卷本草綱目拾遺十卷本草萬方鍼線八卷（明）李時珍編輯（清）吳毓昌較訂　清光緒十九年（1893）鴻寶齋石印本　21 冊

024520/50,024585/86
本草綱目五十二卷首一卷圖三卷 （明）李時珍輯　清（1644–1911）刻本　33 册　缺 11 卷（圖中、下，首，1 上，4 上，10,13,45–48）

010868/99,012259/66
本草綱目五十二卷首一卷圖三卷附脈訣考證一卷奇經八脈考一卷瀕湖脈學一卷本草萬方鍼線八卷本草綱目拾遺十卷 （明）李時珍編輯　（清）張紹棠校刊　清光緒十一年（1885）合肥張氏味古齋重校刻本　40 册

010900/39
本草綱目五十二卷首一卷圖三卷附脈訣考證一卷奇經八脈考一卷瀕湖脈學一卷本草萬方針線八卷本草綱目拾遺十卷 （明）李時珍編輯　（清）張紹棠校刊　清光緒十一年（1885）合肥張氏味古齋重校刻本　40 册

010794/813,011171/81,012975/83
本草綱目五十二卷首一卷圖三卷附奇經八脈考一卷脈訣考證一卷瀕湖脈學一卷本草萬方鍼線八卷本草綱目拾遺十卷 （明）李時珍編輯　（清）張紹棠校刊　清光緒十一年（1885）合肥張氏味古齋重校刻本　40 册

010835/67,012931/34
本草綱目五十二卷首一卷圖三卷附奇經八脈考一卷脈訣考證一卷瀕湖脈學一卷本草萬方鍼線八卷本草綱目拾遺十卷 （明）李時珍編輯　（清）張紹棠校刊　清光緒十一年（1885）合肥張氏味古齋重校刻本　37 册　缺 5 卷（3 下 –7）

010754/93
本草綱目五十二卷圖二卷附瀕湖脈學一卷脈訣考證一卷奇經八脈考一卷 （明）李時珍編輯　清順治十四年（1657）刻本　40 册

026180/219
本草綱目五十二卷圖三卷 （明）李時珍編輯　清（1644–1911）刻本三讓睦記藏板　40 册

024584,025512/15
本草綱目五十二卷圖三卷 （明）李時珍輯　清順治十二年（1655）刻本　5 册　存 5 卷（圖上、中，4 中、下，11,12 上）

010714/37
本草綱目五十二卷圖三卷附瀕湖脈學一卷奇經八脈考一卷脈訣考證一卷本草綱目拾遺十卷本草萬方鍼線八卷 （明）李時珍編輯　（清）吳毓昌較訂　民國元年（1912）鴻寶齋石印本　24 册

010738/53
本草綱目五十二卷圖三卷附瀕湖脈學一卷奇經八脈考一卷脈訣考證一卷本草萬方鍼線八卷本草綱目拾遺十卷 （明）李時珍編輯　（清）吳毓昌較訂　清光緒十九年（1893）鴻寶齋石印本　16 册

001699/701,024216/24
本草綱目五十二卷圖一卷附本草綱目拾遺十卷脈訣考證一卷奇經八脈考一卷瀕湖脈學一卷本草萬方鍼線八卷 （明）李時珍編輯　（清）吳毓昌較訂　民國五年（1916）上海鴻寶齋書局石印本　12 册

024614,024617/18
本草綱目五十二卷圖一卷附本草綱目拾遺十卷脈訣考證一卷奇經八脈考一卷瀕湖脈學一卷本草萬方鍼線八卷 （明）李時珍編輯　（清）吳毓昌較訂　民國五年（1916）上海鴻寶齋書局石印本　3 册　存 22 卷（本草綱目卷 4–14，圖 1 卷，瀕湖脈學 1 卷，奇經八脈考 1 卷，本草萬方鍼線 8 卷）

011014/21
本草綱目易知録八卷 （清）戴葆元編　清光緒十三年（1887）婺源思補山房刻

本　8冊

012087/90
本草和名二卷　（日本）深江輔仁輯　民國（1912–1949）據日本寬政八年（1796）刻本抄本　4冊

013084/98,024606
本草匯十八卷補遺一卷　（清）郭佩蘭纂輯　（清）李士材鑒定　清康熙五年（1666）梅花嶼刻本書業堂藏板　16冊

011287/302
本草彙言二十卷　（明）倪朱謨輯　清（1644–1911）刻本　16冊

001774/77
本草匯纂十卷　（清）屠道和輯　清光緒二十九年（1903）思賢書局重刻本　4冊

012118/20
本草經解四卷　（清）葉桂集註　民國八年（1919）上海廣益書局鉛印本　3冊

001720/23　善本
本草經解要四卷附餘一卷　（清）葉桂集註　清乾隆四十六年（1781）衛生堂刻本　4冊

025413
本草經疏輯要八卷　（清）吳世凱纂　清（1644–1911）刻本　1冊　存2卷（6,7）

024648,024653
本草品彙精要四十二卷續集十卷脉訣四言舉要二卷附校勘記一卷　（明）劉文泰等纂修　（清）王道純、汪兆元纂輯　（宋）崔嘉彥撰　謝利恒撰　民國二十五年（1936）上海商務印書館鉛印本　2冊　存18卷（6–13,33–42）

011117,024646/47,024649/52
本草品彙精要四十二卷續集十卷脉訣四言舉要二卷附校勘記一卷　（明）劉文泰等纂修　（清）王道純、汪兆元纂輯　（宋）崔嘉彥撰　謝利恒撰　民國二十五年（1936）上海商務印書館鉛印本　7冊

011182/88
本草品彙精要四十二卷續集十卷脉訣四言舉要二卷附校勘記一卷　（明）劉文泰等纂修　（清）王道純、汪兆元纂輯　（宋）崔嘉彥撰　謝利恒撰　民國二十五年（1936）上海商務印書館鉛印本　7冊

011189/95
本草品彙精要四十二卷續集十卷脉訣四言舉要二卷附校勘記一卷　（明）劉文泰等纂修　（清）王道純、汪兆元纂輯　（宋）崔嘉彥撰　謝利恒撰　民國二十五年（1936）上海商務印書館鉛印本　7冊

001681/86
本草求真九卷　（清）黃宮繡纂　民國（1912–1949）上海錦章書局石印本　6冊

001675/80
本草求真九卷本草求真主治二卷　（清）黃宮繡纂　清乾隆三十八年（1773）綠圃齋刻本　6冊

012161/66
本草求真九卷附脈理求真三卷　（清）黃宮繡纂　民國三十年（1941）上海錦章書局石印本　6冊

012233/38
本草求真九卷附主治二卷脈理求真三卷　（清）黃宮繡纂　清（1644–1911）刻本宏道堂藏板　6冊

011120/23
本草三家合註六卷附神農本草經百種録一卷　（清）郭汝聰集註　民國（1912–1949）上海鴻寶齋書局石印本　1冊

022720/25
本草三家合註六卷　（清）郭汝驄集註　清（1644–1911）刻本　6冊

004975/79
本草三家合註六卷 （清）郭汝驄集註 （清）袁浩閱定 （清）李佐堯校勘 清（1644–1911）刻本 3冊 存5卷（1–5）

012132/37
本草三家合註六卷 （清）郭汝驄集註 （清）袁浩閱定 （清）李佐堯校勘 清（1644–1911）刻本兩儀堂藏板 6冊

014417/18
本草詩箋十卷 （清）朱鑰著 清光緒二十五年（1899）刻本上洋千頃堂藏板 2冊

001724/27
本草詩箋十卷 （清）朱鑰著 清光緒二十五年（1899）刻本上洋千頃堂藏板 4冊

012667/70
本草詩箋十卷 （清）朱鑰著 清光緒二十五年（1899）刻本上洋千頃堂藏板 4冊

011054/69
本草述鉤元三十二卷 （清）楊時泰輯 民國十年（1921）上海進化書局石印本 16冊

011044/53
本草述鉤元三十二卷 （清）楊時泰輯 清道光二十二年（1842）毘陵涵雅堂刻本 10冊

011034/43
本草述鉤元三十二卷 （清）楊時泰輯 清道光二十二年（1842）毘陵涵雅堂刻本 10冊

011002/13
本草述鉤元三十二卷 （清）楊時泰輯 清道光二十二年（1842）毘陵涵雅堂刻本 12冊

011022/33
本草述鉤元三十二卷 （清）楊時泰輯 清道光二十二年（1842）毘陵涵雅堂刻本 12冊

001665/72
本草述鉤元三十二卷 （清）楊時泰輯 清道光二十二年（1842）毘陵涵雅堂刻本 8冊 缺12卷（1–4,7上,8–12,31,32）

012903/12
本草述三十二卷首一卷 （清）劉若金著 （清）薛恮校訂 清嘉慶十五年（1810）武進薛氏還讀山房刻本 10冊 存22卷（11–32）

012193/204,012927
本草述三十二卷首一卷 （清）劉若金著 （清）薛恮校訂 清嘉慶十五年（1810）武進薛氏還讀山房刻本 12冊 存16卷（1–10,12,13,20–22,32）

001767
本草問答二卷 （清）唐宗海著 清光緒三十四年（1908）上海千頃堂書局石印本 1冊

012895
本草問答二卷 （清）唐宗海著 清光緒三十四年（1908）上海千頃堂書局石印本 1冊

024202
本草問答二卷 （清）唐宗海著 清光緒三十四年（1908）上海千頃堂書局石印本 1冊

024602
本草問答二卷 （清）唐宗海著 清光緒三十四年（1908）上海千頃堂書局石印本 1冊

024603
本草問答二卷 （清）唐宗海著 清光緒

三十四年（1908）上海千頃堂書局石印本　1冊

001734/37
本草原始十二卷　（明）李中立撰　清道光二十四年（1844）信元堂刻本　4冊

001728/33
本草原始十二卷　（明）李中立撰　清道光二十四年（1844）信元堂刻本　6冊

001798/800
本草再新十二卷　（清）葉桂著　（清）陳念祖評　民國八年（1919）上海群學書社石印本　3冊

025274
本經逢原四卷　（清）張璐纂述　民國（1912–1949）上海錦章書局石印本　1冊　存2卷（1,2）

011113/16
本經逢原四卷　（清）張璐纂述　清（1644–1911）同德堂刻本　4冊

010598/600
本經逢原四卷　（清）張璐纂述　清光緒二十年（1894）上海圖書集成印書局鉛印本　3冊

001750/55
本經疏證十二卷　（清）鄒澍撰　清（1644–1911）常州長年醫局刻本　6冊

001762/66,023715/19
本經疏證十二卷續疏六卷本經序疏要八卷　（清）鄒澍撰　清道光二十九年（1849）常州長年醫局刻本　10冊

001738/49
本經疏證十二卷續疏六卷本經序疏要八卷　（清）鄒澍撰　清道光二十九年（1849）常州長年醫局刻本　12冊

012138/45
本經疏證十二卷續疏六卷本經序疏要八卷　（清）鄒澍撰　清道光二十九年（1849）常州長年醫局刻本　8冊

012155/56
本經續疏六卷　（清）鄒澍撰　清同治十二年（1875）反經堂刻本　2冊

011000
辨藥指南十四卷中國實用藥物學二卷藥性賦註解四卷　（明）賈九如輯著　（清）李延是補訂　民國（1912–1949）上海中華新教育社石印本　1冊

010618
草藥性二卷　佚名撰　民國二十八年（1939）刻本　1冊　存1卷（1）

010619
草藥性二卷　佚名撰　民國二十八年（1939）刻本　1冊　存1卷（1）

026111
草藥性二卷　佚名撰　民國二十八年（1939）刻本　1冊　存1卷（1）

011303/05
滇南草本三卷　（明）蘭茂著　清光緒十三年（1887）務本堂刻本　3冊

025289
滇南草本食物三卷　（明）蘭茂著　清（1644–1911）刻本　1冊　存1卷（1下）

012187/92　善本
東皋握靈本草十卷序例一卷補遺一卷　（清）王翃編輯　清乾隆五年（1740）補刻本　6冊

010625/28
國藥詮證四卷　（民國）王劍賓撰　民國二十八年（1939）鉛印本　4冊

010609
國藥詮證四卷 （民國）王劍賓著　民國二十八年（1939）鉛印本　1 冊　存 1 卷（4）

010601,010603,010605,010607
國藥詮證四卷 （民國）王劍賓著　民國二十八年（1939）鉛印本　4 冊

010602,010604,010606,010608
國藥詮證四卷 （民國）王劍賓著　民國二十八年（1939）鉛印本　4 冊

024275
漢藥實驗談十九章 （日本）小泉榮次郎撰　（民國）晉陵下工譯　民國三年（1914）上海醫學書局鉛印本　1 冊

013379
稽古摘要一卷　佚名撰　民國三年（1914）衡水三義堂刻本　1 冊

025844/59
經史證類大觀本草三十一卷 （宋）唐慎微纂　清光緒三十年（1904）武昌柯氏刻本　14 冊

011336
雷公炮灸論三卷附一卷 （民國）張驥輯　民國二十一年（1932）成都義生堂刻本　1 冊

011337
雷公炮灸論三卷附一卷 （民國）張驥輯　民國二十一年（1932）成都義生堂刻本　1 冊

011338
雷公炮灸論三卷附一卷 （民國）張驥輯　民國二十一年（1932）成都義生堂刻本　1 冊

024438
雷公炮灸論三卷附一卷 （民國）張驥輯　民國二十一年（1932）成都義生堂刻本　1 冊

025523
雷公炮製藥性解六卷 （明）李中梓編輯（清）王子接重訂　民國（1912–1949）石印本　1 冊

004994/95
雷公藥性賦四卷雷公炮製藥性解六卷（金）李杲編輯　（明）李中梓編輯　民國（1912–1949）上海商務印書館鉛印本　2 冊

011321/24
臨證實用藥物學不分卷傷寒論六經提要不分卷奇經八脈不分卷　葉橘泉編輯　民國三十二年（1943）抄本　4 冊

023639/44
紹興校定經史證類備急本草五卷附一卷（宋）唐慎微撰　（宋）王繼先校定　日本昭和八年（1933）春陽堂影印本　6 冊

012117
神農本草經百種録一卷 （清）徐大椿著　清（1644–1911）刻本　1 冊

025493
神農本草經百種録一卷 （清）徐大椿著　清（1644–1911）刻本　1 冊

011118/19
神農本草經讀四卷 （清）陳念祖著　清光緒十五年（1889）刻本江左書林藏板　2 冊

011196/97
神農本草經三卷 （清）王闓運輯　清光緒三十二年（1906）善成堂刻本　2 冊

012130/31
神農本草經三卷 （三國魏）吳普等述（清）孫星衍、孫馮翼同輯　清光緒十七年（1891）池陽周氏刻本　2 冊

012205/28　善本

神農本草經疏三十卷　（明）繆希雍著　明天啟五年（1625）毛氏綠君亭刻本金陵蘊古堂藏板　24 冊

022343/49　善本

神農本草經疏十一卷　（明）繆希雍著　明天啟五年（1625）刻本　7 冊

023619/22

神農本草經贊三卷月令七十二候贊一卷（清）葉志詵撰　清道光三十年（1850）粵東撫署刻本　4 冊

012128/29

神農本草經註論二卷　（民國）孫子雲講述　民國二十年（1931）濟生醫室鉛印本　2 冊

011124

神農本經經釋三卷　（清）姜國伊著　清（1644–1911）刻本　1 冊

025288,025379

神農本經經釋三卷　（清）姜國伊著　清（1644–1911）刻本　2 冊

014457

神農古本草經五卷　（民國）劉復撰　民國三十一年（1942）中國古醫學會鉛印本　1 冊

022339

神農古本草經五卷　（民國）劉復撰　民國三十一年（1942）中國古醫學會鉛印本　1 冊

022340

神農古本草經五卷　（民國）劉復撰　民國三十一年（1942）中國古醫學會鉛印本　1 冊

022341

神農古本草經五卷　（民國）劉復撰　民國三十一年（1942）中國古醫學會鉛印本　1 冊

022342

神農古本草經五卷　（民國）劉復撰　民國三十一年（1942）中國古醫學會鉛印本　1 冊

012301/06

食物本草會纂十二卷圖十卷　（清）沈李龍纂輯　清（1644–1911）刻本　6 冊　存 11 卷（圖 10 卷,11）

012167/74

食物本草會纂十二卷圖十卷　（清）沈李龍纂輯　清乾隆四十八年（1783）刻本金閶書業堂藏板　8 冊

023502/09

食物本草會纂十二卷圖十卷　（清）沈李龍纂輯　清乾隆四十八年（1783）刻本金閶書業堂藏板　8 冊

024462

食物小録二卷　（清）李文培輯　清（1644–1911）抄本　1 冊

011342/47

宿食論六卷　（民國）熊放明述　民國十年（1921）刻本　6 冊

011255/58

泰山藥物志四卷　（民國）高宗岳著　民國二十八年（1939）大陸書社鉛印本　4 冊

011259/62

泰山藥物志四卷　（民國）高宗岳著　民國二十八年（1939）大陸書社鉛印本　4 冊

011110

天寶本草一卷　佚名撰　民國二十八年（1939）刻本　1 冊

011111
天寶本草一卷 佚名撰 民國二十八年（1939）刻本 1冊

012086
天寶本草一卷 佚名撰 民國二十八年（1939）刻本 1冊

023064/67
調疾飲食辯六卷附飲食辯諸方鍼線一卷（清）章穆纂述 清道光三年（1823）經國堂刻本 4冊

023005/12
調疾飲食辯六卷附飲食辯諸方鍼線一卷（清）章穆纂述 清道光三年（1823）經國堂刻本 8冊

011285
圖經集註衍義本草五卷（宋）寇宗奭編撰 民國（1912–1949）上海涵芬樓據正統道藏本影印本 1冊

024047
圖經衍義本草四十二卷（宋）寇宗奭編撰 民國（1912–1949）上海涵芬樓據正統道藏本影印本 16冊

011279/84,024604/05 善本
新鐫本草綱目類纂主治必讀四卷新鐫本草綱目類纂必讀十卷首二卷（清）何鎮纂輯 清康熙（1661–1722）毓麟堂刻本 8冊

024325/26
脩事指南不分卷（清）張叡著 民國十五年（1926）杭州抱經堂書局石印本 2冊

024327/28
脩事指南不分卷（清）張叡著 民國十五年（1926）杭州抱經堂書局石印本 2冊

022559/60
藥品化義不分卷（民國）賈九如著（民國）夏俊臣抄 民國十七年（1928）抄本 2冊

023170/71
藥品化義十三卷（清）賈所學著（清）李延是補 清光緒三十年（1904）天津文華印字館鉛印本 2冊

014233
藥味別名録不分卷（民國）曹瀛賓編 民國八年（1919）京師藥行商會鉛印本 1冊

014234
藥味別名録不分卷（民國）曹瀛賓編 民國八年（1919）京師藥行商會鉛印本 1冊

014252
藥味別名録不分卷（民國）曹瀛賓編 民國八年（1919）京師藥行商會鉛印本 1冊

014273
藥物學講義二編（民國）秦伯未述 民國（1912–1949）鉛印本 1冊

024436
藥物學類纂十九章（民國）蔣成瑞編纂 民國十年（1921）鉛印本 1冊

013562
藥物學類纂十九章（民國）蔣成瑞編纂 民國十四年（1925）上海醫學編輯社鉛印本 1冊

013496/503 善本
藥性粗評四卷（明）許希周撰 明嘉靖三十年（1551）刻本 8冊

014050/53
藥性通考六卷附集録神效單方二卷（清）太醫院著 清道光二十九年（1849）刻本

京都藏板　4冊

024845/49,025630
藥性通考六卷附集録神效單方二卷　（清）太醫院著　清道光二十九年（1849）刻本京都藏板　6冊

023033
藥性易知一卷　（民國）文明書局編　民國十八年（1929）上海文明書局鉛印本　1冊

022385
藥性摘録不分卷　（清）文晟編　清（1644–1911）刻本京江文成堂藏板　1冊

023186/90
藥治通義十二卷　（日本）丹波元堅撰　日本天保十年（1839）刻本　5冊

023362/64
野菜博録三卷　（明）鮑山撰　民國二十四年（1935）江蘇國學圖書館陶風樓影印本　3冊

012300
野菜博録三卷　（明）鮑山撰　民國十一年（1922）石印本新學會社藏版　1冊

024080/82
飲膳正要三卷　（元）忽思慧撰　民國（1912–1949）上海涵芬樓影印本　3冊

026050/52
飲膳正要三卷　（元）忽思慧撰　民國（1912–1949）上海涵芬樓影印本　3冊

020823
飲膳正要三卷　（元）忽思慧撰　民國二十三年（1934）上海涵芬樓影印本　1冊　存1卷（2）

023782/84
飲膳正要三卷　（元）忽思慧撰　民國二十五年（1936）上海涵芬樓影印本　3冊

024235
飲饌服食譜一卷　（明）鍾惺輯　民國十八年（1929）上海千頃堂書局石印本　1冊

001769
增補本草備要八卷　（清）汪昂著輯　民國三年（1914）上海共和書局石印本　1冊

001768
增補本草備要八卷　（清）汪昂著輯　民國三年（1914）上海共和書局石印本　1冊　存7卷（1–7）

013755/56
增補本草備要八卷　（清）汪昂著輯　民國三年（1914）上海共和書局石印本　2冊

024621
增訂本草備要八卷　（清）汪昂著輯　民國（1912–1949）石印本　1冊　存1卷（3）

024608/10
增訂本草備要四卷　（清）汪昂著　清（1644–1911）刻本　3冊　存2卷（2,4）

012861/66
增訂本草備要四卷　（清）汪昂撰　清光緒十七年（1891）刻本文成堂藏板　6冊

024611/12
增訂童氏本草備要八卷　（清）汪昂著輯　民國（1912–1949）石印本　2冊

011112
增訂僞藥條辨四卷　（民國）鄭奮揚著　曹炳章集註　民國十七年（1928）紹興和劑藥局鉛印本　1冊

001770,024592/94
增廣本草綱目五十二卷圖三卷附本草綱目拾遺十卷本草萬方鍼線八卷奇經八脈考一卷脈訣考證一卷瀕湖脈學一卷（明）李時珍編輯（清）張紹棠校刊 清宣統三年（1911）上海商務印書館石印本 4冊

013113/15
張氏臟腑藥式補正三卷（金）張元素撰（民國）張壽頤補正 民國（1912–1949）嘉定張氏體仁堂鉛印本 3冊

013812/14
張氏臟腑藥式補正三卷（金）張元素撰（民國）張壽頤補正 民國（1912–1949）嘉定張氏體仁堂鉛印本 3冊

024188
珍珠囊指掌補遺藥性賦六卷（金）李杲編（明）余應奎補遺 民國三年（1914）上海錦文堂書局石印本 1冊

024189
珍珠囊指掌補遺藥性賦四卷（金）李杲編（明）余應奎補遺 民國（1912–1949）上海錦章圖書局石印本 1冊

024187
珍珠囊指掌補遺藥性賦四卷（金）李杲編輯（清）王子接重訂 清光緒三十一年（1905）福記書局石印本 1冊

013301/04
珍珠囊指掌補遺藥性賦四卷雷公炮製藥性解六卷（金）李杲編輯（明）李中梓編輯（清）王子接重訂 清（1644–1911）經綸堂刻本 4冊

010622/24
珍珠囊指掌補遺藥性賦四卷雷公炮製藥性解六卷（金）李杲編輯（明）李中梓編輯（清）王子接重訂 清光緒十三年（1887）掃葉山房刻本 3冊 存7卷（珍珠囊指掌補遺藥性賦1–4,雷公炮製藥性解4–6）

012675/78
珍珠囊指掌補遺藥性賦四卷雷公炮製藥性解六卷（金）李杲編輯（明）李中梓編輯（清）濮禮儀重校 清（1644–1911）狀元閣刻本 4冊

022749/50
中國製藥學二卷（民國）楊叔澄編述 民國二十七年（1938）北京中藥講習所鉛印本 2冊

方書

024280
百試百驗神效奇方二卷（清）徐榮編 清同治三年（1864）刻本 1冊

011519/30
備急千金要方二十四卷（民國）黄恩榮編述 民國二十三年（1934）上海千頃堂書局石印本 12冊 存12卷（1–6,13–18）

011541/48,011566/73
備急千金要方三十卷（唐）孫思邈撰 清光緒三十四年（1908）上海久敬齋書莊石印本 16冊

011574/85
備急千金要方三十卷附考異（唐）孫思邈撰（宋）林億等校正 清光緒四年（1878）蘇州崇德書業公所據日本嘉永二年（1849）江戶醫學影北宋刻本影印本 12冊

012599/608
備急千金要方三十卷（唐）孫思邈撰（宋）林億等校正 清光緒四年（1878）蘇州崇德書業公所據日本嘉永二年（1849）江戶醫學影北宋刻本影印本 12冊

011531/40

備急千金要方三十卷 （唐）孫思邈撰（宋）林億校正　日本嘉永二年（1849）江戶醫學據北宋（960–1127）刻本影刻本　10 冊　存 15 卷（1–15 卷上）

014018

備急醫方要旨二卷 （民國）些悟子編　民國十一年（1922）上海宏大善書局石印本　1 冊

001788/97

本草類方十卷 （清）年希堯編　清（1644–1911）槐蔭草堂刻本　10 冊

001778/87

本草類方十卷 （清）年希堯纂　清（1644–1911）槐蔭草堂刻本　10 冊

025516/18

本草萬方鍼線八卷 （清）蔡烈先輯　清乾隆四十九年（1784）金閶書業堂刻本　3 冊　存 4 卷（1,2,5,6）

011233/40

辨證良方四卷 （清）蔣杏橋輯　清光緒十七年（1891）曉風楊柳館刻本　8 冊

011218/29

不藥良方二卷續集十卷 （清）王站柱撰　清光緒七年（1881）紹衣堂刻本　12 冊

011313/16

不知醫必要四卷 （清）梁廉夫著　民國四年（1915）江山奇氣樓鉛印本　4 冊

011308/12

不知醫必要四卷附方一卷 （清）梁廉夫著　清光緒二十年（1894）武陵章氏重刻本　5 冊

010645/50

陳無擇三因方十八卷 （宋）陳言編　民國二十三年（1934）上海文瑞樓石印本　6 冊　存 11 卷（1–5,9–12,17,18）

010637/44

陳無擇三因方十八卷 （宋）陳言編　民國二十三年（1934）上海文瑞樓石印本　8 冊

010629/36

陳無擇三因方十八卷 （宋）陳言編　民國九年（1920）上海文瑞樓石印本　8 冊

011318

成方便讀四卷 （清）張秉成集選　民國二十二年（1933）上海千頃堂書局石印本　1 冊

006375/77,012953/55

成方切用二十六卷 （清）吳儀洛編　清道光二十七年（1847）瓶花書屋刻本　6 冊

012609/14

成方切用二十六卷 （清）吳儀洛編　清道光二十七年（1847）瓶花書屋刻本　6 冊

012661/66　善本

成方切用十二卷首一卷末一卷 （清）吳儀洛輯　清乾隆二十六年（1761）硤川利濟堂刻本　6 冊

012653/60　善本

成方切用十二卷首一卷末一卷 （清）吳儀洛輯　清乾隆二十六年（1761）硤川利濟堂刻本　8 冊

025684

重訂驗方新編十八卷 （清）鮑相璈編　民國（1912–1949）石印本　1 冊　存 7 卷（7–13）

025213

重校舊本湯頭歌訣不分卷 （清）汪昂編　民國三年（1914）上海共和書局石印本　1 冊

000232/301,001987/2026　善本
重校聖濟總録二百卷目録一卷　（宋）宋徽宗趙佶敕撰　（清）汪鳴珂等校　清乾隆五十四年（1789）燕遠堂刻本　110 冊　存 186 卷（目録 1 卷,1–42,58–200）

011554/59
重刊太平惠民和劑局方十卷　（宋）陳師文編　民國十四年（1925）上海校經山房石印本　6 冊

011560/65
重刊太平惠民和劑局方十卷　（宋）陳師文編　民國十四年（1925）上海校經山房石印本　6 冊

011739
串雅内編四卷　（清）趙學敏纂　清光緒十七年（1891）據鮑氏知不足齋抄本刻本　1 冊

011735/38
串雅内編四卷　（清）趙學敏纂輯　（清）吳庚生補註　民國九年（1920）掃葉山房石印本　4 冊

011980/83
春腳集四卷　（清）孟文瑞纂集　清光緒十六年（1890）潞河謝金聲刻本善成東記藏板　4 冊

001967/76,025564/66
大德重校聖濟總録二百卷目録一卷　（宋）宋徽宗趙佶敕撰　（清）汪鳴珂等校　民國八年（1919）上海文瑞樓石印本　13 冊　存 44 卷（68–100,47–50,129–131,136–140）

011615/74
大德重校聖濟總録二百卷目録一卷（宋）宋徽宗趙佶敕撰　（清）汪鳴珂等校　民國八年（1919）上海文瑞樓石印本　60 冊

000020/69,001977/86
大德重校聖濟總録二百卷目録一卷（宋）宋徽宗趙佶敕撰　（清）汪鳴珂等校　民國八年（1919）上海文瑞樓石印本　60 冊

000070/99,001937/66
大德重校聖濟總録二百卷目録一卷（宋）宋徽宗趙佶敕撰　（清）汪鳴珂等校　民國八年（1919）上海文瑞樓石印本　60 冊

011675/734
大德重校聖濟總録二百卷目録一卷（宋）宋徽宗趙佶敕撰　（清）汪鳴珂等校　民國八年（1919）上海文瑞樓石印本　60 冊

013765
大字斷句湯頭歌訣不分卷　（清）汪昂編輯　民國（1912–1949）上海錦章圖書局石印本　1 冊

008447
單方新編全集不分卷　（民國）劉本昌編　民國三十五年（1946）湘潭劉氏培根堂刻本　1 冊

010652
惡核良方釋疑不分卷　（清）勞守慎撰　清光緒三十二年（1906）雲泉仙館安懷堂刻本　1 冊

010651
惡核良方釋疑一卷　（清）勞守慎撰　民國十六年（1927）橫縣時中昌石印本　1 冊

009079
方案存根不分卷　名超揣摩　民國三十四年（1945）抄本　1 冊

011974
鮮溪單方選二卷　（民國）陸晉笙輯　民

國七年（1918）鉛印本　1冊　存1卷（下）

011970/71
鮮溪單方選二卷　（民國）陸晉笙輯　民國七年（1918）鉛印本　2冊

011972/73
鮮溪單方選二卷　（民國）陸晉笙輯　民國七年（1918）鉛印本　2冊

008460
鮮溪外治方選集二卷　（民國）陸晉笙輯　民國七年（1918）石印本　1冊　存1卷（上）

008454/55
鮮溪外治方選集二卷　（民國）陸晉笙輯　民國七年（1918）石印本　2冊

008456/57
鮮溪外治方選集二卷　（民國）陸晉笙輯　民國七年（1918）石印本　2冊

008458/59
鮮溪外治方選集二卷　（民國）陸晉笙輯　民國七年（1918）石印本　2冊

025450
輔孝兩書其一醫書寶命真詮四卷　（清）吳楚輯　清（1644–1911）刻本　1冊　存1卷（4）

011267
膏方淺識一卷　（民國）陳存仁著　民國二十八年（1939）遠志精舍鉛印本　1冊

011268
膏方淺識一卷　（民國）陳存仁著　民國二十八年（1939）遠志精舍鉛印本　1冊

011807/10
歌方集論四卷附人身譜一卷　（清）祝源纂　清光緒十七年（1891）刻本棱香館藏板　4冊

011802/06
歌方集論四卷附人身譜一卷　（清）祝源纂　清光緒十七年（1891）刻本棱香館藏板　5冊

011811/15
歌方集論四卷附人身譜一卷　（清）祝源纂　清光緒十七年（1891）刻本棱香館藏板　5冊

009975/78
葛仙翁肘後備急方八卷　（晉）葛洪撰（梁）陶弘景補闕　（金）楊用道增廣　民國（1912–1949）上海涵芬樓據正統道藏本影印本　4冊

024073/76
葛仙翁肘後備急方八卷　（晉）葛洪撰（梁）陶弘景補闕　（金）楊用道增廣　民國（1912–1949）上海涵芬樓據正統道藏本影印本　4冊

011355/58
葛仙翁肘後備急方八卷　（晉）葛洪撰（梁）陶弘景補闕　（金）楊用道增廣　清光緒十一年（1885）湖州王文光齋刻本　4冊

012508/13
葛仙翁肘後備急方八卷　（晉）葛洪撰（梁）陶弘景補闕　（金）楊用道增廣　清光緒十一年（1885）湖州王文光齋刻本　6冊

004992/93
葛仙翁肘後奇方八卷　（晉）葛洪撰（清）程永培校　清光緒三十三年（1907）上海時中書局鉛印本　2冊

012060
各種神效書一卷　（清）佚名輯　清（1644–1911）刻本　1冊

011858/59
古代真本華佗神醫秘傳二十二卷 （漢）華佗撰 （唐）孫思邈集 民國十二年（1923）上海大陸圖書公司鉛印本 2 冊

011855/57
古方精要五卷 （清）愛虛老人集 清道光三年（1823）刻本大觀堂藏板 3 冊

014468/71
古方精要五卷 （清）愛虛老人集 清嘉慶九年（1804）刻本京江尊仁堂藏板 4 冊

011396
古方丸散考略一卷附名醫歷史集要一卷 （清）北京藥行商會編 民國（1912–1949）鉛印本 1 冊

011408
古方選註四卷 （清）王子接注 （清）葉桂校 民國（1912–1949）上海千頃堂書局石印本 1 冊

011409/12
古方選註四卷 （清）王子接注 （清）葉桂校 民國（1912–1949）上海千頃堂書局石印本 4 冊

012070/75
古今良方三十二卷 （清）十二桐樓主人編 清（1644–1911）刻本 6 冊

025281,025649
古今名醫方論四卷 （清）羅美編 民國（1912–1949）上海大成書局石印本 2 冊 存 2 卷（2,4）

011374/77
古今名醫方論四卷 （清）羅美編 民國（1912–1949）上海大成書局石印本 4 冊

011828/31
古今名醫萬方類編三十二卷 （清）曹繩彥集 民國八年（1919）上海大東書局石印本 4 冊 存 16 卷（17–32）

011820/27
古今名醫萬方類編三十二卷 （清）曹繩彥集 民國八年（1919）上海大東書局石印本 8 冊

012314/21
古今名醫萬方類編三十二卷 （清）曹繩彥集 民國八年（1919）上海大東書局石印本 8 冊

011484/91
古今名醫驗方類編三十二卷 （清）曹繩彥集 民國二十五年（1936）上海大東書局鉛印本 8 冊

011492/99
古今名醫驗方類編三十二卷 （清）曹繩彥集 民國二十五年（1936）上海大東書局鉛印本 8 冊

012487/94
古今名醫驗方類編三十二卷 （清）曹繩彥集 民國二十五年（1936）上海大東書局鉛印本 8 冊

011850
怪疾奇方一卷 （清）費伯雄編 民國十八年（1929）上海中醫書局鉛印本 1 冊

011851/52
怪疾奇方一卷 （清）費伯雄編 清光緒十年（1884）刻本眾寶室藏板 2 冊

012005
怪疾奇方一卷 （清）汪汲撰 清嘉慶六年（1801）刻本 1 冊

011230/31
觀聚方要補十卷 （日本）丹波元簡輯 民國二十年（1931）江陰寶文堂影印本 2 冊 存 2 卷（2,4）

012038/47
觀聚方要補十卷 （日本）丹波元簡輯　清（1644–1911）上洋江左書林刻本　10 冊

012048/57
觀聚方要補十卷 （日本）丹波元簡輯　（日本）丹波元昕參訂　民國二十年（1931）江陰寶文堂據日本安政四年（1857）丹波元琰刻本影印本　10 冊

011339/40
國藥公會丸散膏丹製做法不分卷 （民國）北京國藥公會編　民國三十二年（1943）沛仁印刷部鉛印本　2 冊

011853/54
何氏家傳集效方三卷 （清）何應時纂集　清（1644–1911）毓麟堂刻本　2 冊　存 2 卷（1,2）

014142/45
厚德堂集驗方萃編四卷 （清）奇克唐阿輯　清光緒二十二年（1896）上海珍藝書局刻本　4 冊

011984/87
厚德堂集驗方萃編四卷 （清）奇克唐阿輯　清光緒二十二年（1896）上海珍藝書局石印本　4 冊

011990/95
厚德堂集驗方萃編四卷 （清）奇克唐阿輯　清光緒七年至九年（1881–1883）六印堂刻本　6 冊

022581/86
厚德堂集驗方萃編四卷 （清）奇克唐阿輯　清光緒七年至九年（1881–1883）六印堂刻本　6 冊

026069
胡慶餘堂丸散膏丹全集不分卷 （清）胡慶餘堂輯　清光緒三年（1877）浙杭胡慶餘堂刻本　1 冊

011232
胡慶餘堂丸散膏丹全集不分卷 （清）胡慶餘堂輯　清光緒三年（1877）浙杭胡慶餘堂刻本　1 冊

011392/95
華氏醫方彙編六卷 （清）華嶽纂　（清）金德鑑增刪　清光緒十一年（1885）刻本務本堂藏板　4 冊

009981/82
黄氏三世良方三集 （清）黄維熊著　民國四年（1915）上海會文堂石印本　2 冊

012645/50
回生集二卷續回生集二卷 （清）陳傑集　清道光二十五年（1845）重刻本寶仁堂藏板　6 冊

011840/41
回生集二卷續回生集二卷 （清）陳傑集　清嘉慶十三年（1808）樂天堂刻本　2 冊

011388/91
彙集金鑑二卷 （清）僧本圜編　清道光二十二年（1842）刻本玉元堂書鋪藏板　4 冊

011594/603
雞峰普濟方三十卷 （宋）張鋭撰　冯翊贾校定　清道光八年（1828）據宋（960–1279）刻本重刻本　10 冊

012149/50
急救良方二卷 （明）張時徹集　嵩螺山人校　清（1644–1911）刻本　2 冊　存 1 卷（1）

009971/72
急救仙方十一卷 （宋）佚名撰　民國（1912–1949）上海涵芬樓據正統道藏本影印本　2 冊

024071/72
急救仙方十一卷 （宋）佚名撰　民國（1912–1949）上海涵芬樓據正統道藏本影印本　2 冊

011506
急救應驗良方不分卷 （清）佚名撰　清光緒元年（1875）刻本司獄署藏板　1 冊

011842/45
集驗簡易良方四卷 （清）德豐輯　（清）莫樹蕃校訂　清道光七年（1827）刻本泰和堂藏板　4 冊

011846/49
集驗簡易良方四卷 （清）德豐輯　（清）莫樹蕃校訂　清道光七年（1827）刻本樂知堂藏板　4 冊

002154/57
集驗簡易良方四卷 （清）德豐輯　（清）莫樹蕃校訂　清道光十四年（1834）刻本樂知堂藏板　4 冊

001172/79　善本
集驗良方六卷附吴又可瘟疫論二卷 （清）年希堯輯　清雍正三年（1725）刻本　8 冊

011421/24
集驗良方三卷 （清）梁文科編　清（1644–1911）刻本二酉堂藏板　4 冊

011399/406
集驗良方三卷 （清）年希堯輯　清咸豐七年（1857）寶應鑄經堂刻本　8 冊

011502/05
幾希録附集古方不分卷 （清）瑞五堂主人輯　清道光元年（1821）刻本　4 冊

011500/01
幾希録良方合璧二卷首一卷 （清）張惟善集　清同治八年（1869）姑蘇得見齋重刻本　2 冊

013729/30
記憶方詩十二卷 （清）孔廣福著　清光緒三十年（1904）桐鄉徐氏頤園鉛印本　2 冊

011476/83
濟世良方八卷 （民國）朱靜一編　民國八年（1919）昭潭和化文社刻本　8 冊

011832/39
濟世良方八卷 （民國）朱靜一編　民國八年（1919）昭潭和化文社刻本　8 冊

011472/75
濟世良方六卷首一卷合編四卷 （清）胡士保輯　清道光二十五年（1845）金陵胡保文堂刻本以文堂藏板　4 冊

010091/92
濟世録四卷 （清）丁大京纂集　清（1644–1911）刻本　2 冊　存 3 卷（1–3）

012424/29
家用良方六卷 （清）龔自璋輯　民國三年（1914）三槐堂石印本　6 冊

005837/38
簡便靈應驗方二卷 （清）郭安著　清光緒二十四年（1898）刻本　2 冊

012388
簡要良方不分卷 （清）雪凡道人撰　清光緒二十一年（1895）揚州因利局刻本　1 冊

012689/92
絳雪園古方選註不分卷 （清）王子接注　（清）葉桂校　清（1644–1911）刻本介景樓藏板　4 冊

012681/88
絳雪園古方選註不分卷 （清）王子接注　（清）葉桂校　清（1644–1911）刻本介景樓藏板　8 冊

012352/56

絳雪園古方選註不分卷 （清）王子接注（清）葉桂校　清（1644–1911）刻本金閶綠蔭堂藏板　4 冊

005026/29

絳雪園古方選註不分卷 （清）王子接注（清）葉桂校　清（1644–1911）掃葉山房刻本　4 冊

011413/18

絳雪園古方選註不分卷 （清）王子接注（清）葉桂校　清（1644–1911）掃葉山房刻本　6 冊

011269/72

校正國藥古方彙編四卷 （民國）南京藥業公所編　民國十九年（1930）南京國藥業公所鉛印本　4 冊

011384/87

校正彙集金鑑四卷 （清）僧本園編　民國三年（1914）刻本　4 冊

012267/70

校正彙集金鑑四卷 （清）僧本園編　民國三年（1914）刻本　4 冊

012615/18

校正良朋彙集四卷 （清）孫偉彙輯　民國（1912–1949）上海廣益書局石印本　4 冊

025683

校正增廣驗方新編十八卷 （清）鮑相璈編輯 （民國）張紹堂增訂　民國（1912–1949）上海中華書局鉛印本　1 冊　存 1 卷（6）

011407　善本

解毒編不分卷 （清）汪汲輯　清乾隆五十九年（1794）古愚山房刻本　1 冊

009412/13

近世内科國藥處方集第二集不分卷　葉橘泉輯　民國二十八年（1939）蘇州存濟醫廬鉛印本　2 冊

012547/48

近世内科國藥處方集第二集不分卷　葉橘泉輯　民國二十八年（1939）蘇州存濟醫廬鉛印本　2 冊

011604/09

京師藥行商會配方不分卷 （清）京師藥行商會編　清宣統二年（1910）鉛印本　6 冊

024363/65

經方實驗録第一集三卷 （民國）曹穎甫撰　民國二十六年（1937）上海大東書局鉛印本　3 冊

011996/99

經驗丹方彙編不分卷 （清）錢峻編輯　清（1644–1911）裕麟堂刻本　4 冊

011331/32

經驗丹方彙編不分卷 （清）錢峻編輯（清）徐士瑢校正　清（1644–1911）古吳畢厚和重刻本經鉏堂藏板　2 冊

012000/03

經驗丹方彙編不分卷 （清）錢峻編輯（清）徐士瑢校正　清嘉慶十四年（1809）重刻本謙益堂藏板　4 冊

012641/44

經驗方鈔四卷 （清）陸言編　清道光八年（1828）刻本　4 冊

012004

經驗各種秘方輯要不分卷 （清）孫順齋、王松堂輯　清光緒二十四年（1898）鉛印本上海著易堂書坊藏板　1 冊

011380/83

經驗廣集四卷 （清）李文炳彙纂 （清）李友洙參訂　清乾隆四十三年（1778）刻本　4 冊

011425/28
經驗廣集四卷 （清）李文炳彙纂 （清）李友洙參訂 清乾隆四十三年（1778）刻本 4 冊

025282
經驗良方大全十卷首一卷 （清）黄伯垂著 （清）王孟英續 民國十年（1921）上海進步書局石印本 1 冊 存 1 卷（7）

023690/99
經驗良方大全十卷首一卷 （清）黄伯垂著 （清）王孟英續編 民國十年（1921）上海進步書局石印本 10 冊

013624/32
經驗良方大全十卷首一卷 （清）黄伯垂著 （清）王孟英續編 民國十年（1921）上海進步書局石印本 9 冊 存 9 卷（2–10）

012414/23
經驗良方大全十卷首一卷 （清）黄伯垂著 （清）王孟英續編 民國十年（1921）上海文明書局石印本 10 冊

012430/39
經驗良方大全十卷首一卷 （清）黄伯垂著 （清）王孟英續編 民國十年（1921）上海文明書局石印本 10 冊

011975/77
經驗良方三卷 （清）陸成本輯 清（1644–1911）善成堂刻本 3 冊

011333/35
經驗良方三卷 （清）陸成本輯 清咸豐三年（1853）刻本 3 冊

012273/74
經驗秘方二卷 （清）吴兆雲編集 （清）王光漢校訂 民國庚申（1920）留耕堂石印本 2 冊

011429,012878
經驗奇方二卷 （清）劉一明著 清嘉慶二十二年（1817）刻本榆中棲云山藏板 2 冊

012076
經驗神方一卷 （清）畊餘遊客輯 清咸豐元年（1851）刻本 1 冊

012879,011430
經驗雜方二卷 （清）劉一明採集 清嘉慶二十五年（1820）刻本棲雲樓藏板 2 冊

024197
精訂攝生秘剖六卷 （明）洪基參訂 民國二十七年（1936）鉛印本 1 冊

023050/51
精選應驗良方初集二卷 （清）顧禮璜録 清咸豐元年（1851）抄本 2 冊

005073
景岳新方歌不分卷 （清）吳辰燦纂 清光緒三十二年（1906）上海文瑞樓石印本 1 冊

012627/34 善本
靜耘齋集驗方八卷 （清）黄元基編 清乾隆二十八年（1763）靜耘齋刻本 8 冊

012018/21
救急選方二卷 （日本）丹波元簡著 日本文化七年（1810）刻本聿修堂藏板 4 冊

025437
救命奇方續命膠續編一卷 佚名編 民國十二年（1923）鉛印本 1 冊

012389
救人良方不分卷 （清）秀耀春著 清光緒十七年（1891）刻本 1 冊

024284
考正丸散膏丹集不分卷 （民國）上海市國醫學會編輯　民國二十三年（1934）鉛印本　1 冊

023512/16
類編朱氏集驗醫方十五卷 （宋）朱佐集　民國（1912–1949）商務印書館影印本　5 冊

011360/73
類方準繩八卷 （明）王肯堂輯　清（1644–1911）刻本九思堂藏板　14 冊

003656/63,012591/98
類方準繩八卷 （明）王肯堂輯　清（1644–1911）刻本九思堂藏板　16 冊

012471/75　善本
類症普濟本事方十卷 （宋）許叔微著（清）王陳梁校　清乾隆四十二年（1777）雲間王陳梁校刻本　5 冊

012458/63
類症普濟本事方十卷 （宋）許叔微原本（清）葉桂釋義　清（1644–1911）刻本姑蘇掃葉山房義記藏板　6 冊

005023/25
類症普濟本事方十卷 （宋）許叔微原本（清）葉桂釋義　清嘉慶十九年（1814）刻本姑蘇掃葉山房義記藏板　3 冊

001714/19
類症普濟本事方十卷 （宋）許叔微原本（清）葉桂釋義　清嘉慶十九年（1814）刻本姑蘇掃葉山房義記藏板　6 冊

012390/95
類症普濟本事方十卷 （宋）許叔微原本（清）葉桂釋義　清嘉慶十九年（1814）刻本姑蘇掃葉山房義記藏板　6 冊

024442
類證普濟本事方續集十卷 （宋）許叔微著　民國（1912–1949）杭州三三醫社鉛印本　1 冊

008709/16　善本
李氏醫鑑十卷 （清）李文來彙輯（清）王世寵參訂　清康熙三十五年（1696）刻本貽安堂藏板　8 冊

012313
良方彙選二卷 （民國）文明書局編輯　民國二十二年（1933）上海文明書局鉛印本　1 冊

011397
良方彙選二卷 （民國）文明書局編輯　民國二十七年（1938）上海文明書局鉛印本　1 冊

011398
良方彙選二卷 （民國）文明書局編輯　民國二十七年（1938）上海文明書局鉛印本　1 冊

012113/16
良方集腋二卷續附一卷 （清）謝元慶編（清）王慶霄校訂　清光緒二十六年（1900）浙西梧桐鄉鴛鴦湖刻本素恭堂藏板　4 冊

012065/66
良方集腋二卷續附一卷 （清）謝元慶編（清）王慶霄校訂　清同治二年（1863）留耕堂刻本　2 冊

008981
臨證經驗方不分卷 （清）張仲華輯　清光緒元年（1875）抄本　1 冊

011354
旅舍備要方一卷傷寒微旨論二卷 （宋）董汲撰（宋）韓祇和撰　清（1644–1911）刻本半畝園藏板　1 冊

007861/62
脈藥聯珠古方考合刻 （清）龍柏著　民

國二十年（1931）上海江左書林石印本　2冊　存2卷（脈藥聯珠1、2,古方考不分卷下冊）

007840/43
脈藥聯珠古方考合刻　（清）龍柏著　民國二十年（1931）上海江左書林石印本　4冊

011956/62
梅氏驗方新編七集　（清）梅啟照編　民國二十三年（1934）鉛印本　7冊

011963/69
梅氏驗方新編七集　（清）梅啟照編　民國二十三年（1934）鉛印本　7冊

008973
秘本單方大全不分卷　世界書局編輯所編　民國十七年（1928）上海世界書局石印本　1冊

012062
秘傳救世良方不分卷　佚名録　民國十年（1921）抄本　1冊

013018
秘方匯集不分卷　（清）李德中撰　清光緒二十九年（1903）刻本三義堂藏板　1冊

005019/22
名醫方論四卷　（清）羅美編　清康熙十四年（1675）古懷堂刻本　4冊

011978/79
内症通用方一卷外症通用方一卷　（民國）陸汝銜編　民國四年（1915）刻本　2冊

011327/30
平易方四卷　（清）葉香侶集　清道光十二年（1832）重刻本來鹿堂藏板　4冊

022846
普濟應驗良方八卷末一卷　（清）德軒氏纂輯　清嘉慶十四年（1809）刻本　1冊

023547/48
普濟應驗良方八卷末一卷附續增普濟應驗良方　（清）德軒氏編　清同治十二年（1873）刻本義源書坊藏板　2冊

012562/73
普門醫品四十八卷補遺四卷　（明）王化貞撰　（清）郎廷模彙集　清康熙三十三年（1694）廣甯郎氏娛暉堂刻本　12冊　存46卷（1–7,12–48,補遺1、2）

012693/98
奇方類編二卷附録經驗秘方一卷奇疾方一卷　（清）吳世昌抄輯　清（1644–1911）刻本會成堂藏板　6冊

012079/84
奇方類編二卷奇疾方一卷　（清）吳世昌抄輯　清（1644–1911）刻本會成堂藏板　6冊

012323/26
千金寶要六卷　（唐）孫思邈撰　（宋）郭思纂集　（清）孫星衍校　清嘉慶十二年（1807）刻本平津館孫氏藏板　4冊

012522/27
千金寶要六卷附孫真人海上方一卷　（宋）郭思編撰　清（1644–1911）石拓本　6冊

012577/82
千金寶要六卷附孫真人海上方一卷　（宋）郭思編撰　清（1644–1911）石拓本　6冊

012583/88
千金寶要六卷附孫真人海上方一卷　（宋）郭思編撰　清（1644–1911）石拓本　6冊

011359
千金寶要六卷素女方一卷秘授清寧丸方

一卷 （唐）孫思邈撰 （宋）郭思纂集（清）孫星衍校 清嘉慶十二年（1807）刻本平津館孫氏藏板 1冊

013568
千金不易簡便良方一卷 （清）了因子輯 清（1644–1911）刻本 1冊

011513/18
千金翼方三十卷 （唐）孫思邈撰 日本文政十二年（1829）據元大德十一年（1307）梅溪書院刻本重刻本 6冊

012091/104
千金翼方三十卷 （唐）孫思邈撰 （宋）林億等校 民國元年（1912）富記書局刻本 14冊

024963/66
千金翼方三十卷 （唐）孫思邈撰 （宋）林億等校 清（1644–1911）刻本 4冊 存8卷（19–24,27,28）

011586/93
千金翼方三十卷 （唐）孫思邈撰 （宋）林億等校 清光緒四年（1878）上海印行獨山莫繩孫補署檢影印本 8冊

011507/12
千金翼方三十卷 （唐）孫思邈撰 （宋）林億等校正 清光緒三十四年（1908）上海久敬齋書莊鉛印本 6冊

012105/12
千金翼方三十卷 （唐）孫思邈撰 （宋）林億等校正 清光緒四年（1878）據景元大德（1297–1307）本影印本 8冊

012446/55
千金翼方三十卷 （唐）孫思邈撰 （宋）林億等校正 清光緒四年（1878）據景元大德（1297–1307）本影印本 10冊

011349/53
錢存濟堂丸散膏丹全集四卷續集一卷 （清）錢立縉編 民國三年（1914）上海錢存濟堂刻本 5冊

011263/66
錢存濟堂丸散膏丹全集四卷續集一卷 （清）錢立縉編 民國三年（1914）上海錢存濟堂刻本 4冊 存4卷（2–5）

011819
全國驗方新編一卷 （民國）送元室主人編 民國十七年（1928）上海第一書局石印本 1冊

012561
全生指迷方四卷 （宋）王貺撰 民國十九年（1930）上海中醫書局石印本 1冊

024175
全生指迷方四卷 （宋）王貺撰 民國十九年（1930）上海中醫書局石印本 1冊

011614
全生指迷方四卷 （宋）王貺撰 清（1644–1911）刻本半畝園藏板 1冊

012067
賽金丹二卷 （清）藴真子編 清道光二十八年（1848）袖海山房刻本 1冊

012068/69
賽金丹二卷 （清）藴真子編 清光緒二年（1876）刻本 2冊

012022
三版增補單方大全十二編 （民國）廣文書局編集 民國九年（1920）上海廣文書局石印本 1冊

008974
三版增補單方大全十二編 （民國）廣文書局編集 民國十八年（1929）上海廣文書局石印本 1冊

024120
三版增補單方大全十二編　（民國）廣文書局編集　民國十七年（1928）上海世界書局石印本　1 冊

012440/45
三朝名醫方論三種　（清）佚名輯　民國十年（1921）上海千頃堂書局石印本　6 冊

012514/19
三朝名醫方論三種　（清）佚名輯　民國十年（1921）上海千頃堂書局石印本　6 冊

012502/07
三朝名醫方論三種　（清）佚名輯　清光緒二十六年（1900）上海千頃堂書局石印本　6 冊

013394/99
三朝名醫方論三種　（清）佚名輯　清光緒二十六年（1900）上海千頃堂書局石印本　6 冊

011988
三信編三卷　（清）毛世洪著　清嘉慶三年（1798）刻本積簣山房藏板　1 冊

013387
少林寺真本跌打萬應良方不分卷　慧真禪師藏　民國（1912–1949）廣州守經堂石印本　1 冊

025475/77
攝生眾妙方十一卷　（明）張時徹集　嵩螺山人校　清（1644–1911）刻本　3 冊　存 3 卷（7–9）

012549/60　善本
攝生眾妙方十一卷急救良方二卷元敖氏傷寒金鏡録一卷　（明）张時徹集　堯岡山人校　（元）杜清碧著　明隆慶三年（1569）衡王府增補刻本　12 冊

013316
身心藥四卷　佚名撰　清光緒十四年（1888）刻本　1 冊

012061
身驗良方不分卷　（清）辜大安撰　清光緒五年（1879）刻本　1 冊

022824
神授急救異痧奇方一卷　（清）佚名撰　清咸豐二年（1852）重刻本　1 冊

022825
神授急救異痧奇方一卷附經驗百病内外癥良方一卷　（清）佚名撰　（清）陳念祖原評　清光緒十四年（1888）刻本　1 冊

014198/99
神仙濟世良方二卷　（清）柏鶴亭編　清嘉慶二年（1797）忠恕堂刻本　2 冊

011948
神效黑神丸不分卷　佚名撰　清光緒元年（1875）冀錦堂刻本　1 冊

025463
時方歌括二卷　（清）陳念祖著　清光緒十八年（1892）上海圖書集成印書局石印本　1 冊

000354/59
時方妙用四卷時方歌括二卷　（清）陳念祖著　清（1644–1911）刻本　6 冊

024624
時方妙用四卷時方歌括二卷　（清）陳念祖著　民國（1912–1949）石印本　1 冊

013108
實驗秘本中西良方大全三編　（民國）繆乃澄徵集　民國十九年（1930）上海中西醫學研究會鉛印本　1 冊

014290
實用方劑學不分卷　邢錫波編述　民

國（1912–1949）華北新中醫學社油印本　1冊

012574/75
史載之方二卷（清）史堪撰　清光緒二年（1876）吳興陸氏十萬卷樓重刻本　2冊

012350/51
壽世新編不分卷（清）萬潛齋編　清光緒十八年（1892）道合山房刻本　2冊

012729/32
四科簡效方四卷（清）王士雄選　清光緒十一年（1885）越州徐氏校刻本　4冊

012077/78
四科簡效方四卷（清）王士雄選　清光緒十一年（1885）越州徐氏校刻本　2冊

011744/45
蘇沈良方八卷（宋）蘇軾、沈括著　清（1644–1911）刻本　2冊

025637
蘇沈内翰良方十卷（宋）蘇軾、沈括撰　清光緒二十三年（1897）武強賀氏刻本　1冊　存4卷（5–8）

011550/53
蘇沈内翰良方十卷（宋）蘇軾、沈括撰　清光緒二十三年（1897）武強賀氏刻本　4冊

021578/601
孫真人備急千金要方九十三卷（唐）孫思邈撰（宋）林億校正　民國（1912–1949）上海涵芬樓據正統道藏本影印本　24冊

012797/820
孫真人備急千金要方九十三卷續刻孫真人海上方三卷（唐）孫思邈撰　清同治七年（1868）刻本立本堂藏板　24冊

011955
孫真人海上方歌括不分卷（唐）孫思邈撰　清（1644–1911）刻本　1冊

011898/927
孫真人千金方衍義三十卷（清）張璐著（清）席世臣校　清嘉慶六年（1801）刻本掃葉山房藏板　30冊

011866/97
孫真人千金方衍義三十卷（清）張璐著（清）席世臣校　清嘉慶六年（1801）刻本掃葉山房藏板　32冊

011944/47,012785/96
孫真人千金方衍義三十卷（唐）孫思邈撰（清）張璐衍義　清嘉慶六年（1801）掃葉山房刻本　16冊

024787/94,025800/07
孫真人千金方衍義三十卷（唐）孫思邈撰（清）張璐衍義　清嘉慶六年（1801）掃葉山房刻本　16冊　存13卷（1–13）

011928/43
孫真人千金方衍義三十卷（唐）孫思邈撰（清）張璐衍義　清嘉慶六年（1801）掃葉山房刻本　16冊　存18卷（1–18）

013992
湯頭歌括一卷（清）廖雲溪編　清光緒十三年（1887）刻本興發堂藏板　1冊

011816/18
湯頭錢數抉微四卷（清）章納川著　民國十二年（1923）上海會文堂書局石印本　3冊

012006/17
唐千金類方二十四卷（清）黃恩榮編　民國（1912–1949）上海千頃堂書局石印本　12冊　存12卷（7–12,19–24）

012327/49,026110
唐千金類方二十四卷（清）黃恩榮編

民國（1912–1949）上海千頃堂書局石印本　24 冊

005454/69
唐王燾先生外臺秘要方四十卷　（唐）王燾撰　（宋）林億等上進　（明）陸錫明校閱　（明）程衍道訂梓　清光緒二十四年（1898）上海圖書集成印書局鉛印本　16 冊

005470/73
唐王燾先生外臺秘要方四十卷　（唐）王燾撰　民國九年（1920）上海鴻寶書局石印本　4 冊

005434/53,012990/3009
唐王燾先生外臺秘要方四十卷　（唐）王燾撰　（宋）林億等上進　（明）陸錫明校閱　（明）程衍道訂梓　清同治十三年（1874）廣東翰墨園刻本　40 冊

011431/65,025059/62
唐王燾先生外臺秘要方四十卷　（唐）王燾撰　（宋）林億等上進　（明）陸錫明校閱　（明）程衍道訂梓　清同治十三年（1874）廣東翰墨園刻本　40 冊

012755/84,026030/39
唐王燾先生外臺秘要方四十卷　（唐）王燾撰　（宋）林億等上進　（明）陸錫明校閱　（明）程衍道訂梓　清同治十三年（1874）廣東翰墨園刻本　40 冊

012059
桃園明聖經不分卷　佚名撰　民國十九年（1930）鉛印本　1 冊

024133
同仁堂藥目一卷　（清）樂鳳鳴編　民國十二年（1923）據清光緒十五年（1889）同仁堂刻本重刻本　1 冊

012671/74
丸散膏丹自製法不分卷　（民國）上海中華新教育社編集　民國十一年（1922）鉛印本　2 冊

012032/37
萬方類纂八卷　（清）宋穆撰　清光緒二十五年（1899）桂林毓蘭書屋重刻本　6 冊

012679/80
萬全備急方一卷續一卷　（清）王翃編輯　清（1644–1911）刻本永怡堂藏板　2 冊

012500/01
衛生鴻寶六卷附急救腹痛暴卒病解一卷　（清）高味卿增補　（清）沈子翔校閱　清（1644–1911）刻本　2 冊

012651/52
吴文山先生滄陽集經驗醫方二卷　（民國）吴文山著　民國十三年（1924）華記石印本　2 冊

009973/74
仙傳外科秘方十一卷　（明）趙宜真集　民國（1912–1949）上海涵芬樓據正統道藏本影印本　2 冊

024069/70
仙傳外科秘方十一卷　（明）趙宜真集　民國（1912–1949）上海涵芬樓據正統道藏本影印本　2 冊

022830/35
仙方合集二卷　（清）賈山亭輯　清道光三十年（1850）刻本蜀北蒼溪賈氏竹橋齋藏板　6 冊

025527
仙拈集四卷　（清）李文炳彙纂　清（1644–1911）刻本　1 冊　存 1 卷（3）

013614/17
仙拈集四卷　（清）李文炳彙纂　清（1644–1911）同德堂刻本　4 冊

013566/67
香嚴徑二卷 （民國）陸晉笙編　民國十八年（1929）蘇州陸氏鉛印本　2 冊

024119
祥雲集效不分卷　佚名録　民國二十五年（1936）抄本　1 冊

024203
謝利恆家用良方不分卷　謝利恆編　民國十四年（1925）鉛印本　1 冊

025525
謝利恆家用良方不分卷　謝利恆編　民國（1912–1949）鉛印本　1 冊

012619/24
新刊良朋彙集六卷 （清）孫偉校輯　清光緒九年（1883）刻本上洋掃葉山房藏板　6 冊

011949/54
新刊良朋彙集五卷 （清）孫偉校輯　清道光四年（1824）姑蘇崇德書院刻本　6 冊

012635/40
新刊良朋彙集五卷 （清）孫偉校輯　清道光四年（1824）姑蘇崇德書院刻本　6 冊

014435
修正丸散膏丹配製法全集不分卷 （民國）鄭叔綸編　民國二十一年（1932）溫州美本印務局鉛印本　1 冊

012543/46
續醫方辨難大成九卷　文昌帝君著　清光緒三十二年（1906）刻本四川巴州恩陽河飛鸞亭藏板　4 冊

024696/703
驗方彙集八卷 （清）戴緒安注　清光緒十年（1884）刻本　8 冊

013971/82
驗方彙集八卷續集四卷 （清）戴緒安注　清光緒十年（1884）刻本　12 冊

024676/87
驗方彙集八卷續集四卷 （清）戴緒安注　清光緒十年（1884）刻本　12 冊

023419/28
驗方彙集十卷 （清）戴緒安注　清光緒十年（1884）天津文利堂刻本　10 冊

012408/13,013136/41
驗方新編十八卷 （清）鮑相璈編　民國十三年（1924）上海啟新書局石印本　12 冊

012745
驗方新編十八卷 （清）鮑相璈編輯　清光緒十五年（1889）碧琳瑯館重刻本　1 冊

014085/86
驗方續編三卷 （清）海山仙館編　清光緒四年（1878）刻本上洋大魁楨記藏板　2 冊

013946
驗方雜誌不分卷　佚名編　民國（1912–1949）鉛印本　1 冊

011989
驗方纂要一卷 （清）彭友文編　清宣統元年（1909）刻本崇善堂藏板　1 冊

024095
楊氏經驗奇效良方一卷趙氏中醫萃篇一卷蘇氏正骨科學一卷 （民國）楊鵬先撰　民國十年（1921）天津務本堂刻本　1 冊

013811
瘍科秘方一卷 （清）寄虞子藏　清同治十三年（1874）抄本　1 冊

012700
養生濟世便易經驗合編救世良方不分卷
佚名録　民國十八年（1929）抄本　1 冊

012383
葉天士手集秘方不分卷（清）葉桂著（民國）陸士諤編　民國十年（1921）上海廣文書局石印本　1 冊

022587/90
葉天士萬應奇效秘方一千五百種不分卷（清）葉桂撰　民國二十六年（1937）鉛印本　4 冊

006649/51
一壺天三集（民國）楊體仁纂輯　民國十八年（1929）監邑志道山房刻本　3 冊

012725/28
醫方叢話八卷附鈔一卷（清）徐士鑾輯　清光緒十五年（1889）津門徐氏蜨園刻本　4 冊

013841/44
醫方叢話八卷附鈔一卷（清）徐士鑾輯　清光緒十五年（1889）津門徐氏蜨園刻本　4 冊

014156/59
醫方叢話八卷附鈔一卷（清）徐士鑾輯　清光緒十五年（1889）津門徐氏蜨園刻本　4 冊

014286/89
醫方叢話八卷附鈔一卷（清）徐士鑾輯　清光緒十五年（1889）津門徐氏蜨園刻本　4 冊

023454/57
醫方叢話八卷附鈔一卷（清）徐士鑾輯　清光緒十五年（1889）津門徐氏蜨園刻本　4 冊

012589/90
醫方大成論二卷（元）孫允賢編　清（1644–1911）刻本　2 冊

014019/23
醫方大成論諺解五卷（元）孫允賢原編　日本貞享二年（1685）刻本　5 冊

022779
醫方概要不分卷（民國）李疇人編　民國二十四年（1935）江蘇蘇州利蘇印書社鉛印本　1 冊

012357/62
醫方集解不分卷附救急良方一卷（清）汪昂撰　清光緒五年（1879）掃葉山房刻本　6 冊

022894/97
醫方集解不分卷附勿藥元詮一卷救急良方一卷（清）汪昂撰　清道光二十五年（1845）瓶花書屋刻本　4 冊

023212/23
醫方集驗十二卷（清）鄒性之輯　清道光二十七年（1847）吳城雷祖壇刻本　12 冊

012843/55,024835/41　善本
醫方集宜十卷（明）丁鳳輯　清（1644–1911）精抄本　20 冊

014253/57
醫方簡明六卷（清）徐之薰著　清光緒十三年（1887）刻本有益堂藏板　5 冊

014194/97
醫方經驗四卷（清）郝瀛著　清光緒十六年（1890）刻本　4 冊　存 3 卷（1,3,4）

024443/48
醫方考六卷附脈語二卷（明）吳崐著　民國二十六年（1937）上海大東書局鉛印本　6 冊

012520/21
醫方論四卷 （清）費伯雄著　清光緒十四年（1888）上海掃葉山房刻本　2 冊

022389
醫方論四卷 （清）費伯雄著　清同治四年（1865）刻本　1 冊

023603/08
醫方十種彙編 （清）文晟輯　清（1644–1911）上海千頃堂刻本　6 冊

013827/34
醫方十種彙編 （清）文晟輯　清光緒十一年（1885）刻本文成堂藏板　8 冊

014004/12
醫方十種彙編 （清）文晟輯　清光緒十一年（1885）刻本文成堂藏板　9 冊

008041/47
醫方十種彙編 （清）文晟輯　清光緒十年（1884）刻本文成堂藏板　7 冊

025521
醫方湯頭歌訣不分卷 （清）汪昂編輯　清（1644–1911）刻本　1 冊

025631
醫方湯頭歌括不分卷 （清）汪昂編輯　清（1644–1911）刻本兩儀堂藏板　1 冊

012733/38
醫方易簡新編六卷 （清）龔自璋彙輯　清同治十二年（1873）溫處道署刻本　6 冊

013711/14
醫方易簡新編六卷 （清）龔自璋彙輯　清同治五年（1866）京都篆雲齋重刻本　4 冊

013715/18
醫方易簡新編六卷 （清）龔自璋彙輯　清同治五年（1866）京都篆雲齋重刻本　4 冊

022387/88
醫方擇要二卷續集二卷 （清）文祥編　清道光十六年（1836）六藝齋重刻本　2 冊

014240/43
醫方擇要二卷續集二卷 （清）文祥編　清道光十六年（1836）芸香堂刻本　4 冊

014489/94,024959/62
醫林彙萃不分卷 （清）黄澤澍抄　清宣統元年（1909）抄本　10 冊

012322
醫略抄一卷 （日本）丹波雅忠撰　（日本）丹波元簡校訂　日本寬政七年（1795）刻本聿修堂藏板　1 冊

021702/31
醫心方三十卷 （日本）丹波康賴撰　日本安正六年（1859）醫學館影刻本　30 冊

023236/37
醫藥便讀湯頭歌括二卷附醫藥便讀珍珠囊指掌 （清）胡德凝纂　清道光二十二年（1842）問心書屋刻本　2 冊

008468/69
醫宗秘録三卷 （民國）譚祖亮輯　民國三年（1914）仁濟醫院刻本　2 冊

012386
疑傷方不分卷 （清）徐炳莊録　清光緒九年（1883）抄本　1 冊

011273/78
易簡方便醫書六卷 （清）周茂五編　清光緒二十八年（1902）吉安胡守正堂重刻本劉華翰齋藏板　6 冊

011860/65
易簡方便醫書六卷 （清）周茂五編　清

光緒二十八年（1902）吉安胡守正堂重刻本劉華翰齋藏板　6冊

012719/24
易簡方便醫書六卷（清）周茂五編　清光緒二十九年（1903）石印本　6冊

014276/81
易簡方便醫書六卷（清）周茂五編　清咸豐十一年（1861）刻本石陽周日新堂藏板　6冊

014235
應驗簡便良方二卷附續補良方（清）黄翼升撰　清同治十年（1871）刻本　1冊

025173
玉歷至寶鈔勸世一卷身世金丹一卷（清）佚名編　民國（1912–1949）上海宏大紙號石印本　1冊

025219
育寧堂頤世方書不分卷（清）育寧堂編　清（1644–1911）刻本　1冊

015101/06,014906/11
雜病證治類方八卷（明）王肯堂輯　清（1644–1911）刻本　12冊　存7卷（2–8）

011736/53,012956/63
雜病證治類方八卷（明）王肯堂輯　清（1644–1911）脩敬堂刻本　16冊

011754/69
雜病證治類方八卷（明）王肯堂輯　清（1644–1911）脩敬堂刻本（八卷下為手抄本）16冊

012468
雜症良方不分卷（民國）佚名録　民國（1912–1949）抄本　1冊

012064
增註古方新解八卷（清）徐大椿著（民國）陸士諤增訂　民國九年（1920）上海廣文書局石印本　1冊　存4卷（1–4）

012456/57
增註古方新解八卷（清）徐大椿著（民國）陸士諤編訂　民國十年（1921）上海廣文書局石印本　2冊

012464/65
增註古方新解八卷（清）徐大椿著（民國）陸士諤編訂　民國十年（1921）上海廣文書局石印本　2冊

012469/70
增註古方新解八卷（清）徐大椿著（民國）陸士諤編訂　民國十四年（1925）上海廣文書局石印本　2冊

013204
增訂驗方別録二集（清）鄭奮揚編（清）徐有成增訂　民國七年（1918）寧波中華衛生公會鉛印本　1冊

013763
增訂驗方別録二集（清）鄭奮揚編（清）徐有成增訂　民國七年（1918）寧波中華衛生公會鉛印本　1冊　存1集（2）

013584
增訂驗方新編縮本十八卷（清）鮑相璈編　清光緒十八年（1892）日本横濱中華會館鉛印本　1冊

025204/10
增訂醫方易簡十卷（清）龔自璋編（清）吳輝謨增訂　清光緒九年（1883）重刻本揚州宋德成刻字鋪藏板　7冊　存7卷（1,4,5,7–10）

026075/80
增廣太平惠民和劑局方十卷附用藥總論三卷（宋）陳師文編　清嘉慶十年（1805）虞山張氏照曠閣刻本　6冊

025682

增廣驗方新編十八卷 （清）鮑相璈編　民國（1912–1949）上海廣益書局石印本　1冊　存1卷（10）

025180

增廣驗方新編十八卷 （清）鮑相璈編輯　民國（1912–1949）上海錦章書局石印本　1冊　存3卷（7–9）

022994/3001

增廣驗方新編十六卷 （清）鮑相璈編輯　清道光二十九年（1849）刻本海山仙館藏板　8冊

024688/95

增廣驗方新編十六卷 （清）鮑相璈編輯　清同治八年（1869）重刻本獅江鹾局藏板　8冊

025421/27,025433

增廣驗方新編十六卷 （清）鮑相璈編輯　清同治十三年（1874）刻本獅江鹾局藏板　8冊　存15卷（1–13,15,16）

025695

增評醫方集解二十三卷 （清）汪昂著輯（清）費伯雄加評　民國（1912–1949）石印本　1冊　存9卷（1–9）

023013/17

增評醫方集解二十三卷 （清）汪昂著輯（清）費伯雄加評　民國十四年（1925）上海大成書局石印本　5冊

025635

增評醫方集解二十三卷 （清）汪昂著輯（清）費伯雄加評　民國元年（1912）五音書局石印本　1冊

024181

摘方備要一卷 佚名編　民國（1912–1949）上海大成書局石印本　1冊

025464

摘要救急良方二卷 佚名輯　清（1644–1911）刻本　1冊　存1卷（下）

024089/90

趙翰香居驗方類編不分卷 （清）趙文通編　清光緒十五年（1889）趙翰香居刻本　2冊

013585/87

趙氏經驗方二卷末一卷 （民國）趙樹藩録　民國（1912–1949）抄本　3冊

012749

鄭氏秘傳萬金方不分卷 （宋）薛古愚著　民國二十年（1931）江友惠抄本　1冊

022655　善本

證治要訣類方四卷 （明）戴元禮輯　清（1644–1911）刻本　1冊

013593

中國經驗良方一卷應驗良方一卷 （民國）葉瑗編（民國）胡瀛嶠編　民國六年（1917）上海醫學書局鉛印本　1冊

025412

中西合纂驗方新編十章附實驗秘本中西良方大全三編 （民國）顧鳴盛譯輯　民國九年（1920）上海廣益書局鉛印本　1冊

012085

中西藥治用録不分卷 （民國）趙樹藩選輯　民國二十年（1931）趙樹藩抄本　1冊

011419/20

種福堂公選良方四卷 （清）葉桂論　清（1644–1911）刻本　2冊

023930/31

種福堂公選良方四卷 （清）葉桂論　清（1644–1911）刻本　2冊

005865/66
種福堂公選良方四卷 （清）葉桂論　清（1644–1911）種福堂刻本　2 冊

025225/27
種福堂精選良方兼刻古吴名醫精論四卷 （清）葉桂論　清（1644–1911）金閶三槐堂刻本　3 冊　存 3 卷（1,3,4）

溫　病

009282/85
補註瘟疫論四卷 （明）吳有性著　民國十五年（1926）金鉞氏據清咸豐四年（1854）刻本翻刻本　4 冊

009278/81
補註瘟疫論四卷 （明）吳有性著　（明）洪天錫補註　清（1644–1911）刻本晚翠堂藏板　4 冊

009256/59
補註瘟疫論四卷 （明）吳有性著　（明）洪天錫補註　清道光四年（1824）刻本東孝友堂藏板　4 冊

009274/77
補註瘟疫論四卷 （明）吳有性著　（明）洪天錫補註　清道光四年（1824）晚翠堂刻本　4 冊

014265/68
重訂醫門普度六卷 （清）孔毓禮輯　（明）吳有性著　清（1644–1911）刻本文淵堂藏板　4 冊

025460
春溫三字訣一卷痢症三字訣一卷養生鏡一卷 （清）張子培著　（清）唐容川著　（清）陸樂山撰　民國（1912–1949）石印本　1 冊

014078/79
慈航集二卷 （清）王勛輯　清光緒十六年（1890）廣百宋齋石印本　2 冊

009173/76
慈航集三元普濟方四卷 （清）王勛纂　（清）史蘭圃參訂　清光緒十一年（1885）刻本　4 冊

025660
吊脚痧方論不分卷 （清）徐子默撰　清光緒二十七年（1901）上海圖書集成局鉛印本　1 冊

012699
翻症圖考不分卷 （清）佚名撰　清光緒三十年（1904）泰山堂刻本　1 冊

024312
廣溫熱論四卷 （清）戴天章撰　（清）陸懋修校訂　民國（1912–1949）上海千頃堂書局石印本　1 冊

009377/78
廣瘟疫論四卷末一卷 （清）戴天章著　民國十一年（1922）天津金鉞重刻本　2 冊

009206/07
廣瘟疫論四卷末一卷 （清）戴天章撰　清光緒三十三年（1907）刻本京都文成堂藏板　2 冊

009299/302
寒溫條辨七卷附溫病壞證一卷 （清）楊璿撰　清光緒二十三年（1897）湖南書局重刻本　4 冊

009294/98
寒溫條辨七卷附溫病壞證一卷 （清）楊璿撰　清光緒十九年（1893）醉蕓軒刻本　5 冊

009218/21
寒疫合編歌括四卷 （清）王光甸編輯　民國二十六年（1937）刻本　4 冊

009222/25
寒疫合編歌括四卷 （清）王光甸編輯

清同治二年（1863）刻本　4冊

025622
霍亂論二卷（清）王士雄著　清道光十九年（1839）刻本　1冊

025290
霍亂新論不分卷（清）姚訓恭撰　清光緒二十八年（1902）刻本　1冊

001566/67
急救痧症全集三卷（清）費山壽輯　清光緒九年（1883）笠澤三省書屋刻本　2冊

001568/69
急救痧症全集三卷（清）費山壽輯　清光緒九年（1883）笠澤三省書屋刻本　2冊

009350/51
急救痧症全集三卷（清）費山壽輯　清光緒九年（1883）笠澤三省書屋刻本　2冊

005076/77
加批時病論八卷（清）雷豐著　民國十二年（1923）上海廣益書局石印本　2冊　存4卷（3,4,7,8）

009238,009242/44
加批時病論八卷（清）雷豐著　民國十二年（1923）上海廣益書局石印本　4冊

009239/41,009245
加批時病論八卷（清）雷豐著　民國十二年（1923）上海廣益書局石印本　4冊

024323/24
加評溫病條辨六卷首一卷（清）吳瑭著　民國十七年（1928）上海世界書局石印本　2冊

025663
節録治愈鼠疫經驗良方一卷（清）佚名録　清宣統三年（1911）石印本　1冊

009383/88
經驗瘟痧新編二卷（清）韓凌霄撰　清宣統三年（1911）鉛印本　6冊

009376
救疫良方不分卷（清）宋炘如編　清咸豐七年（1857）瀨江宋靜山刻本　1冊

025244
痢疾論四卷（清）孔毓禮著輯　清（1644–1911）謙益堂刻本　1冊　存2卷（3,4）

009115
痢疾論四卷末一卷（清）孔毓禮著輯　民國（1912–1949）上海千頃堂石印本　1冊

005011/12　善本
痢症匯參十卷（清）吳道源編　清乾隆三十八年（1773）敦厚堂刻本　2冊

009368/71　善本
痢症匯參十卷（清）吳道源編　清乾隆三十八年（1773）敦厚堂刻本　4冊

010677/80
痢證定論大全四卷（清）孔毓禮著　清光緒三十四年（1908）刻本　4冊

009372/75
痢證定論大全四卷（清）孔毓禮著　清光緒三十四年（1908）刻本富興堂藏板　4冊

024231
瘧痢金針一卷（民國）葛蔭春著　民國十五年（1926）天津華泰印書館鉛印本　1冊

024171
秋瘟證治要略七章 （民國）曹炳章撰 民國七年（1918）浙江餘姚衛生書報社鉛印本 1冊

002108
痧麻明辨一卷 （清）華壎編 民國二十四年（1935）上海千頃堂書局石印本 1冊

010323
痧麻明辨一卷 （清）華壎編 民國二十四年（1935）上海千頃堂書局石印本 1冊

010324
痧麻明辨一卷 （清）華壎編 民國二十四年（1935）上海千頃堂書局石印本 1冊

025632
痧脹玉衡書三卷後卷一卷 （清）郭志邃撰 清（1644–1911）刻本 1冊 存1卷（2）

009357
痧症傳信方不分卷 （清）寇蘭皋著 清道光十二年（1832）刻本 1冊

012311/12
痧症全書二卷 （清）林森傳授 （清）王凱編輯 清光緒二十一年（1895）學庫山房刻本 2冊

013764
痧症全書三卷 （清）林森傳授 （清）王凱編輯 民國（1912–1949）上海錦章書局石印本 1冊

009354/56
痧症全書三卷 （清）林森傳授 （清）王凱編輯 清道光六年（1826）刻本 3冊

009320
痧症全書三卷 （清）王凱輯 清（1644–1911）刻本 1冊

010387/88
痧症全書三卷 （清）王凱輯 清光緒四年（1878）都門慈幼堂刻本 2冊

009352/53
痧症全書三卷附痧疫論一卷 （清）林森傳授 （清）王凱編輯 清光緒二年（1876）刻本 2冊

014291
刪補清太醫院治瘟速效一卷 （民國）周禹錫刪補 民國二十四年（1935）昌隆文寶齋石印本 1冊

003355
傷寒論霍亂訓解三卷 （民國）劉復著 民國（1912–1949）中國古醫學會鉛印本 1冊

025634
傷寒瘟疫條辯六卷 （清）楊璿撰 （清）楊鼎編 清光緒三十三年（1907）刻本同文公會藏板 1冊 存1卷（1）

002690/93
傷寒瘟疫條辯六卷 （清）楊璿撰 民國（1912–1949）上海普通書局石印本 4冊

003117/22
傷寒瘟疫條辯六卷 （清）楊璿撰 民國十七年（1928）上海千頃堂書局刻本 6冊

025656
傷寒瘟疫條辯六卷 （清）楊璿撰 民國十四年（1925）上海大成書局石印本 1冊 存1卷（3）

024177/80
傷寒瘟疫條辯六卷 （清）楊璿撰 民國十一年（1922）上海錦章書局石印本 4冊

009289/93
傷寒瘟疫條辨六卷 （清）楊璿撰　清光緒十六年（1890）刻本天津義合堂藏板　5 冊

001588/93
時病論八卷 （清）雷豐著　民國十一年（1922）無錫日升山房刻本　6 冊

009196/99
時病論八卷 （清）雷豐著　清光緒二十四年（1898）上海著易堂刻本　4 冊

009260/65
時病論八卷 （清）雷豐著　清光緒三十年（1904）仿泰西法石印本　6 冊

009246/49
時病論八卷 （清）雷豐著　清光緒十年（1884）雷慎修堂刻本三衢養鶴山房藏板　4 冊

010681
時疫解惑論二卷 （民國）劉復著　民國二十年（1931）中國古醫學會鉛印本　1 冊

013569
時疫解惑論二卷 （民國）劉復著　民國二十年（1931）中國古醫學會鉛印本　1 冊

013570
時疫解惑論二卷 （民國）劉復著　民國二十年（1931）中國古醫學會鉛印本　1 冊

013571
時疫解惑論二卷 （民國）劉復著　民國二十年（1931）中國古醫學會鉛印本　1 冊

013572
時疫解惑論二卷 （民國）劉復著　民國二十年（1931）中國古醫學會鉛印本　1 冊

009367
鼠疫抉微不分卷 （清）余德壎輯　清宣統二年（1910）素盦鉛印本　1 冊

024158
鼠疫抉微不分卷 （清）余德壎輯　清宣統二年（1910）素盦鉛印本　1 冊

009319
鼠疫抉微不分卷 （清）餘德塤輯　陳麗江校　清宣統二年（1910）素盦鉛印本　1 冊

009364
鼠疫約編不分卷 （清）吳宣崇原本（清）鄭奮揚參訂 （清）羅汝蘭增輯　清光緒二十八年（1902）雙江袖海廬刻本　1 冊

024318
鼠疫約編不分卷附中西防疫新論説一卷 （清）吳宣崇原本 （清）羅汝蘭增輯（清）鄭奮揚參訂 （清）楊鉞捐刊　清宣統二年（1910）安徽官紙印刷局鉛印本　1 冊

022635/42
説疫全書三種 （清）劉奎著　清道光二十六年（1846）刻本廣安九皇宮藏板　8 冊

022643/50
説疫全書三種 （清）劉奎著　清道光二十六年（1846）刻本廣安九皇宮藏板　8 冊

004963/68
四時病機十四卷附溫毒病論一卷女科歌訣六卷 （清）邵登瀛輯　清光緒十六年（1890）刻本　6 冊

009251/55
四時病機十四卷溫毒病論一卷 （清）邵

登瀛輯 （清）邵炳揚述 清光緒六年（1880）刻本 5冊

022322/23 善本
松峰説疫六卷 （清）劉奎撰 清乾隆五十五年（1790）刻本 2冊

009250
溫病條辨歌括一卷 （民國）劉本昌編 民國三十五年（1946）湘潭漣南鄉培根堂刻本 1冊

025228/30
溫病條辨六卷首一卷 （清）吳瑭著 民國（1912–1949）石印本 3冊 存5卷（2–6）

009216/17
溫病條辨六卷首一卷 （清）吳瑭著 民國六年（1917）上海煉石書局石印本 2冊

009340/45
溫病條辨六卷首一卷 （清）吳瑭著 清（1644–1911）上海文淵山房刻本 6冊

009336/39
溫病條辨六卷首一卷 （清）吳瑭著 清咸豐九年（1859）天津孫昌刻本 4冊

024313
溫病條辨症方歌括不分卷 （清）錢文驥編 清光緒三十年（1904）皖垣刻本 1冊

008448
溫病新編歌括不分卷 （民國）劉本昌編 民國三十五年（1946）湘潭劉氏培根堂刻本 1冊

009303
溫熱經解一卷 （民國）沈麟著 民國（1912–1949）天津華新印刷局鉛印本 1冊

009321/24
溫熱經緯五卷 （清）王士雄撰 清同治十三年（1874）湖北崇文書局重刻本 4冊

026046/49
溫熱經緯五卷 （清）王士雄撰 清同治十三年（1874）湖北崇文書局重刻本 4冊

009304/07
溫熱經緯五卷 （清）王士雄纂 民國（1912–1949）上海文瑞樓石印本 4冊

009308/11
溫熱經緯五卷 （清）王士雄纂 清同治二年（1863）刻本 4冊

005081
溫熱論箋正一卷 （清）葉桂述 （民國）陳光淞箋正 民國五年（1916）上海掃葉山房石印本 1冊

009286/87
溫熱暑疫全書四卷 （清）周揚俊輯 清（1644–1911）刻本 2冊

004952/53
溫熱暑疫全書四卷 （清）周揚俊輯 清光緒十五年（1889）掃葉山房重刻本 2冊

025462
溫熱贅言不分卷 （清）寄瓢子撰 清（1644–1911）刻本靈鶴山房吳氏藏板 1冊

009288
溫瘟證治二卷 （清）王景煦撰 清宣統元年（1909）抄本 1冊

009312
溫證集要二卷 （民國）王亞明編 民國三十三年（1944）鉛印本 1冊

009313

溫證集要二卷 （民國）王亞明編　民國三十三年（1944）鉛印本　1冊

009182/87

瘟疫傳症彙編二十卷 （清）熊立品编辑（清）熊承統校字（清）夏廷儀条較　清乾隆四十二年（1777）熊氏家刻本　6冊

009389/96

瘟疫彙編十六卷 （明）吳有性著（清）汪期蓮彙編　清道光八年（1828）汪培芝堂刻本　8冊

026258

瘟疫論二卷 （明）吳有性著　清（1644–1911）刻本　1冊　存1卷（1）

024176

瘟疫論補註二卷 （明）吳有性著（清）鄭重光補註　民國（1912–1949）上海錦章書局石印本　1冊

008961

溫疫論補註二卷醫學瘟疫指南四卷濕溫時疫治療法一卷選録急性時疫方一卷秋瘟證治要略一卷 （明）吳有性著（清）鄭重光補註　民國（1912–1949）上海掃葉山房石印本（民國石印本，民國鉛印本，民國七年（1918）餘姚衛生書報社鉛印本）1冊

002143/48

瘟疫論類編五卷松峰説疫六卷備用良方一卷 （明）吳有性著（清）劉奎訂正（清）劉秉錦編釋　清道光二十年（1840）刻本三讓堂藏板　6冊

013835/40

瘟疫論類編五卷松峰説疫七卷 （明）吳有性撰（清）劉奎訂正（清）劉秉錦編釋　清道光二十年（1840）刻本三讓堂藏板　6冊

006289

瘟疫明辨四卷末一卷 （清）戴天章著　民國五年（1916）江東書局石印本　1冊

005571/72

瘟疫明辨四卷末一卷 （清）戴天章著　清乾隆十七年（1752）江左書林刻本　2冊

006910,006922/23,006925,006969,025130

文祖正訂傷寒瘟疫條辨六卷 （清）楊璿撰（清）楊鼎編　清同治八年（1869）刻本姑蘇原板　6冊

024432/35

問心堂溫病條辨六卷首一卷 （清）吳瑭著　清光緒三十一年（1905）刻本掃葉山房藏板　4冊

009334/35

問心堂溫病條辨六卷首一卷 （清）吳瑭著　清嘉慶十八年（1813）問心堂刻本　2冊

009346/49

問心堂溫病條辨六卷首一卷 （清）吳瑭著　清同治九年（1870）六安求我齋刻本　4冊

009178/81

問心堂溫病條辨六卷首一卷 （清）吳瑭著　清光緒三十一年（1905）掃葉山房刻本　4冊

009314/17

吳王二溫合刊四卷 （清）吳瑭著（清）汪瑟菴參訂　清光緒二十八年（1902）文來書局石印本　4冊

014118

醫寄伏陰論二卷 （清）田宗漢著（清）陳杭校　清光緒三十三年（1907）江寧府署鉛印本　1冊

022378/81
醫門普度六卷 （明）吳有性著 （清）孔毓禮輯 清道光五年（1825）刻本謙益堂藏板 4 冊

023068/72
醫門普渡六卷 （清）孔毓禮輯 （清）戴天章著 清道光二十七年（1847）謙益堂重刻本 5 冊

014111
疫病衛生書不分卷 （清）候光迪著 清光緒三十一年（1905）上海文明書局鉛印本 1 冊

010655/56
疫疹一得二卷 （清）余霖輯著 清道光八年（1828）刻本 2 冊

009325
疫疹一得二卷 （清）余霖撰 清（1644–1911）刻本 1 冊

023204/05
疫證集説四卷補遺一卷 （清）余德壎編 清宣統三年（1911）素盦鉛印本 2 冊

014094/97
疫證集説四卷補遺一卷 （清）余德壎編 清宣統三年（1911）素盦鉛印本 4 冊

023172/75
疫證集説四卷補遺一卷 （清）余德壎編 清宣統三年（1911）素盦鉛印本 4 冊

009379/82
意解山房溫疫析疑四卷 （清）唐毓厚著 清光緒九年（1883）刻本 4 冊

013868/71
意解山房溫疫析疑四卷 （清）唐毓厚著 清光緒九年（1883）刻本 4 冊

009234/37
增訂時病論八卷 （清）雷豐著 （民國）何炳元删定 民國十五年（1926）上海大東書局鉛印本 4 冊

022828/29
增批溫熱經緯四卷 （清）王士雄纂 民國十三年（1924）上海世界書局石印本 2 冊

013121
增評吊脚痧方論不分卷 （清）徐子默撰 清光緒二十九年（1903）刻本 1 冊

025666
治霍亂痧秘要二卷 佚名著 清（1644–1911）刻本 1 冊

013203
治痢捷要新書一卷 （民國）丁國瑞編 民國十七年（1928）天津敬慎醫室鉛印本 1 冊

013537
治溫闡要一卷 （民國）汝錫疇述 民國十六年（1927）鉛印本 1 冊

014331/36
中西溫熱串解八卷 （民國）吳錫璜撰 民國十七年（1928）上海文瑞樓書局石印本 6 冊

023529/34
中西溫熱串解八卷 （民國）吳錫璜撰 民國十七年（1928）上海文瑞樓書局石印本 6 冊

023541/46
中西溫熱串解八卷 （民國）吳錫璜撰 民國十七年（1928）上海文瑞樓書局石印本 6 冊

内 科

012830/42,012856/60 善本
病機彙論十八卷 （清）沈頲撰 （清）馬俶校定 清康熙五十二年（1713）吳門馬氏校刻本觀成堂藏板 18 冊

009127/36

不居集五十卷 （清）吳澄著 （民國）秦伯未校訂 民國二十四年（1935）上海中醫書局鉛印本 10 册

009137/46

不居集五十卷 （清）吳澄著 （民國）秦伯未校訂 民國二十四年（1935）上海中醫書局鉛印本 10 册

009147/56

不居集五十卷 （清）吳澄著 （民國）秦伯未校訂 民國二十四年（1935）上海中醫書局鉛印本 10 册

009157/60

不居集五十卷 （清）吳澄著 （民國）秦伯未校訂 民國二十四年（1935）上海中醫書局鉛印本 4 册 存 19 卷（上集 11–13, 下集 5–20）

005216/17

丹溪朱氏脈因證治二卷 （元）朱震亨撰 清（1644–1911）江左書林石印本 2 册

009414/16

肺病論三卷 （民國）葛廉夫著 民國十六年（1927）山西中醫研究會刻本 3 册

005078

瘋癆臌膈辨不分卷 （清）林翼臣著 清光緒二十二年（1894）上海文瑞樓石印本 1 册

009881/82

傅青主男科二卷 （清）傅山著 清光緒十三年（1887）湖北官書處刻本 2 册

008245/47

傅青主男科二卷附經驗良方一卷十藥神書一卷 （清）傅山著 清光緒三十年（1904）京師同人刻本 3 册

009841/42

傅青主男科二卷附女科補遺一卷 （清）傅山著 清光緒九年（1883）刻本 2 册

009877/78

傅氏男科二卷 （清）傅山著 清光緒五年（1879）京都成興齋刻本 2 册

014014

何氏心傳一卷 （清）何炫著 民國（1912–1949）抄本 1 册

006590/93

紅爐點雪四卷 （明）龔居中輯 清道光二十年（1840）平遠樓刻本 4 册

025906/09

活人方彙編七卷 （清）林開燧撰 清同治八年（1869）刻本 4 册 存 5 卷（1–5）

009119

脚氣備參一卷 （清）羅廣同濟堂主人編 清光緒二十一年（1895）刻本羅廣同濟藏板 1 册

009110

脚氣類方一卷附録一卷 （日本）源養德輯 日本寶曆十三年（1763）東都書林刻本 1 册

025900/05

林氏活人録彙編十四卷 （清）林開燧編 （清）張在浚輯 清（1644–1911）刻本 6 册

009358/61

脈因證治四卷 （元）朱震亨撰 清光緒十七年（1891）池陽周氏刻本 4 册

009120

内科學講義二編 （民國）秦伯未述 民國十九年（1930）上海秦氏同學會鉛印本 1 册

009117/18
内科學講義二編 （民國）秦伯未述　民國十九年（1930）上海秦氏同學會鉛印本　2冊

009109
内科易知一卷 （民國）文明書局編　民國十八年（1929）上海文明書局鉛印本　1冊

022760
驅蠱燃犀録不分卷 （清）燃犀道人著　清光緒二十六年（1900）天彭官署刻本　1冊

022759
驅蠱燃犀録不分卷 （清）燃犀道人著　清光緒十九年（1893）刻本寶鏡山房藏板　1冊

000470/73
慎柔五書五卷折肱漫録七卷 （明）胡慎柔著　（明）黄承昊撰　清（1644–1911）刻本修敬堂藏板　4冊

002193
素問痿論釋難不分卷 （民國）劉復著　民國二十八年（1939）上海三友實業社鉛印本　1冊

002192
素問痿論釋難不分卷 （民國）劉復著　民國二十八年（1939）中國古醫學會鉛印本　1冊

006594/601
太醫院秘傳名醫斟酌紅爐點雪八卷 （明）龔居中撰　民國十九年（1930）上海千頃堂石印本　8冊

006602/09
太醫院秘傳名醫斟酌紅爐點雪八卷 （明）龔居中撰　民國十九年（1930）上海千頃堂石印本　8冊

009408/11　善本
痰火顓門四卷 （明）梁學孟著　明（1368–1644）刻本　4冊

005080
虚勞真詮四卷 （民國）趙瑲纂　民國二十三年（1934）渼溪醫院鉛印本　1冊

023709/10
血證論八卷 （清）唐宗海著　清光緒三十四年（1908）千頃堂書局石印本　2冊

014205/09
血證論八卷 （清）唐宗海著　清光緒十六年（1890）刻本　5冊

008241/44
醫醇賸義四卷 （清）費伯雄著　清光緒三年（1877）刻本　4冊

001437/42
醫醇賸義四卷醫方論四卷 （清）費伯雄著　清光緒三年（1877）刻本　6冊

023206/11
醫醇賸義四卷醫方論四卷 （清）費伯雄著　清光緒三年（1877）刻本　6冊

005094/99
醫醇賸義四卷醫方論四卷 （清）費伯雄著　清光緒三年（1877）千頃堂刻本　6冊

009121/26
醫醇賸義四卷醫方論四卷 （清）費伯雄著　清光緒十四年（1888）掃葉山房刻本　6冊

014072
醫林類證集要十卷 （明）王璽撰　清（1644–1911）刻本　1冊　存1卷（7）

022796/801
醫略稿六十七卷 （清）蔣寶素撰　清道

光三十年（1850）鎮江快志堂刻本　6冊

009188/95
醫略稿六十七卷　（清）蔣寶素撰　清道光三十年（1850）鎮江快志堂刻本　8冊

013731/38
醫略稿六十七卷　（清）蔣寶素撰　清道光三十年（1850）鎮江快志堂刻本　8冊

025522
醫略十三卷　（清）蔣寶素撰　清道光二十八年（1848）刻本鎮江快志堂藏板　1冊　存5卷（1–5）

023052/53
醫略十三卷附論列方一卷闕格考一卷人迎辨一卷　（清）蔣寶素撰　清道光二十八年（1848）刻本鎮江快志堂藏板　2冊

024255/58
醫略十三卷附論列方一卷闕格考一卷人迎辨一卷　（清）蔣寶素撰　清道光二十八年（1848）刻本鎮江快志堂藏板　4冊

024623
醫學從眾録八卷　（清）陳念祖著　民國（1912–1949）石印本　1冊　存4卷（5–8）

014296/99
醫學從眾録八卷　（清）陳念祖著　清光緒十五年（1889）刻本江左書林藏板　4冊

014080/84
醫學從眾録八卷　（清）陳念祖著　清光緒十五年（1889）刻本江左書林藏板　5冊

014408
醫學發明一卷　（金）李杲撰　清（1644–1911）刻本　1冊

014049
醫學發明一卷　（金）李杲撰　清（1644–1911）刻本　1冊

023238
醫學誌誤録不分卷　佚名撰　清（1644–1911）刻本　1冊

013724
襍證歌訣不分卷　（清）何其偉撰　清光緒元年（1875）抄本　1冊

009161/68
雜症證治準繩八卷　（明）王肯堂輯　清（1644–1911）刻本九思堂藏板　8冊

003573/76,013422/25
雜症證治準繩八卷　（明）王肯堂輯　清（1644–1911）刻本虞衙藏板　8冊

003708/15
雜症證治準繩八卷　（明）王肯堂輯　清乾隆五十八年（1793）修敬堂刻本　8冊

009085/88
症因脉治四卷　（明）秦昌遇著　民國十一年（1922）重刻本　4冊

023549/60
症因脈治四卷　（明）秦昌遇著　（清）秦之楨補輯　清（1644–1911）刻本　12冊

001572/75　善本
證治百問四卷　（清）劉元琬鑒定　清康熙十二年（1673）頤志堂刻本　4冊

024938/40,025576
證治百問四卷　（清）劉元琬鑒定　（清）黄澤澍抄録　清光緒二十二年（1896）抄本　4冊

009398/99
證治彙補八卷　（清）李用粹著　民國（1912–1949）中原書局石印本　2冊

013411/13　善本
證治彙補八卷　（清）李用粹著　清康熙三十年（1691）書林劉公生刻本　3 册

009400/07　善本
證治彙補八卷　（清）李用粹著　清康熙三十年（1691）舊德堂刻本　8 册

014507/14,025030/35,025647　善本
證治彙補八卷　（清）李用粹著　清康熙五十八年（1719）舊德堂刻本　15 册

009419/20
中風斠詮三卷　（民國）張壽頤纂　民國十一年（1932）蘭谿中醫學校石印本　2 册

013389/90
中風斠詮三卷　（民國）張壽頤纂　民國十一年（1932）蘭谿中醫學校石印本　2 册

009116
中風論一卷　（清）熊笏輯　民國十一年（1922）上海文瑞樓書莊石印本　1 册

013026
中風論一卷　（清）熊笏輯　民國十一年（1922）上海文瑞樓書莊石印本　1 册

婦　科

009849/52
保產金丹四卷　（清）劉文華輯　清光緒十二年（1886）仁壽堂刻本　4 册

009967/70　善本
產寶百問五卷　（元）朱震亨纂輯　（明）王肯堂訂正　明（1368–1644）刻本　4 册

002095
產寶一卷　佚名撰　民國七年（1918）煙台誠文信書坊鉛印本　1 册

009844
產後編二卷　（清）傅山著　清（1644–1911）刻本　1 册

009843
產後編二卷　（清）傅山著　清道光二十九年（1849）掃葉山房刻本　1 册

009846/47
產科四十三症不分卷　（清）傅山撰　（清）楊溪編　清道光九年（1829）刻本近文齋藏板　2 册

009845
產科四十三症不分卷　（清）傅山撰　（清）楊溪編　清道光九年（1829）刻本近文齋藏板　3 册

010111
產科心法二卷　（清）汪喆著　清（1644–1911）刻本　1 册

010030/31
產科心法二卷　（清）汪喆著　清道光二十三年（1843）刻本　2 册

025639
產科心法二卷　（清）汪喆著　清光緒六年（1880）刻本槐蔭書屋藏板　1 册　存 1 卷（1）

025640
產科心法二卷　（清）汪喆著　清光緒六年（1880）刻本槐蔭書屋藏板　1 册　存 1 卷（1）

010032
產科心法二卷　（清）汪喆著　清光緒十二年（1886）刻本　1 册

024439
產科心法二卷附福幼薮編一卷　（清）汪喆著　清（1644–1911）鎮江正業印書館刻本　1 册

010201/02

產育寶慶集二卷（宋）郭稽中纂　清（1644–1911）刻本　2 冊

002173

產孕集二卷（清）張曜孫撰　民國五年（1916）陳四持堂據清同治七年（1868）蘊璞齋刻本影印本　1 冊

009961

產孕集二卷（清）張曜孫撰　清同治七年（1868）刻本蘊璞齋藏板　1 冊

009883/84

重訂沈氏女科輯要箋正二卷（清）沈堯封輯（民國）張壽頤箋正　民國二十三年（1934）浙江蘭谿中醫學校鉛印本　2 冊

023585/86

重訂沈氏女科輯要箋正二卷（清）沈堯封輯（民國）張壽頤箋正　民國二十三年（1934）浙江蘭谿中醫學校鉛印本　2 冊

002107

達生編不分卷（清）亟齋居士原編（明）汪宗駒增訂　民國九年（1920）上海錦章書局石印本　1 冊

025243

達生編不分卷附婦科雜症不分卷（清）亟齋居士撰　民國（1912–1949）石印本　1 冊

024317

達生編二卷附保嬰碎事一卷（清）亟齋居士撰（清）周毓齡增廣　清咸豐五年（1855）重刻本佑啓堂藏板　1 冊

024170

達生編二卷附痢瘧奇方一卷（清）亟齊居士編　民國二十年（1931）鎮江大成書局鉛印本　1 冊

009991

達生編三卷附保赤編一卷（清）亟齋居士編　民國七年（1919）鉛印本　1 冊

025652

達生全集二卷（清）佚名纂輯　清咸豐七年（1857）刻本重慶府通國堂藏板　1 冊

009907/08

大生要旨不分卷附續編不分卷（清）唐千頃纂　民國三年（1914）上海錦章書局石印本　2 冊

025461

大生要旨五卷（清）唐千頃著　清（1644–1911）石印本　1 冊

009902/03

大生要旨五卷（清）唐千頃纂　清（1644–1911）刻本　2 冊

009904

大生要旨五卷（清）唐千頃纂　清光緒二十四年（1898）善善堂刻本　1 冊

009905/06

大生要旨五卷（清）唐千頃纂　清光緒五年（1879）刻本　2 冊

009962

婦科不謝方不分卷（民國）周岐隱纂　民國二十年（1931）鉛印本　1 冊

009886

婦科參要不分卷　佚名録　民國三十四年（1945）抄本　1 冊

010007

婦科秘方不分卷（清）蕭山竹林寺僧撰　民國二十一年（1932）天津義利印書局鉛印本　1 冊

009958/59

婦科秘方不分卷胎產護生篇不分卷（清）

竹林寺僧撰 （清）李長科輯 清光緒十四年（1888）直隸藩署重刻本 2冊

009963/64
婦科秘方不分卷胎產護生篇不分卷 （清）竹林寺僧撰 （清）李長科輯 清同治五年（1866）李光明莊刻本 2冊

009960
婦科易知一卷 （民國）文明書局編 民國十六年（1927）上海文明書局鉛印本 1冊

025447
婦科玉尺六卷 （清）沈金鰲撰 清同治元年（1862）醉六堂刻本 1冊 存2卷（1,2）

024240
婦嬰新説不分卷 （英國）合信著 （清）管茂材撰 清咸豐八年（1858）刻本江蘇上海仁齋醫館藏板 1冊

005864
婦嬰至寶三卷 （清）徐尚慧編 清光緒六年（1880）刻本 1冊 存3卷

009879/80
傅青主女科二卷附產後編二卷 （清）傅山撰 清同治八年（1869）湖北崇文書局刻本 2冊

009875/76
傅氏女科二卷 （清）傅山撰 清光緒二十二年（1896）刻本 2冊

009992
廣達生篇增訂三卷 （民國）禹鎮寰撰 民國十二年（1923）刻本 1冊

010118/19
廣嗣五種備要 （清）王實穎撰 清道光元年（1821）耕苗主人刻本 2冊

010114/17
廣嗣五種備要 （清）王實穎撰 清道光元年（1821）耕苗主人刻本 4冊

025508/10
濟陰綱目十四卷 （明）武之望輯著 清（1644–1911）刻本 3冊 存2卷（4,5）

025234
濟陰綱目十四卷 （明）武之望輯著 （清）張志聰等訂正 （清）汪淇箋釋 （清）查望參閲 民國（1912–1949）上海大成書局石印本 1冊 存2卷（9,10）

025265
濟陰綱目十四卷 （明）武之望輯著 （清）張志聰等訂正 （清）汪淇箋釋 （清）查望參閲 民國（1912–1949）石印本 1冊 存2卷（9,10）

009942/49
濟陰綱目十四卷 （明）武之望輯著 （清）張志聰等訂正 （清）汪淇箋釋 （清）查望參閲 民國十四年（1925）上海大成書局石印本 8冊

026238
濟陰綱目十四卷 （明）武之望輯著 （清）張志聰等訂正 （清）汪淇箋釋 （清）查望參閲 民國十四年（1925）上海進步書局石印本 1冊

009950/57
濟陰綱目十四卷 （明）武之望輯著 （清）張志聰等訂正 （清）汪淇箋釋 （清）查望參閲 清（1644–1911）校經山房刻本 8冊

009918/23
濟陰綱目十四卷附保生碎事一卷 （明）武之望輯著 （清）張志聰等訂正 （清）汪淇箋釋 （清）查望參閲 清雍正六年（1728）善成堂刻本 6冊

026247/53

濟陰綱目十四卷附保生碎事一卷 （明）武之望輯著 （清）張志聰等訂正 （清）汪淇箋釋 （清）查望參閱 清雍正六年（1728）天德堂刻本 7冊 存15卷（濟陰綱目2-14, 保生碎事1）

012898/902,025168/72 善本

濟陰綱目五卷 （明）武之望編 明萬曆四十八年（1620）刻本 10冊

006763/810

濟陰綱目一百零八卷 （明）武之望編輯 清咸豐六年（1856）刻本宏道書院藏板 48冊

009888

濟陰纂要不分卷保產良方不分卷 （清）錢俊編 清（1644-1911）刻本 1冊

002097/104

精印產科四種六卷 （清）閻純璽等著 民國三至九年（1914-1920）上海江東茂記書局石印本 8冊

010012/15 善本

妙一齋醫學正印種子編女科不分卷 （明）岳甫嘉著 （明）岳虞巒訂 明崇禎九年（1636）刻本 4冊

010009/11,025237

妙一齋醫學正印種子編五卷 （明）岳甫嘉著 （明）岳虞巒訂 清（1644-1911）三樂齋刻本 4冊

010006

寧坤秘笈三卷 （清）竹林寺僧撰 清（1644-1911）刻本 1冊 存2卷（中,下）

009926/27

女科撮要二卷 （明）薛己撰 清（1644-1911）刻本 2冊

002109/11

女科二卷附產後編一卷 （清）傅山著 清光緒十八年（1892）重刻本福育堂藏板 3冊

009889

女科歌訣六卷附經驗方一卷 （清）邵登瀛輯 清（1644-1911）刻本 1冊

009965/66

女科輯要八卷附單養賢胎產全書一卷 （清）周紀常纂輯 民國二十三年（1934）上海千頃堂書局石印本 2冊

010005

女科輯要八卷附單養賢胎產全書一卷 （清）周紀常纂輯 清宣統二年（1910）千頃堂石印本 1冊

009834/35

女科輯要二卷 （清）沈堯封輯 （清）徐政傑補注 清同治元年（1862）刻本 2冊

002112/15

女科經綸八卷 （清）蕭壎纂著 清光緒十六年（1890）掃葉山房刻本 4冊

002117/20

女科經綸八卷 （清）蕭壎纂著 清光緒十六年（1890）掃葉山房刻本 4冊

010124/27

女科經綸八卷 （清）蕭壎纂著 民國十九年（1930）上海千頃堂書局鉛印本 4冊

010120/23

女科經綸八卷 （清）蕭壎纂著 清（1644-1911）有鴻齋刻本 4冊

004940/43

女科經綸八卷 （清）蕭壎纂著 清光緒十六年（1890）掃葉山房刻本 4冊

010128
女科秘訣大全五卷 （民國）陳蓮舫編　民國十二年（1923）上海廣益書局石印本　1冊

002096
女科秘訣大全五卷 （民國）陳蓮舫編　民國十七年（1928）上海廣益書局石印本　1冊

009872/74
女科仙方三卷 （清）傅山著　清光緒十七年（1891）上海文淵山房刻本　3冊

009848
女科仙方四卷 （清）傅山著　清光緒二十三年（1879）刻本　1冊　存1卷（1）

024590
女科要旨四卷 （清）陳念祖著　清光緒二十七年（1901）上海文華書局石印本　1冊

024591
女科要旨四卷 （清）陳念祖著　清光緒二十七年（1901）上海文華書局石印本　1冊

009836/38
女科要旨四卷 （清）陳念祖著　清光緒十五年（1889）江左書林刻本　3冊

009887
女科醫學實驗録四卷 （民國）王慎軒著　民國十八年（1929）鉛印本　1冊

010033/40
女科證治準繩五卷 （明）王肯堂輯　清（1644-1911）嘉興九思堂刻本　8冊

009892/901
女科證治準繩五卷 （明）王肯堂輯　清（1644-1911）修敬堂刻本　10冊

010044/51
女科證治準繩五卷 （明）王肯堂輯　清（1644-1911）修敬堂刻本　8冊

009840
女科指南四卷 （清）戴烈撰　清光緒十九年（1893）上海古香閣石印本　1冊　存2卷（1,2）

009885
仁壽鏡四卷 （清）孟葑輯　民國十八年（1929）重慶中西書局鉛印本　1冊

009861/64
胎產方案四卷首一卷 （清）高淑濂著　民國二十三年（1934）大陸書社鉛印本　4冊

010330
胎產合璧三卷附心法三卷 （清）永思堂主人編　清同治元年（1862）古歙永思堂刻本高郵紹經書屋藏板　1冊

009867
胎產集要三卷 （清）黄惕齋輯　清光緒六年（1880）上浣重刻本業文堂藏板　1冊

009924/25
胎產金針三卷附保嬰要訣一卷 （清）何榮撰　清光緒二年（1876）刻本　2冊

002159
胎產秘書三卷 （清）陳笏庵著　民國二十三年（1934）長沙湘鄂印刷公司鉛印本　1冊

002158
胎產秘書三卷 （清）陳笏庵著　清宣統元年（1911）上海書局石印本　1冊

009839
胎產秘書三卷附保嬰要訣一卷 （清）陳笏庵著　清嘉慶十四年（1809）芸香館刻本鄧氏藏板　1冊

024441
胎產問題二十五章 （民國）李如珪編　民國二十一年（1932）鉛印本　1冊

009932/36
胎產心法三卷 （清）閻純璽著　清道光二十八年（1848）刻本　5冊

010016/19,012928
胎產心法三卷 （清）閻純璽著　清道光二十五年（1845）刻本江西乙藜齋藏板　5冊

010024/29
胎產心法三卷 （清）閻純璽著　清道光三十年（1850）蔡上進刻字鋪刻本　6冊

010020/23
胎產心法三卷 （清）閻純璽撰　清（1644–1911）刻本　4冊　存2卷（上，下）

009890/91
萬氏婦科達生合編四卷 （明）萬全著　清康熙五十三年（1714）經文堂刻本　2冊

002093/94
萬氏女科不分卷 （明）萬全撰　清光緒二十三年（1897）刻本務本堂嚴宅藏板　2冊

010112/13
萬氏女科不分卷 （明）萬全撰　清同治二年（1851）刻本京都篆雲齋刻字舖藏板　2冊

010001/04
衛生家寶産科備要八卷 （宋）朱端章編　清光緒十三年（1887）刻本　4冊

014391
詳要胎產問答不分卷 （清）亟齋居士編（清）三農老人注　清光緒十八年（1892）上海管可壽齋鉛印本　1冊

025571
新編女科指掌五卷 （清）葉其蓁編輯　清（1644–1911）刻本　1冊　存1卷（4）

009928/31
新編女科指掌五卷 （清）葉其蓁輯　清光緒十五年（1889）刻本來青閣藏板　4冊

009979/80
新編女科指掌五卷 （清）葉其蓁輯　清光緒元年（1875）石印本　2冊

009993/10000　善本
新刻秘授女科百效全書六卷 （明）龔居中編輯　（清）劉孔敦增補　清康熙六年（1667）發祥堂刻本　8冊

022625/28
葉氏女科證治四卷 （清）葉桂撰　民國三年（1914）上海錦文堂書局石印本　4冊

013894
葉氏女科證治四卷 （清）葉桂撰　清光緒三十四年（1908）上海文宜書局石印本　1冊

023466
葉天士女科醫案四卷 （清）葉桂著　（民國）陸士諤編　民國十四年（1925）上海世界書局石印本　1冊

024338
月經問題十二編婦科經驗良方十一章 宋愛人編著　楊志一著　民國二十二年（1933）上海國醫出版社鉛印本　1冊

009909/13
增廣大生要旨五卷 （清）唐千頃纂　民國七年（1918）刻本　5冊

024437
增廣大生要旨五卷 （清）葉灝增訂　民

國二十三年（1934）北京道德印刷所鉛印本　1 冊

009865/66
中西合纂婦科大全七卷　（民國）顧鳴盛輯　民國十九年（1930）上海大東書局石印本　2 冊

023779/80
中西合纂婦科大全七卷　（民國）顧鳴盛輯　民國十七年（1928）上海大東書局石印本　2 冊

013109/11
竹林女科證治四卷　（清）竹林寺僧撰　民國四年（1915）刻本　3 冊　存 3 卷（1–3）

013526/29
竹林女科證治四卷　（清）竹林寺僧撰　民國四年（1915）刻本　4 冊

013709
最新婦科學全書二卷　（民國）蔡鵬云撰　民國二十二年（1933）新國醫傳習所鉛印本　1 冊

兒　科

010352
癍疹菁華五卷　（民國）羅紹文編訂　民國二十五年（1936）影寫本　1 冊

010242/45
保赤彙編七種十六卷　（清）朱之榛輯　清光緒五年（1879）刻本　4 冊

010546
保赤全编三卷　（清）莊一夔著　清同治六年（1867）則古昔齋重刻本　1 冊

022954/55
保赤新編二卷　（清）任贊纂集　清光緒十年（1884）伍氏刻本　2 冊

010158
保嬰粹要不分卷　（明）薛己著　清（1644–1911）刻本　1 冊

010261/65　善本
保嬰撮要十卷　（明）薛鎧撰　明嘉靖三十四年（1555）刻本　5 冊

010172/73
保嬰易知録二卷　（清）吳寧瀾撰　清（1644–1911）刻本　2 冊

010071
陳氏小兒病源方論四卷　（宋）陳文中述　民國二十四年（1935）上海商務印書館據宛委別藏影宋鈔本影印本　1 冊

010372/73　善本
誠書痘疹二集　（清）談金章撰　清雍正十年（1732）傳經堂刻本　2 冊

010547
重刊邱趙牛痘書二種附牛痘余論　（清）陳賢榮重刊　清光緒十二年（1886）刻本　1 冊

010052/63
鼎鍥幼幼集成六卷　（清）陳復正輯訂　（清）劉勷校正　（清）周宗頤參定　清（1644–1911）刻本翰墨園藏板　12 冊

022105/10
鼎鍥幼幼集成六卷　（清）陳復正輯訂　（清）劉勷校正　（清）周宗頤參定　清（1644–1911）刻本翰墨園藏板　6 冊

010348/49
痘科辨證二卷　（清）陳堯道編集　清（1644–1911）刻本　2 冊

010382/83
痘科扼要不分卷　（清）陳奇生著　清道光十一年（1831）吳城乾元堂刻本　2 冊

010400/05　善本
痘科類編釋意全書六卷　（明）翟良纂著　清乾隆三十七年（1772）刻本敬業堂藏板　6冊

014015/17
痘科類編釋意三卷　（明）翟良輯　清（1644–1911）刻本　3冊　存2卷（中，下）

024428/29　善本
痘科類編釋意三卷　（明）翟良輯　清乾隆三十八年（1773）刻本致和堂藏板　2冊　存2卷（上，下）

010410/13
痘科類編釋意三卷附疹科纂要一卷　（明）翟良輯　清（1644–1911）刻本　4冊

010489/92
痘科類編釋意三卷附疹科纂要一卷　（明）翟良輯　清道光二十三年（1843）重刻本元茂堂藏板　4冊

010447/48
痘科全書四卷　佚名撰　民國六年（1917）廣益書局石印本　2冊

010370/71　善本
痘科溫故集二卷　（清）唐威原著　（清）房陸參定　清乾隆十七年（1752）紹衣堂刻本　2冊

010369
痘科正宗二卷　（清）宋麟祥著　民國元年（1912）上海江東書局石印本　1冊

010481/84
痘學真傳八卷　（清）葉大椿著　（清）李禾等較輯　（清）葉桂鑒定　清（1644–1911）刻本書業堂藏板　4冊

010475/78
痘學真傳八卷　（清）葉大椿著　（清）李禾等較輯　（清）葉桂鑒定　清（1644–1911）刻本衛生堂藏板　4冊

010325/26
痘醫蠡酌録三卷　（清）曹禾學　清道光二十四年（1844）木活字本惜陰書屋聚珍版　2冊

010425/26
痘疹傳心録十九卷　（明）朱惠明著　清（1644–1911）修敬堂刻本　2冊

010312/15
痘疹大成四卷　（清）侯功震著　清同治十年（1871）會心閣重刻本　2冊

010316/19
痘疹大成四卷　（清）侯功震著　清同治十年（1871）會心閣重刻本　4冊

010431
痘疹定論四卷　（清）朱純嘏編輯　民國十年（1921）上海大成書局石印本　1冊

010493
痘疹定論四卷　（清）朱純嘏編輯　民國十年（1921）上海大成書局石印本　1冊

010521/22
痘疹定論四卷　（清）朱純嘏編輯　清道光元年（1821）英華堂重刻本　2冊

010406/09
痘疹會通五卷　（清）曾鼎纂述　清（1644–1911）刻本忠恕堂藏板　4冊

013494/95　善本
痘疹活幼心法不分卷　（明）聶尚恒撰　明崇禎六年（1633）四美堂刻本　2冊

002106
痘疹活幼心法大全八卷末一卷　（明）聶尚恒著　民國（1912–1949）上海千頃堂書局石印本　1冊

010185
痘疹活幼心法大全八卷末一卷　（明）聶

尚恒著　民國（1912–1949）上海千頃堂書局石印本　1冊

010435/38
痘疹集成四卷（清）朱楚芬輯　清道光十七年（1837）破愚齋刻本　4冊

010394/99　善本
痘疹類編釋意全書六卷（明）翟良纂著　清乾隆三十八年（1773）致和堂刻本　6冊

010414/20
痘疹前後編十六卷（清）張潮青著（清）張謙吉參　清嘉慶十三年（1818）刻本迪德堂藏板　7冊

010473/74
痘疹生民切要二卷（清）喻昌著（清）陸師鑑增輯　清（1644–1911）刻本　2冊

010421/22　善本
痘疹詩賦二卷（清）張鑾著　清乾隆三十七年（1772）樂善堂張氏刻本　2冊

010374/77
痘疹世醫心法十二卷碎金賦二卷（明）萬全集　清咸豐七年（1857）重刻本四川資州署藏板　4冊

010467/70
痘疹四合全書四種（清）吳學損校訂　清（1644–1911）三多齋刻本　4冊

009822/27
痘疹四合全書四種（清）吳學損校訂　清（1644–1911）映秀堂刻本　6冊

010524
痘疹驗方不分卷（清）屠元愷輯　清道光十年（1830）刻本　1冊

010434
痘疹驗方不分卷（清）楊成禮撰　清同治元年（1862）刻本　1冊

010479/80
痘疹真傳不分卷（清）舒詔著（清）楊育英輯　清（1644–1911）刻本　2冊

025578
痘疹正宗二卷（清）宋麟祥著　民國（1912–1949）石印本　1冊　存1卷（下）

004987/88
痘疹正宗二卷（清）宋麟祥著　清光緒三十二年（1906）刻本善成堂藏板　2冊

010342/43
痘疹專門二卷（清）董維嶽纂稿　民國十七年（1928）書業德刻本　2冊

010346/47
痘疹專門二卷（清）董維嶽纂稿　清（1644–1911）刻本京都文茂齋藏板　2冊

010344/45
痘疹專門二卷（清）董維嶽纂稿　清道光二十五年（1845）書業德刻本　2冊

012821/24
痘疹專門二卷（清）何廣源纂稿　清同治八年（1869）刻本　4冊

010443/46
痘症精言四卷（清）袁句著（清）潘遇隆校　清（1644–1911）刻本匯源堂藏板　4冊

010356/61
痘症慈航不分卷補遺不分卷附婦科慈航不分卷（明）歐陽調律撰（清）郭士珩編　清光緒三年（1877）刻本　6冊

010366
痘證備方不分卷（清）任壽昌撰　清光緒五年（1879）廣東蕃署西齋重刻本　1冊

010440/42
痘治理辨不分卷 （明）汪機編輯　民國（1912–1949）石印本　3 冊

024587/88
痘治理辨一卷圖一卷附方一卷 （明）汪機編輯　清（1644–1911）刻本　2 冊

025175
兒科萃精八卷首一卷 （民國）陳守真著　民國十九年（1930）漢口漢康印書局鉛印本　1 冊　存 2 卷（7,8）

010064/67
兒科萃精八卷首一卷 （民國）陳守真著　民國十九年（1930）漢口漢康印書局鉛印本　4 冊

010072/75
兒科萃精八卷首一卷 （民國）陳守真著　民國十九年（1930）漢口漢康印書局鉛印本　4 冊

024123/24
兒科撮要二卷 （清）尹端模筆譯　清光緒十八年（1892）刻本羊城博濟書局藏板　2 冊

010182
兒科輯要四卷附經驗良方 （民國）姚濟蒼著　民國二十年（1931）無錫大文齋鉛印本　1 冊

010183
兒科輯要四卷附經驗良方 （民國）姚濟蒼著　民國十七年（1928）北京天華館鉛印本　1 冊

025246
兒科醒十二卷 （清）芝嶼樵客撰　清（1644–1911）刻本　1 冊　存 4 卷（9–12）

010184
發痧全書不分卷　孫祖烈撰　民國六年（1917）上海醫學書局鉛印本　1 冊

025469
馮氏錦囊秘録痘疹全集十五卷 （清）馮兆張纂輯　清（1644–1911）刻本　1 冊　存 3 卷（7–9）

007644/49
馮氏錦囊秘録痘疹全集十五卷 （清）馮兆張纂輯　清（1644–1911）刻本　6 冊

025441
福幼編不分卷 （清）莊一夔撰　清（1644–1911）刻本　1 冊

010093
管氏兒女至寶不分卷 （清）管斯駿編　清光緒十九年（1893）管可壽齋鉛印本　1 冊

014495/500,024185,025079/81
許氏幼科七種 （清）許豫和著　清同治十一年（1872）刻本　10 冊

010423/24
黄帝逸典十三卷 （唐）藍采和注　清（1644–1911）刻本　2 冊

010327/28
黄帝逸典十三卷 （唐）藍采和注　清（1644–1911）刻本　2 冊

009362
繪圖痧驚合璧四卷 （清）陈汝銈撰　民國六年（1917）上海天寶書局石印本　1 冊

010188/89
活幼心法大全二卷 （明）聶尚恒撰　清（1644–1911）刻本　2 冊

010285/88
活幼心書三卷附校記 （元）曾世榮編　清宣統二年（1910）武昌醫館據藝風堂藏元至元（1335–1340）刻本重刻本　4 冊

010246/49
活幼心書三卷附校記 （元）曾世榮編　清宣統二年（1910）武昌醫館據藝風堂藏元至元（1335–1340）刻本重刻本　4冊

010178/79
活幼珠璣二卷續一卷 （清）許佐廷編輯　清同治十二年（1873）刻本古歙芳遠堂藏板　2冊

010175/77
活幼珠璣二卷續一卷 （清）許佐廷編輯　清同治十二年（1873）刻本古歙芳遠堂藏板　3冊

010174
校正補圖幼科三種九卷 （清）夏鼎等著　民國（1912–1949）上海進步書局石印本　1冊

010168/71
校正幼科三種九卷 （明）翁仲仁等著　民國三年（1914）上海錦章書局石印本　4冊

010439
經驗小兒月内出痘神方不分卷 （清）佚名撰　清光緒七年（1881）重刻本　1冊

005568
驚風闢妄不分卷 （清）趙逢春撰　清光緒三十四年（1908）刻本　1冊

013880/83
靜觀堂校正家傳幼科發揮秘方四卷 （明）萬全著　民國（1912–1949）上海民和書局石印本　4冊

010097/102
救偏瑣言十卷備用良方一卷 （清）費啟泰著　清（1644–1911）刻本　6冊

010103/08
救偏瑣言十卷備用良方一卷 （清）費啟泰著　清（1644–1911）刻本本衙藏板　6冊

010109/10
救偏瑣言十卷備用良方一卷 （清）費啟泰著　清嘉慶十二年（1807）刻本　2冊

009914/17
救偏瑣言十卷備用良方一卷 （清）費啟泰著　清嘉慶十二年（1807）刻本晉祁書業堂藏板　4冊

010322
柯世明痘核合編不分卷 （民國）柯世明編　民國十六年（1927）文化印書館鉛印本　1冊

010350/51
痲瘄必讀二卷 （清）林月函、鄭啟壽著　民國十五年（1926）上海千頃堂書局石印本　2冊

010353/54
痲瘄必讀二卷 （清）林月函、鄭啟壽著　民國十五年（1926）上海千頃堂書局石印本　2冊

010485
痲痘蠡言一卷 （民國）陳伯壇著　民國二十二年（1933）鉛印本　1冊

010486
痲痘蠡言一卷 （民國）陳伯壇著　民國二十二年（1933）鉛印本　1冊

010565/66
麻方大要二卷 （日本）鄭在鎮撰　日本昭和十三年（1938）群山府鴻文齋印刷所刻本　2冊

010567/70
痲科保赤金丹四卷附痘科一卷 （清）劉皋山撰　清光緒十七年（1891）刻本　4冊

010571/74
痲科活人全書四卷 （清）謝玉瓊纂輯（清）劉齊珍訂刊　清光緒二年（1876）刻本黔省縣文廟街徐公館藏板　4 冊

010575/78
痲科活人全書四卷 （清）謝玉瓊纂輯（清）劉齊珍訂刊　清光緒十六年（1890）刻本撫州金谿滸灣紅杏山房藏板　4 冊

004955/58
痲科活人全書四卷 （清）謝玉瓊纂輯（清）劉齊珍訂刊　清咸豐十一年（1861）邵陽姚氏刻本　4 冊

010523
痲疹闡註三卷 （清）張霞谿闡註　清宣統元年（1909）重慶普善堂刻本　1 冊

010487/88
痲疹彙要二卷 （清）呂新甫編　民國十年（1921）刻本　2 冊

010563
痲症集成四卷 （清）朱載揚輯著　民國十四年（1925）奉天李湛章號鉛印本　1 冊

010564
痲症集成四卷 （清）朱載揚輯著　民國十四年（1925）奉天李湛章號鉛印本　1 冊

010206/09
孟氏幼科六卷 （清）孟河撰　清（1644–1911）刻本　4 冊

003452　善本
秘傳小兒雜症奇方不分卷　佚名撰　明（1368–1644）刻本　1 冊

010384
牛痘新書不分卷 （清）武榮綸、董玉山合編　清光緒十一年（1885）刻本　1 冊

010191/92
錢氏兒科案疏二編 （宋）錢乙著（民國）張壽頤疏　民國十五年（1926）大東書局鉛印本　2 冊

010193/94
錢氏兒科案疏二編 （宋）錢乙著（民國）張壽頤疏　民國十五年（1926）大東書局鉛印本　2 冊

010195/96
錢氏兒科案疏二編 （宋）錢乙著（民國）張壽頤疏　民國十五年（1926）大東書局鉛印本　2 冊

004944/45
錢氏小兒藥證直訣三卷 （宋）錢乙撰（宋）閻孝忠集　清光緒十八年（1892）重刻本姚江黄氏五桂樓藏本　2 冊

010197/200
錢氏小兒藥證直訣三卷附方二卷 （宋）錢乙撰（宋）閻孝忠集　清（1644–1911）起秀堂據宋（960–1279）刻本重刻本　4 冊

022478
闕待新編總會大意二卷 （清）孫能遷撰　清宣統元年（1909）煙台立成印書館鉛印本　1 冊

008951/52
仁端録七卷 （清）梁嵩纂述　清道光十年（1830）刻本卷石山房藏板　2 冊

010463/66
沙疹輯要四卷 （清）葉霖述　清光緒十六年（1890）刻本石林書屋藏板　4 冊

010432/33
刪訂痘疹定論四卷 （清）朱純嘏著（清）王世潤刪訂　清光緒三十一年（1905）經元書室刻本　2 冊

010255/60

述古齋幼科新書三種六卷 （清）張振鋆纂輯　清光緒十五年（1889）刻本　6 冊

010496

天花八陣編二卷 （清）王伯偉撰　清道光二十七年（1847）刻本書業德記藏板　1 冊

010517/20　善本

天花精言六卷 （清）袁句著　清乾隆五十二年（1787）刻本夫于袁氏藏板　4 冊

010513/16

天花精言六卷 （清）袁句撰　清嘉慶十年（1805）刻本　4 冊

010378/81

圖注痘症秘書二卷 （清）王榮清撰　清同治八年（1869）刻本京都藏板　4 冊

010509/12

汪氏痘書一卷毓麟芝室玉髓摘要二卷 （明）汪若源著（明）彭端吾編　清（1644–1911）刻本（補配清（1644–1911）抄本）　4 冊

003453

王氏家傳痧科心法一卷 （民國）王功鎮著　民國二十四年（1935）天津逸民醫廬鉛印本　1 冊

010455/58

翁仲仁先生痘科金鏡賦六卷 （清）俞茂鯤集解（清）於人龍參評　清嘉慶二十一年（1816）刻本江寧狀元境天籟堂書店藏板　4 冊

010459/62

翁仲仁先生痘科金鏡賦六卷 （清）俞茂鯤集解（清）於人龍參評　清嘉慶二十一年（1816）刻本江寧狀元境天籟堂書店藏板　4 冊

010311

仙傳痘疹奇書三卷 （清）高如山傳（清）高堯臣輯　民國七年（1918）鉛印本　1 冊

010309/10

仙傳痘疹奇書三卷 （清）高如山著　清嘉慶十年（1805）刻本湘雪軒藏板　2 冊

010341　善本

仙傳痘疹奇書三卷 （清）高如山著　清乾隆四十三年（1777）刻本　1 冊

010389/92

詳註足本金鏡録三卷附增補保赤心法二卷 （明）翁仲仁著　清光緒十四年（1888）上海陶務本堂刻本　4 冊

010181

小兒科家傳秘録不分卷 （清）程康圃輯　清光緒十九年（1893）廣州守經堂刻本　1 冊

010078/86　善本

小兒衛生總微論方二十卷 （宋）佚名撰　明弘治二年（1489）刻本　9 冊　存 10 卷（1–5,11–15）

023561/68

小兒衛生總微論方二十卷 （宋）佚名撰　民國十三年（1924）蘭陵堂刻本　8 冊

010190

小兒藥證真訣三卷 （宋）錢乙撰　清（1644–1911）據乾隆（1736–1796）武英殿聚珍版木活字本重刻本　1 冊

014390

小兒藥證直訣三卷附閻氏方論一卷董氏方論一卷 （宋）錢乙著　民國（1912–1949）上海文瑞樓石印本　1 冊

013573/76

小兒藥證直訣注三卷附方一卷 （宋）錢乙著（民國）張驥集　民國二十七年

（1938）影印本　4 册

022780
新刊萬氏家傳幼科發揮二卷　（明）萬全著　民國二十六年（1937）中國醫藥書局影印本　1 册

023154/55
新刊萬氏家傳幼科發揮二卷　（明）萬全著　民國二十六年（1937）中國醫藥書局影印本　2 册

010186/87
新增活幼心法大全七卷附達生編二卷（明）聶尚恒著　清（1644–1911）刻本　2 册

010087/88
新纂兒科診斷學八章　（民國）何炳元撰述　民國二十五年（1936）上海大東書局鉛印本　2 册

013793/94
新纂兒科診斷學八章　（民國）何炳元撰述　民國二十五年（1936）上海大東書局鉛印本　2 册

010089/90
新纂兒科診斷學八章　（民國）何炳元撰述　民國十七年（1928）上海大東書局鉛印本　2 册

010210/25　善本
袖珍小兒方十卷　（明）徐用宣輯　清（1644–1911）抄本　16 册

010180
葉天士幼科醫案不分卷　（民國）陸士諤編　民國二十二年（1933）上海世界書局石印本　1 册

022382
葉天士幼科醫案不分卷　（民國）陸士諤編　民國十年（1921）上海世界書局石印本　1 册

010269/74
醫林枕秘保赤存真十卷　（清）余含棻著輯　清光緒二年（1876）刻本慎德堂藏板　6 册

010275/80
醫林枕秘保赤存真十卷　（清）余含棻著輯　清光緒二年（1876）刻本慎德堂藏板　6 册

014251
醫學精要八卷　（清）黄巖著　民國十二年（1923）上海萃英書局石印本　1 册

002105
引痘略不分卷　（清）邱熺輯　民國（1912–1949）石印本　1 册

010367
引痘略不分卷　（清）邱熺輯　清道光二十八年（1848）刻本　1 册

014105
引痘略不分卷　（清）邱熺輯　清道光二十八年（1848）客花草堂重刻本　1 册

025654
引痘略不分卷　（清）邱熺輯　清同治七年（1868）刻本　1 册

023232/33
引痘新法全書一卷　（清）邱熺輯　清咸豐七年（1857）刻本橦藹書屋藏板　2 册

023152/53
嬰童百問十卷　（明）魯伯嗣撰　民國十二年（1923）上海大東書局石印本　2 册

023180/85　善本
嬰童百問十卷　（明）魯伯嗣撰　明嘉靖十八年（1539）刻本　6 册

010204/05
嬰童百問十卷　（明）魯伯嗣撰　清

（1644–1911）刻本　2 册

010163/66
幼科保赤心法圖説三卷附西法要略一卷（明）翁仲仁撰　清光緒十四年（1888）上海務本堂刻本　4 册

013341/42
幼科七種大全（清）許豫和原本　民國（1912–1949）上海受古書店石印本　2 册　存 2 種（小兒諸熱辨不分卷，治驗不分卷）

013917/24
幼科七種大全（清）許豫和原本　民國（1912–1949）上海受古書店石印本　8 册

022549/50
幼科鐵鏡六卷（清）夏鼎著　清光緒八年（1882）刻本　2 册

024307
幼科鐵鏡六卷（清）夏鼎著　清光緒二十九年（1903）經元書室重刻本　1 册

024416
幼科鐵鏡六卷（清）夏鼎著　清光緒二十一年（1895）貴池劉信天堂重刻本　1 册　存 3 卷（4–6）

024136/37
幼科鐵鏡六卷（清）夏鼎著　清光緒二十一年（1895）貴池劉信天堂重刻本　2 册

008936/37
幼科鐵鏡六卷（清）夏鼎撰　清光緒二十一年（1895）刻本　2 册

014427/28
幼科鐵鏡六卷（清）夏禹鑄著　清（1644–1911）天德堂刻本　2 册

014151
幼科學講義二編（民國）秦伯未述　民國十九年（1930）上海秦氏同學會鉛印本　1 册

024576/80
幼科證治準繩八卷（明）王肯堂輯　清（1644–1911）修敬堂刻本　5 册　存 3 卷（5 下，6,7）

010144/57
幼科證治準繩八卷（明）王肯堂輯（清）程永培校　清（1644–1911）修敬堂刻本　14 册

010041/43,012867/77
幼科證治準繩九卷（明）王肯堂輯　清（1644–1911）刻本九思堂藏板　14 册

010226/41
幼科證治準繩九卷（明）王肯堂輯　清（1644–1911）刻本九思堂藏板　16 册

010129/43
幼科證治準繩九卷（明）王肯堂輯（清）程永培校　清（1644–1911）修敬堂刻本　15 册

025054/55
幼科證治準繩九卷（明）王肯堂輯（清）程永培校　清（1644–1911）修敬堂刻本　2 册　存 1 卷（9）

010076/77
幼科指歸二卷（清）曾鼎輯訂　清（1644–1911）刻本　2 册

013878/79
幼科指南四卷（清）周震撰　民國（1912–1949）上海華明圖書館石印本　2 册

010251/54
幼科指南四卷（清）周震撰　民國十四年（1925）上海中原書局石印本　4 册

023271/74
幼科指南四卷 （清）周震撰　清（1644–1911）刻本　4册

023458/61
幼科指南四卷 （清）周震撰　清（1644–1911）刻本　4册

024215
郁謝痲科合璧不分卷附痲疹兼喉症説白喉吹藥方 （清）楊開泰彙輯　民國二十年（1931）鉛印本　1册

024273
郁謝痲科合璧不分卷附痲疹兼喉症説白喉吹藥方 （清）楊開泰彙輯　民國二十年（1931）鉛印本　1册

010331/38　善本
袁氏痘疹叢書五卷 （明）袁顥撰　（明）袁祥增修　明（1368–1644）刻本　8册　存4卷（1–4）

010339
增訂痘疹輯要四卷 （清）白振斯撰　清光緒二十四年（1898）南海梁承志堂重刻本　1册

010340
增訂痘疹輯要四卷 （清）白振斯撰　清光緒二十四年（1898）南海梁承志堂重刻本　1册

013112
增訂痘疹輯要四卷 （清）白振斯撰　清嘉慶十五年（1810）刻本裕餘堂藏板　1册

/40
增訂痘疹輯要四卷 （清）白振斯撰　清嘉慶十五年（1810）刻本裕餘堂藏板　2册

010362/65
增圖瘀驚合璧四卷 （清）陈汝銈撰　民國六年（1917）上海文益書局石印本　4册

010068/70
增圖瘀驚合璧四卷 （清）陳汝銈撰　民國六年（1917）上海天寶書局石印本　3册　存3卷（1,2,4）

014478/87
摘星樓治痘全書十八卷 （明）朱一麟著　清道光六年（1826）耕樂堂刻本　10册

010320/21　善本
疹科不分卷 （明）吕坤撰　明萬曆三十二年（1604）刻本　2册

010355
疹科真傳不分卷 清道光九年（1829）錢塘羅永馨刻本　1册

025657
疹科纂要不分卷 （清）馬之騏纂　清（1644–1911）刻本　1册

010451/54
鄭氏瘄科保赤金丹四卷 （清）謝玉瓊撰　（清）鄭啟壽、鄭行彰傳　清光緒三十二年（1906）重刻本　4册

013796/99
鄭氏瘄科保赤金丹四卷 （清）謝玉瓊撰　（清）鄭啟壽、鄭行彰傳　清光緒三十二年（1906）重刻本　4册

013806/09
鄭氏瘄科保赤金丹四卷 （清）謝玉瓊撰　（清）鄭啟壽、鄭行彰傳　清光緒三十二年（1906）重刻本　4册

013792
鄭氏瘄略不分卷 （清）鄭啟壽著　清同治九年（1870）刻本汲綆齋藏板　1册

013749/54
治痘對症説要六卷 （清）孫豐年著　清

（1644–1911）刻本墨云堂藏板　6 册

010449/50
治疹全書三卷（清）夏禹鑄原本　清光緒二十六年（1900）重刻本　2 册

006397
治疹全書三卷（清）佚名原本（清）趙月航鑒定（清）錢沛錦增補　清咸豐八年（1858）刻本　1 册

013739/40
治疹全書三卷（清）佚名原本（清）趙月航鑒定（清）錢沛錦增補　清咸豐八年（1858）錢遺經堂刻本　2 册

013201/02
治疹全書三卷（清）佚名原本（清）趙月航鑒定（清）錢沛錦增補　清咸豐八年（1858）紹嵊長樂錢遺經堂刻本　2 册

024265
中國兒科學六章（民國）錢今陽著　民國三十一年（1942）上海蒼盦講社鉛印本　1 册

023275/76
中西合纂幼科大全十二卷（民國）顧鳴盛編　民國七年（1918）上海大東書局石印本　2 册

005013/18
種痘新書十二卷（清）張琰編輯　清嘉慶八年（1803）刻本義經堂藏板　6 册

013550/52
種痘真傳三卷（清）方燦傳述（清）繆公恩參訂　清嘉慶二十二年（1817）刻本　3 册

外　科

009642/43
補缺正偏外科全書二卷（清）胡一龍著　清（1644–1911）抄本　2 册

009457
重訂外科正宗十二卷（明）陳實功著　清（1644–1911）刻本　1 册

009434/39
重訂外科正宗十二卷（明）陳實功著　清光緒元年（1875）重刻本掃葉山房藏版　6 册

009440/45
重訂外科正宗十二卷（明）陳實功著　清光緒元年（1875）重刻本掃葉山房藏版　6 册

009821
重刊刺疔捷法不分卷（清）張鏡著　民國二十四年（1935）蚌埠四美齋南紙石印局石印本　1 册

024319
重刊刺疔捷法不分卷（清）張鏡著　民國二十五年（1936）石印本　1 册

009828
重刊刺疔捷法不分卷（清）張鏡著　民國十八年（1929）石印本　1 册

009561/66
瘡瘍經驗全書六卷（宋）竇傑輯著　清（1644–1911）刻本崇順堂藏板　6 册

009558/60
瘡瘍經驗全書六卷（宋）竇傑輯著　民國五年（1916）上海會文堂書局石印本　3 册

009551/54
瘡瘍經驗全書六卷（宋）竇傑輯著　民國五年（1916）上海會文堂書局石印本　4 册

009555/57
瘡瘍經驗全書六卷（宋）竇傑輯著　清（1644–1911）刻本　3 册

009545/50　善本

瘡瘍經驗全書六卷（宋）竇傑輯著　清康熙五十六年（1717）浩然閣刻本　6 冊

009666

跌打雜症奇方不分卷（清）梁先生秘授（清）黎裕章再謄　清光緒九年（1883）抄本　1 冊

025266

洞天奧旨十六卷（清）陳士鐸著（清）陳鳳輝梓（清）陶式玉評（清）陳增方校　清（1644–1911）刻本　1 冊　存 5 卷（12–16）

009430/33

洞天奧旨十六卷（清）陳士鐸著（清）陳鳳輝梓（清）陶式玉評（清）陳增方校　清（1644–1911）刻本大雅堂藏板　4 冊

023678/83

洞天奧旨十六卷（清）陳士鐸著（清）陳鳳輝梓（清）陶式玉評（清）陳增方校　清（1644–1911）刻本聚賢堂藏板　6 冊

009470/71

洞天奧旨十六卷（清）陳士鐸著（清）陳鳳輝梓（清）陶式玉評（清）陳增方校　清（1644–1911）刻本善成堂藏板　2 冊

009421/22

洞天奧旨外科秘録十六卷（清）陳士鐸著　民國（1912–1949）上海掃葉山房石印本　2 冊

009761　善本

發背形證品三卷（明）佚名著　明（1368–1644）刻本　1 冊　存 1 卷（中）

009797/800

復齋李氏家藏外科丸散膏丹四卷　佚名著　清（1644–1911）抄本　4 冊

009607/18

高憇雲外科全書十種（清）高思敬著　民國六年（1917）天津華新印刷局鉛印本　12 冊　存 7 種（外科醫鏡 12 卷，外科三字經 1 卷，外科問答 1 卷，逆症彙録 1 卷，五臟六腑圖説 1 卷，六氣感證 1 卷，運氣指掌 1 卷）

023746/59

高憇雲外科全書十種（清）高思敬著　民國六年（1917）天津華新印刷局鉛印本　14 冊　存 7 種（外科醫鏡 12 卷，外科三字經 1 卷，外科問答 1 卷，逆症彙録 1 卷，五臟六腑圖説 1 卷，六氣感證 1 卷，運氣指掌 1 卷）

009515/29

高憇雲外科全書十種（清）高思敬著　民國六年（1917）天津華新印刷局鉛印本　15 冊　存 7 種（外科醫鏡 12 卷，外科三字經 1 卷，外科問答 1 卷，逆症彙録 1 卷，五臟六腑圖説 1 卷，六氣感證 1 卷，運氣指掌 1 卷）

009530/44

高憇雲外科全書十種（清）高思敬著　民國六年（1917）天津華新印刷局鉛印本　15 冊　存 7 種（外科醫鏡 12 卷，外科三字經 1 卷，外科問答 1 卷，逆症彙録 1 卷，五臟六腑圖説 1 卷，六氣感證 1 卷，運氣指掌 1 卷）

009829/30

癘瘍機要三卷（明）薛己著　清（1644–1911）刻本（首尾為手寫抄補）　2 冊

009831/33

癘瘍機要三卷（明）薛己著　清（1644–1911）刻本　3 冊

024267/68

劉涓子鬼遺方五卷（南朝齊）龔慶宣

撰　清嘉慶五年（1800）刻本掃葉山房藏板　2冊

005569
瘰疬花柳良方録要一卷　佚名撰　民國（1912–1949）五桂堂刻本　1冊

010560
馬培之先生批評外科症治全生集四卷（清）王維德纂輯　民國三年（1914）上海鑄記書局石印本　1冊　存2卷（1,2）

009816/17
黴瘡秘録不分卷　（明）陳司成著　民國（1912–1949）上海會文堂刻本　2冊

012828/29
黴瘡秘録二卷　（明）陳司成著　清光緒十一年（1885）刻本　2冊

009813/15
黴瘡秘録二卷附花柳指迷一卷　（明）陳司成著　清光緒（1875–1908）石印本　3冊

009818/20
黴瘡秘録二卷附花柳指迷一卷　（明）陳司成著　清光緒十一年（1885）石印本　3冊

010554/56
黴瘡秘録二卷附花柳指迷一卷　（明）陳司成著　清光緒十一年（1885）石印本　3冊

013907/14
秘本瘍科選粹八卷　（明）陳文治輯　民國六年（1917）上海新中華書社石印本　8冊

009462/69
秘本瘍科選粹八卷　（明）陳文治輯　民國十一年（1922）上海文瑞樓石印本　8冊

023760/67
秘本瘍科選粹八卷　（明）陳文治輯　民國十一年（1922）上海文瑞樓石印本　8冊

013947/54
秘本瘍科選粹八卷　（明）陳文治輯　民國四年（1915）上海新中華書社石印本　8冊

014220/27
秘本瘍科選粹八卷　（明）陳文治輯　民國四年（1915）上海新中華書社石印本　8冊

009423
外科寶鑒三卷　（宋）陳自明編　民國九年（1920）北京自強書局石印本　1冊

009657/64
外科大成八卷　（清）祁坤輯著　清（1644–1911）刻本大文堂藏板　8冊

009678/85　善本
外科大成八卷　（清）祁坤輯著　清康熙四年（1665）刻本古雪堂藏板　8冊

009665
外科大成四卷　（清）祁坤輯著　清（1644–1911）刻本　1冊　存1卷（3）

009429
外科精要三卷　（宋）陳自明編　（明）薛己注　日本承應三年（1654）二条通屋町刻本　1冊

024098
外科精義二卷　（元）齊德之撰　清（1644–1911）刻本　1冊

013232/33
外科精義二卷　（元）齊德之撰　清（1644–1911）江陰朱氏校刻本　2冊

009699/702

外科理例七卷附方一卷 （明）汪機編　民國（1912–1949）上海千頃堂石印本　4冊

025645

外科理例七卷附方一卷 （明）汪機編　民國（1912–1949）石印本　1冊　存1卷（附方1卷）

023720/23

外科理例七卷附方一卷 （明）汪機編　民國（1912–1949）石印本　4冊

009644/47

外科明隱集四卷附醫案録彙二卷 （清）何景才著　清光緒二十八年（1902）刻本北京琉璃廠東頭文光樓藏版　4冊

009648/51

外科明隱集四卷附醫案録彙二卷 （清）何景才著　清光緒二十八年（1902）刻本京都琉璃廠東門文光樓福善堂藏板　4冊

009652/54,025247

外科明隱集四卷附醫案録彙二卷 （清）何景才著　清光緒二十八年（1902）刻本京都琉璃廠東門文光樓福善堂藏板　4冊

009424　善本

外科十法不分卷 （清）程國彭著　清雍正十一年（1733）書粟軒刻本　1冊

009711/12

外科樞要四卷 （明）薛己著　清（1644–1911）刻本　2冊

011325/26

外科樞要四卷 （明）薛己著　清（1644–1911）刻本　2冊

009599/602

外科圖説四卷 （清）高文晉輯　民國（1912–1949）上海普通書局石印本　4冊

009668/77　善本

外科心法十卷附外科選要二卷 （清）唐黌輯　清乾隆四十年（1775）刻本貽經堂藏版　10冊

009630/33

外科心法真驗指掌四卷首一卷 （清）劉濟川撰　清光緒十三年（1887）刻本　4冊

009634/37

外科心法真驗指掌四卷首一卷 （清）劉濟川撰　清光緒十三年（1887）刻本　4冊

009626/29

外科心法真驗指掌四卷首一卷 （清）劉濟川撰　清光緒十三年（1887）刻本全順堂藏板　4冊

009638/41

外科心法真驗指掌四卷首一卷 （清）劉濟川撰　清光緒十三年（1887）刻本全順堂藏板　4冊

009740/45

外科選要六卷 （清）徐德銈輯　清道光二十三年（1843）刻本　6冊

009792

外科易知一卷 （民國）文明書局編　民國十六年（1927）上海文明書局鉛印本　1冊

008699/702

外科真詮二卷 （清）鄒岳著　清同治十一年（1872）刻本　4冊

025641

外科正宗十二卷 （明）陳實功著　（清）徐大椿評　清（1644–1911）石印本　1冊　存6卷（1–6）

009446/51

外科正宗十二卷 （明）陳實功著　（清）

徐大椿評　清咸豐十年（1860）刻本　6冊

009452/54
外科正宗十二卷附録一卷（明）陳實功著（清）徐大椿評　清光緒十九年（1893）上海圖書集成印書局石印本　3冊

009704/05
外科症治全生集四卷（清）王維德纂輯（清）潘蔚校刊　清光緒十三年（1887）潘敏德堂重刻本　2冊

009686/89
外科症治全生集四卷（清）王維德纂輯（清）王其龍參訂　清光緒元年（1875）刻本　4冊

009693/94
外科症治全生前集三卷後集三卷（清）王維德著　清光緒十年（1884）埽葉山房刻本　2冊

009690/91
外科症治全生前集三卷後集三卷（清）王維德著　清光緒十年（1884）校經山房刻本　2冊

025648
外科症治全生一卷增補跌打損傷一卷（清）王維德著　清（1644–1911）刻本　1冊

009746/50
外科證治全書五卷末一卷（清）許克昌、畢法同輯　清光緒八年（1882）刻本　5冊

022745/48
外科證治全書五卷末一卷（清）許克昌、畢法同輯　清同治六年（1867）刻本　4冊

009706/10
外科證治全書五卷末一卷（清）許克昌、畢法同輯　清同治六年（1867）刻本　5冊

009735/39
外科證治全書五卷末一卷（清）許克昌、畢法同輯　清同治六年（1867）刻本　5冊

009751/54
外證醫案彙編四卷（清）余景和編　民國（1912–1949）上海文瑞樓石印本　4冊

009717/20
外證醫案彙編四卷（清）余景和編　民國（1912–1949）上海文瑞樓石印本　4冊

009721/24
外證醫案彙編四卷（清）余景和編　民國（1912–1949）上海文瑞樓石印本　4冊

009713/16
外證醫案彙編四卷（清）余景和編輯　清光緒二十年（1894）刻本會稽孫氏藏板　4冊

009727/30
外證醫案彙編四卷（清）余景和編輯　清光緒二十年（1894）刻本會稽孫氏藏板　4冊

009731/34
外證醫案彙編四卷（清）余景和編輯　清光緒二十年（1894）刻本會稽孫氏藏板　4冊

009755/58
外證醫案彙編四卷（清）余景和編輯　清光緒二十年（1894）刻本會稽孫氏藏板　4冊

025177
王洪緒先生外科證治全生不分卷 （清）王維德著　清（1644–1911）二酉山房刻本　1冊

009697/98
王洪緒先生外科證治全生不分卷 （清）王維德著　清道光二十五年（1845）瓶花書屋刻本　1冊

009692
王洪緒先生外科證治全生不分卷 （清）王維德著　清光緒五年（1879）濬文書局刻本　1冊

009695/96
王洪緒先生外科證治全生不分卷 （清）王維德著　清同治六年（1867）刻本　2冊

010561
王洪緒先生外科證治全生集四卷 （清）王維德纂輯　民國（1912–1949）石印本　1冊　存2卷（1,2）

024035/38
新鐫外科活人定本四卷 （明）龔居中纂著　清（1644–1911）天德堂刻本　4冊

009567/68
新刊秘授外科百效全書六卷 （明）龔居中編　清（1644–1911）刻本宏道堂藏板　2冊

009458/61
新刊外科正宗四卷 （明）陳實功纂著　日本寬正三年（1791）芳蘭榭刻本　4冊

009812
新增疔瘡要訣一卷 （清）應遵誨撰　民國七年（1918）上海千頃堂書局石印本　1冊

013314/15
新增疔瘡要訣一卷 （清）應遵誨撰　民國七年（1918）上海千頃堂書局石印本　2冊

014172/75
瘍科臨證心得集三卷瘍科心得集方彙三卷家用膏丹丸散方一卷景岳新方歌一卷 （清）高秉鈞纂輯　（清）吳辰燦參訂（清）高觀海校　清光緒二十七年（1901）刻本無錫日升山房藏板　4冊

023046/49
瘍科臨證心得集三卷瘍科心得集方彙三卷家用膏丹丸散方一卷景岳新方歌一卷 （清）高秉鈞纂輯　（清）吳辰燦參訂（清）高觀海校　清光緒二十七年（1901）刻本無錫日升山房藏板　4冊

023369/72
瘍科臨證心得集三卷瘍科心得集方彙三卷家用膏丹丸散方一卷景岳新方歌一卷 （清）高秉鈞纂輯　（清）吳辰燦參訂（清）高觀海校　清光緒三十二年（1906）上海鴻章書局石印本　4冊

009472/79,024660/67
瘍醫大全四十卷 （清）顧世澄纂輯　民國（1912–1949）上海錦章書局石印本　16冊

009488/91
瘍醫大全四十卷 （清）顧世澄纂輯　民國（1912–1949）鑄記書局石印本　4冊　存21卷（20–40）

009480/87,024668/75
瘍醫大全四十卷 （清）顧世澄纂輯　民國六年（1917）上海文匯書局石印本　16冊

013930/45
瘍醫大全四十卷 （清）顧世澄纂輯　清（1644–1911）上海通時書局石印本　16冊

009506/14,025267,025298/308
瘍醫大全四十卷 （清）顧世澄纂輯　清光緒二十年（1894）重刻本善成堂藏版　21冊　存21卷（1-9,13,14,18,19,21,27,33-37,39）

009492/505
瘍醫大全四十卷 （清）顧世澄纂輯　清光緒二十七年（1901）上海圖書集成印書局鉛印本　14冊　缺6卷（4,5,12-15）

009569/98,025105/22
瘍醫大全四十卷 （清）顧世澄纂輯　清同治九年（1870）刻本敦仁堂藏板　48冊

003672/83
瘍醫準繩六卷 （明）王肯堂輯　清（1644-1911）九思堂刻本　12冊

003664/71
瘍醫準繩六卷 （明）王肯堂輯　清（1644-1911）九思堂刻本　8冊

014257
毓德堂醫約瘍科治法一卷 （清）沈保銘著　（清）徐圓成輯　清光緒十五年（1889）刻本　1冊

023026
增訂治疗大全三卷近診醫案一卷 （清）過鑄著　民國十三年（1924）上海大成書局石印本　1冊

013155/56
增訂治疗彙要三卷近診醫案一卷 （清）過鑄著　民國二十九年（1940）影印本　2冊

025182/84
增訂治疗彙要三卷 （清）過鑄著　清光緒二十四年（1898）刻本　3冊　缺1卷（卷上為兩冊，缺第一冊）

022656
增訂治疗彙要三卷 （清）過鑄著　清光緒二十四年（1898）上海廣益書局石印本　1冊

013147/48
增訂治疗彙要三卷 （清）過鑄著　清光緒二十四年（1898）武林刻本　2冊

009622/25
增訂治疗彙要三卷 （清）過鑄著　清光緒二十四年（1898）武林刻本　4冊

013143/46
增訂治疗彙要三卷 （清）過鑄著　清光緒二十四年（1898）武林刻本　4冊

013149/52
增訂治疗彙要三卷 （清）過鑄著　清光緒二十四年（1898）武林刻本　4冊

009621
中國外科學大綱二卷 （民國）許半龍撰　民國十五年（1926）上海合群社石印本　1冊

009605/06
中西合纂外科大全五卷 （民國）顧鳴盛編　民國七年（1918）上海大東書局石印本　2冊

009619/20
中西合纂外科大全五卷 （民國）顧鳴盛編　民國十七年（1928）上海大東書局石印本　2冊

013181
中醫藥治愈腦瘤之經過不分卷 （民國）余律笙、程天靈合撰　民國三十六年（1947）四川省醫藥學術研究會鉛印本　1冊

013182
中醫藥治愈腦瘤之經過不分卷 （民國）余律笙、程天靈合撰　民國三十六

年（1947）四川省醫藥學術研究會鉛印本　1冊

013200
中醫藥治愈腦瘤之經過不分卷　（民國）余律笙、程天靈合撰　民國三十六年（1947）四川省醫藥學術研究會鉛印本　1冊

傷科

014013
救傷秘旨跌損妙方二書合刻不分卷　（清）管頌聲輯　清光緒三年（1877）武林王氏易安堂馬氏敦厚堂合刻本甯城內平橋頭述古堂刻字店藏板　1冊

009803/04
時氏家傳正骨術二卷　（民國）時之藩述　民國二十一年（1932）中華書局鉛印本　2冊

009801/02
時氏家傳正骨術二卷　（民國）時之藩述　民國二十一年（1932）中華書局鉛印本　2冊

010548/49
時氏家傳正骨術二卷　（民國）時之藩述　民國二十一年（1932）中華書局鉛印本　2冊

010550/51
時氏家傳正骨術二卷　（民國）時之藩述　民國二十一年（1932）中華書局鉛印本　2冊

010552/53
時氏家傳正骨術二卷　（民國）時之藩述　民國二十一年（1932）中華書局鉛印本　2冊

023921
正體類要二卷　（明）薛己著　（明）吳玄有校　清（1644–1911）刻本　1冊

眼科

010707
程松崖先生眼科良方一卷附救濟災黎陪賑散一卷　（清）程玢撰　清光緒十八年（1892）重刻本天津引善社藏板　1冊

022848
傅氏眼科審視瑤函六卷首一卷　（明）傅仁宇纂輯　民國（1912–1949）上海錦章書局石印本　1冊

026005/10
傅氏眼科審視瑤函六卷首一卷　（明）傅仁宇纂輯　民國石印本　6冊

010661/63
傅氏眼科審視瑤函六卷首一卷　（明）傅仁宇纂輯　清（1644–1911）刻本致和堂藏板　3冊

010664/69
傅氏眼科審視瑤函六卷首一卷　（明）傅仁宇纂輯　清（1644–1911）掃葉山房刻本　6冊

010670/75
傅氏眼科審視瑤函六卷首一卷　（明）傅仁宇纂輯　清（1644–1911）掃葉山房刻本　6冊

010708/13
傅氏眼科審視瑤函六卷首一卷　（明）傅仁宇纂輯　清光緒十年（1884）刻本善成堂藏板　6冊

014164/67
感應一草亭眼科全書四卷　（清）文永周編　民國（1912–1949）上海千頃堂書局石印本　4冊

025292/97
校刊目經大成三卷　（清）黃庭鏡撰　清（1644–1911）宏道堂刻本　6冊

025268
校刊目經大成三卷（清）黄庭鏡撰　清（1644–1911）刻本　1冊　存1卷（3上）

010689/94
校刊目經大成三卷（清）黄庭鏡撰　清（1644–1911）刻本　6冊

013884/87
劉氏眼科金鏡四卷（清）劉耀先著　民國十五年（1926）保陽益文印刷局石印本　4冊

022524/27
秘傳眼科龍木總論十卷（明）葆光道人撰　清（1644–1911）刻本　4冊

022561/64
秘傳眼科龍木總論十卷（明）葆光道人撰　清（1644–1911）刻本本衙藏板　4冊

010657/60
秘傳眼科龍木總論十卷（明）葆光道人撰　清（1644–1911）刻本藜照書屋藏板　4冊

025310/15
秘傳眼科龍木總論十卷（明）葆光道人撰　清（1644–1911）刻本藜照書屋藏板　6冊

010685/88
目科捷徑三卷附絳雪丹全書一卷（清）劉松岩撰　清光緒六年（1880）刻本盛京同文山房藏版　4冊

010697/706
目科正宗十六卷首一卷末一卷（清）鄧學禮撰　清嘉慶十六年（1811）刻本皮足山人藏板　10冊

024417
啟矇真諦不分卷（清）鄧苑撰　清光緒二十七年（1901）許鼐龢姚寶炘據胡崧重刻本重刻本嘉興硯香室藏板　1冊

010683/84
眼科百問二卷（清）王子固纂　民國二十年（1931）上海江東書局石印本　2冊

010676
眼科輯要不分卷（民國）李汝梅編　民國十年（1921）石印本　1冊

014087/90
眼科錦囊四卷續眼科錦囊二卷（日本）本莊俊篤著　清光緒（1875–1908）據日本天保（1830–1844）刻本重刻本　4冊

013955/58
眼科錦囊四卷續眼科錦囊二卷（日本）本莊俊篤著　清光緒十一年（1885）年上海福瀛書局據日本天保六年（1835）刻本重刻本　4冊

023230
眼科奇書不分卷（民國）佚名録　民國二十四年（1935）抄本　1冊

024334/37
眼科啟蒙四卷（清）劉一明採集　清嘉慶二十二年（1817）刻本榆中棲雲山藏板　4冊

010695/96
眼科正宗原機啟微二卷（清）施世德輯　清（1644–1911）明德堂刻本　2冊

013915
銀海精微二卷（唐）孫思邈原輯　民國（1912–1949）石印本　1冊

014024/29
銀海指南四卷（清）顧錫著　清嘉慶十五年（1810）刻本　6冊

004938/39
銀海指南四卷 （清）顧錫著　清同治六年（1867）刻本校經山房藏板　2 冊

喉科口齒

010558
白喉丹痧述要不分卷 （清）凌紱曾編　清光緒二十年（1894）鴻術堂刻本　1 冊

013708
白喉喉痧辨正一卷 （民國）楊熙齡著　民國八年（1919）稅務學校印刷處鉛印本　1 冊

010532/33
重樓玉鑰二卷 （清）鄭梅澗撰　清光緒七年（1881）刻本　2 冊

010534/35
重樓玉鑰二卷 （清）鄭梅澗撰　清咸豐五年（1855）重刻本天津同文仁南紙書局藏板　2 冊

010530/31
重樓玉鑰四卷 （清）鄭梅澗撰　民國六年（1917）奉天章福記書局石印本　2 冊

010539/40
重録增補經驗喉科紫珍集二卷 （清）朱翔宇增補　民國（1912–1949）上海千頃堂書局石印本　2 冊

025669
戴校疫痧草一卷 （清）陳耕道著　民國二十三年（1934）上海國醫書局鉛印本　1 冊

005079
洞主仙師白喉治法忌表抉微一卷 （清）耐修子録　民國（1912–1949）重刻本　1 冊

010541
洞主仙師白喉治法忌表抉微一卷 （清）耐修子録　民國十八年（1929）鉛印本　1 冊

010544
洞主仙師白喉治法忌表抉微一卷 （清）耐修子録　民國十五年（1926）大陸圖書公司石印本　1 冊

010559
洞主仙師白喉治法忌表抉微一卷 （清）耐修子録　清光緒十七年（1891）重刻本　1 冊

013707
洞主仙師白喉治法忌表抉微一卷 （清）耐修子録　清光緒十七年（1891）重刻本　1 冊

024266
洞主仙師白喉治法忌表抉微一卷附經驗救急諸方一卷 （清）耐修子録　民國四年（1915）中國圖書公司石印本　1 冊

024430
喉科金鑰二卷 （清）袁仁賢編　民國十二年（1923）華豐印刷鑄字所鉛印本　1 冊

025286
喉科秘鑰二卷 （清）鄭西園輯　民國（1912–1949）上海進化書局石印本　1 冊　存 1 卷（下）

010593/94
喉科秘鑰二卷 （清）鄭西園輯　（清）許佐廷增訂　清光緒十二年（1886）刻本　2 冊

025285
喉科秘鑰二卷 （清）鄭西園輯　（清）許佐廷增訂　清同治八年（1869）刻本芳遠堂藏板　1 冊

010582
喉科秘鑰二卷 （清）鄭西園輯　（清）許佐廷增訂　清同治十二年（1873）京都善

成堂刻本　1冊

010579
喉科秘旨一卷　（清）廣東藩署編　清光緒十二年（1886）刻本羅廣同濟藏版　1冊

010545
喉科心法不分卷　（清）沈善兼撰　清光緒四年（1878）文運堂刻本　1冊

010537/38
喉科心法二卷　（清）沈善兼撰　清光緒三十年（1904）刻本　2冊

024234
喉科選粹一卷　（清）毛景義纂輯　民國十七年（1928）鴻記印務工廠鉛印本　1冊

010585/86
喉症全科紫珍集二卷　（清）朱翔宇輯　清同治十三年（1874）刻本　2冊

010583/84
喉症全科紫珍集二卷　（清）朱翔宇輯　民國八年（1919）富記書舍刻本　2冊

010587/92
喉症全科紫珍集二卷附喉科補遺一卷　（清）朱翔宇輯　清（1644–1911）刻本　6冊

005087
時疫白喉捷要一卷　（清）張紹修著　清光緒三十年（1904）浙江官書局刻本　1冊

010526/29
圖註喉科杓指四卷附集驗良方一卷　（清）包永泰撰　清道光三年（1823）刻本文英堂藏板　4冊

024094
新訂奇驗喉證明辨四卷　吳錫璜刪補　民國（1912–1949）上海鴻章書局石印本　1冊

010542
咽喉經驗秘傳不分卷　（清）程永培原本　（清）壽眉堂原校　（清）存濟書屋重刊　清光緒二年（1876）刻本存濟書屋藏板　1冊

013766/67
疫喉淺論二卷補遺一卷　（清）夏春農撰　清光緒二十六年（1900）耕心山房鉛印本　2冊

009318
疫痧草辨論章不分卷　（清）陳耕道撰　清光緒七年（1881）北京和濟印刷局鉛印本　1冊

025520
疫痧草辨論章不分卷　（清）陳耕道撰　清光緒十三年（1887）刻本　1冊

013961
疫痧草辨論章不分卷　（清）陳耕道撰　清宣統元年（1909）集成圖書局鉛印本　1冊

醫案醫話醫論

005733
泊廬醫案不分卷　（民國）謝子衡等輯　民國三十年（1941）鉛印本　1冊

025284
陳蓮舫醫案秘鈔後編一卷　（清）董韻笙編　民國十年（1921）中華圖書集成公司鉛印本　1冊

024225
陳蓮舫醫案秘鈔前後編二卷　（清）董韻笙編　民國十年（1921）中華圖書集成公司鉛印本　1冊

024226
陳蓮舫醫案秘鈔前後編二卷　（清）董韻

笙編　民國十年（1921）中華圖書集成公司鉛印本　1 冊

008986/91
陳氏醫按不分卷（清）陳憩亭著（清）孫伯琴録　清光緒二十七年（1901）孫伯琴抄本　6 冊

005804
重古三何醫案三卷（民國）陸晉笙、陳煥選　民國七年（1918）石印本　1 冊

005805
重古三何醫案三卷（民國）陸晉笙、陳煥選　民國七年（1918）石印本　1 冊

005790
崇實堂醫案不分卷（清）姚龍光著　清光緒二十七年（1901）刻本　1 冊

005788
叢桂草堂醫草四卷（民國）袁焯著　民國四年（1915）刻本　1 冊

025898/99
叢桂草堂醫草四卷（民國）袁焯著　民國四年（1915）刻本　2 冊

013554
翠竹山房診暇録稿二卷（民國）曹惕寅撰　民國十六年（1927）上海翠竹山房影印本　1 冊

009047/48
存存齋醫話稿二卷（清）趙晴初撰　民國四年（1915）紹興裘氏刻本　2 冊

013959/60
存存齋醫話稿二卷（清）趙晴初撰　民國四年（1915）紹興裘氏刻本　2 冊

022856/63
當代全國名醫驗案類編十四卷（民國）何炳元編　民國二十五年（1936）上海大東書局鉛印本　8 冊

005995/98
當代全國名醫驗案類編十四卷（民國）何炳元編　民國十八年（1929）上海大東書局鉛印本　4 冊　存 8 卷（7–14）

005987/94
當代全國名醫驗案類編十四卷（民國）何炳元編　民國十八年（1929）上海大東書局鉛印本　8 冊

024924/25
當代全國名醫驗案類編十四卷（民國）何炳元編　民國十八年（1929）上海大東書局鉛印本　2 冊　存 4 卷（7–10）

005982/86
當代全國名醫驗案類編續編二十六卷（民國）郭奇遠評選　民國二十五年（1936）上海大東書局鉛印本　5 冊　存 22 卷（1–6,11–26）

005964/69
當代全國名醫驗案類編續編二十六卷（民國）郭奇遠評選　民國二十五年（1936）上海大東書局鉛印本　6 冊

005970/75
當代全國名醫驗案類編續編二十六卷（民國）郭奇遠評選　民國二十五年（1936）上海大東書局鉛印本　6 冊

005976/81
當代全國名醫驗案類編續編二十六卷（民國）郭奇遠評選　民國二十五年（1936）上海大東書局鉛印本　6 冊

009011/14
得心集醫案六卷（清）謝星煥著　清咸豐十一年（1861）滸灣延壽堂刻本　4 冊

005812/17
得心集醫案六卷（清）謝星煥著　清咸豐十一年（1861）滸灣延壽堂刻本　6 冊

009073/76
丁氏臨證指南十六章補編十四章 （民國）丁福保撰　民國六年（1917）上海醫學書局鉛印本　4 冊

009069/72
丁氏醫案十五卷 （清）丁澤周著　民國十六年（1927）華豐印刷著字所鉛印本　4 冊

007690/92
讀陳修園十五卷 （民國）余斌著　民國九年（1920）文明書店鉛印本　3 冊

008983/84
仿寓意草二卷 （清）李文榮著　清光緒十三年（1887）刻本宋德成刻書鋪藏板　2 冊

009030/31
分類王孟英醫案二卷 （民國）陸士諤編校　民國十年（1921）上海世界書局石印本　2 冊

023904/06
分類醫學菁華三卷 （清）周學海著　民國二十二年（1933）上海廣益書局石印本　3 冊

023901/03
分類醫學菁華三卷 （清）周學海著　民國十七年（1928）上海廣益書局石印本　3 冊

006015/20
鮓溪醫論選中編六卷 （民國）陸平一選　民國十一年（1922）上海久敬齋石印本　6 冊

006009/14
鮓溪醫論選中編六卷 （民國）陸平一選　民國十一年（1922）上海久敬齋石印本　6 冊

008950
姑蘇鄭氏女科方案一卷 （民國）鄭燕山著　民國九年（1920）抄本　1 冊

008605/14
古今醫案按十卷 （清）俞震纂輯　清光緒二十四年（1898）吳江李氏重刻本烏程龐氏藏版　10 冊

008801/10
古今醫案按十卷 （清）俞震纂輯　清光緒二十四年（1898）吳江李氏重刻本烏程龐氏藏版　10 冊

008615/24
古今醫案按十卷 （清）俞震纂輯　（清）李齡壽校輯　民國三十四年（1945）上海會文堂石印本　10 冊

008583/92
古今醫案按十卷 （清）俞震纂輯　（清）李齡壽校輯　民國元年（1912）上海會文堂石印本　10 冊

008626/35
古今醫案按十卷 （清）俞震纂輯　（清）李齡壽校輯　民國元年（1912）上海會文堂石印本　10 冊

008791/800
古今醫案按十卷 （清）俞震纂輯　（清）李齡壽校輯　清光緒九年（1883）重刻本吳江李氏藏版　10 冊

023240/45
顧廷綱先生内外科醫案八卷 （清）顧廷綱著　清道光六年（1826）抄本　6 冊

007869/70
韓氏醫通二卷 （明）韓懋撰　民國（1912–1949）刻本東壁山房藏板　2 冊

007871/72
韓氏醫通二卷 （明）韓懋撰　民國（1912–1949）刻本東壁山房藏板　2 冊

005855/58

淮陰吳鞠通先生醫案五卷 （清）吳瑭著　民國五年（1916）杭州有益山房鉛印本　4 冊

009106/07

洄溪醫案唐人法不分卷 （清）徐大椿著（民國）黄恩榮編　民國二十四年（1933）刻本　2 冊

025488

洄溪醫案一卷 （清）徐大椿著　（清）王士雄編　清咸豐五年（1855）刻本　1 冊

009077/78

金子久醫案四卷 （清）金子久著　民國十六年（1927）上海江東書局鉛印本　2 冊

005860/63

金子久醫案四卷 （清）金子久著　民國十六年（1927）上海江東書局鉛印本　4 冊

022657

困學隨筆十三卷 （清）朱心農著　清光緒二十三年（1897）上海寶善書局石印本　1 冊

008975/76

冷廬醫話五卷 （清）陸以恬著　清光緒二十三年（1897）刻本烏程龐氏藏版　2 冊

008977/80

冷廬醫話五卷 （清）陸以恬著　清光緒二十三年（1897）刻本烏程龐氏藏版　4 冊

005734/39

臨證醫案筆記六卷 （清）吳篪著　民國八年（1919）上海集古閣石印本　6 冊

005750/55

臨證醫案筆記六卷 （清）吳篪著　民國八年（1919）上海集古閣石印本　6 冊

008667/72

臨證醫案筆記六卷 （清）吳篪著　民國八年（1919）上海集古閣石印本　6 冊

025698/99

臨證指南醫案八卷 （清）葉桂著　民國（1912–1949）上海元昌書局石印本　2 冊　存 2 卷（2,7）

005927/34

臨證指南醫案八卷 （清）葉桂著　民國八年（1919）上海文益書局石印本　8 冊

025199/203

臨證指南醫案十卷 （清）葉桂著　清（1644–1911）刻本　5 冊　存 5 卷（2–4,6,7）

005910/19

臨證指南醫案十卷 （清）葉桂著　清乾隆三十三年（1768）刻本衛生堂藏板　10 冊

005890/909　善本

臨證指南醫案十卷 （清）葉桂著　清乾隆三十三年（1768）刻本衛生堂藏板　20 冊

008962/72

臨證指南醫案十卷附種福堂公選良方兼刻古吳名醫精論四卷 （清）葉桂著　清同治六年（1867）刻本天德堂藏板（補配清道光九年（1829）刻本衛生堂藏板）11 冊

025697

臨證指南醫案八卷附種福堂公選良方一卷 （清）葉桂著　民國八年（1919）上海文益書局石印本　1 冊　存 1 卷（1）

005923,005925,　025696

臨證指南醫案八卷附種福堂公選良方一卷 （清）葉桂著　（清）徐大椿評　清光緒

三十二年（1906）上海書局石印本　3 冊　存 6 卷（1,2,5–8）

005939/43
臨證指南醫案十卷　（清）葉桂著　清（1644–1911）刻本　5 冊　存 5 卷（6–10）

005924
臨證指南醫案十卷　（清）葉桂著　清（1644–1911）龍文書局石印本　1 冊　存 1 卷（6）

005868/77　善本
臨證指南醫案十卷　（清）葉桂著　清（1644–1911）朱墨套印本　10 冊

005944/53　善本
臨證指南醫案十卷　（清）葉桂著　清（1644–1911）朱墨套印本　10 冊

005954/63　善本
臨證指南醫案十卷　（清）葉桂著　清（1644–1911）朱墨套印本　10 冊

005920/22,005926,025428
臨證指南醫案十卷　（清）葉桂著（清）徐大椿評　清（1644–1911）文奎閣書莊石印本　5 冊　存 5 卷（1–4,9）

005878/89　善本
臨證指南醫案十卷附種福堂公選醫案良方四卷　（清）葉桂著　清（1644–1911）朱墨套印本　12 冊

005935/38
臨證指南醫案十卷附種福堂續選臨證指南四卷　（清）葉桂著（清）徐大椿評　清光緒二十二年（1896）寶善書局石印本　4 冊　存 10 卷（臨證指南醫案 1–6, 種福堂續選臨證指南 1–4）

024228
靈機筆談不分卷　（梁）陶宏景著　民國十八年（1929）醒廬精舍鉛印本　1 冊

005088
琉球百問不分卷　（清）曹存心著　民國七年（1918）紹興醫藥學報社鉛印本　1 冊

009049/52
琉球百問不分卷　（清）曹存心著　清咸豐九年（1859）刻本　4 冊

024241/42
柳選四家醫案四種　（清）柳寶詒編　清光緒三十年（1904）惜余小舍刻本　2 冊　存 2 種（（評選）靜香樓醫案 2 卷,（評選）繼志堂醫案 2 卷）

006022/27
柳選四家醫案四種　（清）柳寶詒編　清光緒三十年（1904）惜余小舍刻本　6 冊

006028/33
柳選四家醫案四種　（清）柳寶詒編　清光緒三十年（1904）惜余小舍刻本　6 冊

024243/46,025189/90
柳選四家醫案四種　（清）柳寶詒編　清光緒三十年（1904）惜余小舍刻本　6 冊

001253/56
陸氏論醫集四卷　（民國）陸淵雷撰著（民國）沈本琰編纂　民國二十二年（1933）陸淵雷醫室鉛印本　4 冊

001257/60
陸氏論醫集四卷　（民國）陸淵雷撰著（民國）沈本琰編纂　民國二十二年（1933）陸淵雷醫室鉛印本　4 冊

006389/92
陸氏論醫集四卷　（民國）陸淵雷撰著（民國）沈本琰編纂　民國二十二年（1933）陸淵雷醫室鉛印本　4 冊

006393/96
陸氏論醫集四卷　（民國）陸淵雷撰著（民國）沈本琰編纂　民國二十二年

（1933）陸淵雷醫室鉛印本　4 冊

006398/401
陸氏論醫集四卷　（民國）陸淵雷撰　（民國）沈本琰編纂　民國二十二年（1933）陸淵雷醫室鉛印本　4 冊

024230
旅京醫話不分卷　（清）丁保樹著　清宣統元年（1909）求是齋鉛印本　1 冊

009061/64
孟河丁氏醫案八卷　（清）丁澤周著　民國二十年（1931）鉛印本　4 冊

009065/68
孟河丁氏醫案八卷　（清）丁澤周著　民國二十年（1931）鉛印本　4 冊

008577
勉齋醫話不分卷　（民國）許勉齋著　民國二十六年（1937）杭州中國印書館鉛印本　1 冊

008593/604
名醫類案十二卷　（明）江瓘集　清同治十年（1871）藏修堂據知不足齋刻本重刻本　12 冊

008729/40
名醫類案十二卷　（明）江瓘集　清同治十年（1871）藏修堂據知不足齋刻本刻本　12 冊

024779/81
名醫類案十二卷　（明）江瓘集　（明）江應宿增補　清光緒二十二年（1896）畊餘堂石印本　3 冊　存 6 卷（3–8）

008717/22
名醫類案十二卷　（明）江瓘集　（明）江應宿增補　清光緒二十二年（1896）畊餘堂石印本　6 冊

008723/28
名醫類案十二卷　（明）江瓘集　（明）江應宿增補　清光緒二十二年（1896）畊餘堂石印本　6 冊

008685/88
南雅堂醫案八卷　（清）陳念祖著　民國九年（1920）上海群學社石印本　4 冊

008677/84
南雅堂醫案八卷　（清）陳念祖著　民國九年（1920）上海群學社石印本　8 冊

008877/78
齊氏醫案崇正辨訛六卷　（清）齊秉慧纂著　民國（1912–1949）上海千頃堂書局石印本　2 冊

008897/902
齊氏醫案六卷　（清）齊秉慧纂著　清嘉慶十一年（1806）刻本　6 冊

008879/84
齊氏醫案六卷　（清）齊秉慧纂著　清嘉慶十一年（1806）刻本　6 冊

008885/96
齊氏醫書四種二十卷　（清）齊秉慧纂著　清道光十二年（1832）刻本　11 冊

015424/25
青江修方案證五卷　（清）蓬窠子口授　（清）魏青江述編　清（1644–1911）刻本　2 冊

008995/98
清代名醫醫話精華不分卷　（民國）秦伯未編纂　民國二十二年（1933）上海中醫書局鉛印本　4 冊

022705,022707
三家醫案合刻三卷　（清）吳金壽纂　清道光十一年（1831）刻本姑蘇綠慎堂藏板　2 冊

008564/69

三家醫案合刻三卷附醫效秘傳三卷溫熱贅言一卷 （清）吳金壽纂　清（1644–1911）刻本蘇州緑蔭堂藏板　6 冊

008571/76

三家醫案合刻三卷附醫效秘傳三卷溫熱贅言一卷 （清）吳金壽纂　清（1644–1911）刻本文聚堂藏版　6 冊

008570

三家醫案合刻三卷附醫效秘傳三卷溫熱贅言一卷 （清）吳金壽纂　清（1644–1911）石印本　1 冊　存 4 卷（醫效秘傳 3 卷，溫熱贅言 1 卷）

025414/18

三家醫案合刻三卷附醫效秘傳三卷溫熱贅言一卷 （清）吳金壽纂　清（1644–1911）蘇州緑潤堂刻本　5 冊　存 6 卷（三家醫案合刻 3 卷，溫熱贅言 1 卷，醫效秘傳 2、3）

008558/63

三家醫案合刻三卷附醫效秘傳三卷溫熱贅言一卷 （清）吳金壽纂　清道光十一年（1831）刻本吳氏藏板　6 冊

008578/82

三家醫案合刻三卷附醫效秘傳三卷溫熱贅言一卷 （清）吳金壽纂　清道光十一年（1831）刻本吳氏藏板　5 冊

008705/06

三世醫驗五卷 （明）陸嶽著　（明）陸桂、陸士龍輯　民國四年（1915）上海會文堂石印本　2 冊

005818/19

三世醫驗五卷 （明）陸嶽著　（明）陸桂、陸士龍輯　民國四年（1915）上海會文堂石印本　2 冊

005999/6000

三世醫驗五卷 （明）陸嶽著　（明）陸桂、陸士龍輯　民國四年（1915）上海會文堂石印本　2 冊

006001/04

三世醫驗五卷 （明）陸嶽著　（明）陸桂、陸士龍輯　民國四年（1915）上海會文堂石印本　4 冊

006005/08

三世醫驗五卷 （明）陸嶽著　（明）陸桂、陸士龍輯　民國四年（1915）上海會文堂石印本　4 冊

008655/58

三世醫驗五卷 （明）陸嶽著　（明）陸桂、陸士龍輯　民國四年（1915）上海會文堂石印本　4 冊

005820/23

三世醫驗五卷 （明）陸嶽著　（明）陸桂、陸士龍輯　民國四年（1915）上海會文堂石印本　4 冊

023231

紹興醫學會課藝不分卷 （清）何炳元評閱　清宣統二年（1910）浙東印書局鉛印本　1 冊

025491

慎疾芻言一卷 （清）徐大椿著　清道光二十八年（1848）刻本半松書屋藏板　1 冊

008689/90

生生子醫案五卷 （明）孫一奎輯　民國（1912–1949）成都昌福公司鉛印本　2 冊

013070/75

聖餘醫案詮解六卷 （清）李俊著　民國三十五年（1946）李重俊堂刻本　6 冊

024204

聖餘醫案詮解四卷 （清）李俊著　民國

三十四年（1945）德勝印刷紙社鉛印本　1冊　存1卷（1）

013066/69
聖餘醫案詮解四卷（清）李俊著　民國三十四年（1945）德勝印刷紙社鉛印本　4冊

013076/79
聖餘醫案詮解四卷（清）李俊著　民國三十四年（1945）德勝印刷紙社鉛印本　4冊

013080/83
聖餘醫案詮解四卷（清）李俊著　民國三十四年（1945）德勝印刷紙社鉛印本　4冊

014450
石山醫案三卷附録一卷（明）汪機撰（明）陳桷較勘　清（1644–1911）刻本　1冊

007867/68
世補齋醫書文集十六卷（清）陸懋修著　民國二十九年（1940）上海中醫書局鉛印本　2冊

000567
市隱廬醫學雜著不分卷（清）王德森撰　清咸豐三年（1853）吳門刻本　1冊

023577
市隱廬醫學雜著不分卷（清）王德森撰　清咸豐三年（1853）吳門刻本　1冊

024192
釋名病釋一卷（民國）余巖著　民國二十七年（1938）上海華豐出版社鉛印本　1冊

007319
釋名病釋一卷（民國）余巖著　民國二十七年（1938）上海華豐出版社鉛印本　1冊

024142/45
蜀中醫纂五卷（清）陳清淳輯　民國十二年（1923）鉛印本　4冊

008930/35
王九峰先生醫案不分卷（清）王之政著　清（1644–1911）抄本　6冊

025220
王慎軒醫案選不分卷（民國）中國醫學院二九級編　民國（1912–1949）影印本　1冊

009025/28
王氏醫案二卷續編八卷霍亂論二卷（清）王士雄著　清咸豐元年（1851）吟香書屋刻本　4冊

008921/24
王氏醫案四卷（清）王泰林著（清）方仁淵參訂　民國二十三年（1934）據清光緒二十四年（1898）琴川方氏倚雲吟館刻本重刻本　4冊

008925/28
王氏醫案四卷（清）王泰林著（清）方仁淵參訂　民國二十三年（1934）據清光緒二十四年（1898）琴川方氏倚雲吟館刻本重刻本　4冊

005074/75
王氏醫案繹注十卷附録一卷（清）王士雄著　民國八年（1919）商務印書館鉛印本　2冊　存8卷（4–10, 附録1卷）

005742/45
王氏醫存十七卷附新選驗方一卷（清）王燕昌述　清同治十三年（1874）皖城黄竹友齋刻本　4冊

009021/24
王氏醫存十七卷附新選驗方一卷（清）王燕昌述　清同治十三年（1874）皖城黄竹友齋刻本　4冊

009015/20
王氏醫存十七卷附新選驗方一卷　（清）王燕昌述　清同治十三年（1874）皖城黄竹友齋刻本　6 冊

013888/93
王氏醫存十七卷附新選驗方一卷　（清）王燕昌述　清同治十三年（1874）皖城黄竹友齋刻本　6 冊

008999/9004
問齋醫案六卷　（清）蔣寶素著　民國五年（1916）上海石竹山房石印本　6 冊

009005/10
問齋醫案六卷　（清）蔣寶素著　民國五年（1916）上海石竹山房石印本　6 冊

008741/46
問齋醫案五卷　（清）蔣寶素著　清道光三十年（1850）鎮江快志堂刻本　6 冊

009041/46
問齋醫案五卷　（清）蔣寶素著　清道光三十年（1850）鎮江快志堂刻本　6 冊

009032
吳鞠通醫案二卷　（清）吳瑭撰　民國十四年（1925）上海世界書局石印本　1 冊

026072
吳鞠通醫案二卷　（清）吳瑭撰　民國十四年（1925）上海世界書局石印本　1 冊

008695/98
吳門治驗録四卷　（清）顧金壽著　民國（1912–1949）上海千傾堂書局石印本　4 冊

008673/76
吳門治驗録四卷　（清）顧金壽著　清道光五年（1825）澄懷堂刻本　4 冊

008703/04
吳門治驗録四卷　（清）顧金壽著　清光緒十二年（1886）刻本揚州文富堂藏板　2 冊

005800/03
吳門治驗録四卷　（清）顧金壽著　清光緒十二年（1886）刻本揚州文富堂藏板　4 冊

005791/94
吳醫彙講十一卷　（清）唐大烈纂輯（清）沈文燮校訂　清嘉慶十九年（1814）補刻本　4 冊

008909/12
吳醫彙講十一卷　（清）唐大烈纂輯（清）沈文燮校訂　清嘉慶十九年（1814）補刻本　4 冊

008913/16
吳醫彙講十一卷　（清）唐大烈纂輯（清）沈文燮校訂　清嘉慶十九年（1814）補刻本　4 冊

008917/20
吳醫彙講十一卷　（清）唐大烈纂輯（清）沈文燮校訂　清嘉慶十九年（1814）補刻本　4 冊

008903/08
吳醫彙講十一卷　（清）唐大烈纂輯（清）沈文燮校訂　清嘉慶十九年（1814）補刻本　6 冊

014436
系統的古中醫學八篇　（民國）彭子益著　民國二十九年（1940）成都四川國醫學院鉛印本　1 冊

005783
香遠居醫學舉要不分卷　（清）周鉞述　民國十二年（1923）鉛印本　1 冊

002083
心太平軒醫案一卷 （清）徐錦著　清宣統三年（1911）刻本　1冊

024272　善本
新刻景岳先生質疑録二卷 （清）石楷較訂　清康熙二十七年（1688）刻本　1冊

014488,014070/71
杏軒醫案三種 （清）程文囿撰　清光緒六年（1880）刻本　3冊

024431
修篁軒醫學隨筆一卷 （民國）鮑筱齋著　民國十五年（1926）安慶興記同文印書館鉛印本　1冊

013451/58
徐批臨證指南醫案十卷附種福堂公選溫熱論醫案一卷種福堂公選良方一卷 （清）葉桂著　清光緒十二年（1886）成都培元堂刻本　8冊　存8卷（1-4,8-10,種福堂公選良方1卷）

008811/46
續名醫類案三十六卷 （清）魏之琇編集　清光緒十一年（1885）信述堂刻本　36冊

023623/36
續名醫類案三十六卷 （清）魏之琇編集　（清）王士雄、楊照藜同校　清光緒二十二年（1896）畊餘堂刻本　14冊

014338/51
續名醫類案三十六卷 （清）魏之琇編集　（清）王士雄、楊照藜同校　清光緒二十二年（1896）畊餘堂鉛印本　14冊

014352/65
續名醫類案三十六卷 （清）魏之琇編集　（清）王士雄、楊照藜同校　清光緒二十二年（1896）畊餘堂鉛印本　14冊

005082
薛生白醫案一卷 （民國）陸士諤編　民國十年（1921）上海世界書局石印本　1冊

013561
薛生白醫案一卷 （民國）陸士諤編　民國十年（1921）上海世界書局石印本　1冊

013355/56
雪雅堂醫案二卷 （清）張士驤撰　民國九年（1920）紹興醫藥學報社鉛印本　2冊

023300/07
藥盦醫案全集八卷 （民國）惲鐵樵著　民國二十五年（1936）上海民友印刷公司鉛印本　8冊

009097/104
藥盦醫案全集八卷 （民國）惲鐵樵著　民國二十五年（1936）上海民友印刷公司鉛印本　8冊

013963/70
藥盦醫案全集八卷 （民國）惲鐵樵著　民國二十五年（1936）上海民友印刷公司鉛印本　8冊

014258
藥園醫案一卷 （民國）杜鐘駿述　民國九年（1920）京華印書局鉛印本　1冊

014261/64
葉案括要八卷 （清）潘名熊纂　民國二十四年（1935）廣州大成新記書局鉛印本　4冊

008707/08
葉案疏證二卷 （民國）李啟賢編　民國二十六年（1937）上海求恒醫社鉛印本　2冊

024213/14
葉案疏證二卷 （民國）李啟賢編　民國二十六年（1937）上海求恆醫社鉛印本　2 冊

024868/75
葉氏三書八卷 （清）吳金壽編　清光緒九年（1883）重刻本漢安讀易山房藏板　8 冊

014119/21
葉氏醫案存真三卷 （清）葉桂撰 （清）孫萬青校　清光緒十二年（1886）常熟抱芳閣刻本　3 冊

025335/36,025185/86
葉氏醫案存真三卷附馬氏醫案并附祁案王案一卷 （清）葉桂撰 （清）孫萬青校　民國十四年（1925）常州文化書局刻本　4 冊

025557,005711/13
葉氏醫案存真三卷附馬氏醫案并附祁案王案一卷 （清）葉桂撰 （清）孫萬青校　民國十四年（1925）常州文化書局刻本　4 冊

009029
葉氏醫案存真三卷附祁案王案一卷 （清）葉桂著 （清）葉萬青校刊　民國（1912-1949）石印本　1 冊

014274
葉選醫衡二卷 （清）葉桂選　民國九年（1920）上海錦章書局石印本　1 冊

023192/95
醫案初編五卷 （清）黄官繡著　清（1644-1911）刻本　4 冊

014075/77
醫案夢記一卷附一卷 （清）徐守愚著　民國九年（1920）補刻本紹興裘氏藏板　4 冊

023479
醫案心得集二卷 （清）王菊泉著　清同治十年（1871）會心堂刻本　1 冊

022651/54
醫粹精言四卷 （清）徐延祚著　清光緒二十二年（1896）刻本鐵如意軒藏板　4 冊

023139/42
醫粹精言四卷 （清）徐延祚著　清光緒二十二年（1896）刻本鐵如意軒藏板　4 冊

022532
醫斷不分卷 （日本）鶴沖元逸著　日本寶曆十三年（1763）刻本　1 冊

001216
醫法還丹不分卷 （清）瑞農撰　清光緒三十三年（1907）紅杏書屋刻本　1 冊

008985
醫法心傳一卷 （清）程芝田著 （清）雷豐校刊　清光緒十三年（1887）養鶴山房刻本　1 冊

024227
醫法心傳一卷 （清）程芝田著 （清）雷豐校刊　清光緒十三年（1887）養鶴山房刻本　1 冊

005327/30
醫法圓通四卷 （清）鄭壽全編輯　清同治十三年（1874）刻本劉氏藏板　4 冊

023028/31
醫法圓通四卷 （清）鄭壽全編　清（1644-1911）抄本　4 冊

025494
醫貫砭二卷 （清）徐大椿著　清（1644-1911）刻本半松齋藏板　1 冊

001421/26
醫貫六卷 （清）趙獻可撰　清（1644–1911）刻本步月樓藏板　6 冊

023109/14
醫貫六卷 （清）趙獻可著　清（1644–1911）刻本天蓋樓藏板　6 冊

008555/57
醫貫六卷 （清）趙獻可著　清同治十一年（1872）刻本金玉樓藏板　3 冊

009397
醫經溯洄集不分卷 （元）王履著 （清）吳勉學校　清（1644–1911）刻本　1 冊

024163
醫理通詮一卷 （民國）何耐厂著　民國二十四年（1935）鉛印本　1 冊

013849/52
醫理真傳四卷 （清）鄭壽全著　清同治八年（1869）刻本劉氏藏板　4 冊

024457
醫量一卷附醫案一卷 （民國）陳無咎著　民國十二年（1923）上海丹溪學社鉛印本　1 冊

023127/30
醫門奇驗四卷 （清）胡金相著　清光緒二十年（1894）抱璞齋刻本　4 冊

014269/72
醫門奇驗四卷 （清）胡金相著　清光緒十九年（1893）刻本　4 冊

014176/81
醫門奇驗四卷 （清）胡金相著　清宣統元年（1909）刻本　6 冊

005740/41
醫時六言六卷 （清）翁傅照撰　清（1644–1911）刻本　2 冊

001166/71
醫無間子醫貫六卷 （清）趙獻可著　民國十五年（1926）上海大德書局石印本　6 冊

013032/37
醫無間子醫貫六卷 （清）趙獻可著　民國十五年（1926）上海大德書局石印本　6 冊

013242/47
醫無間子醫貫六卷 （清）趙獻可纂　清（1644–1911）三多齋刻本　6 冊

022761/62
醫楔二卷 （民國）張雨三撰　民國二十四年（1935）太原成文齋鉛印本　2 冊

022763/64
醫楔二卷 （民國）張雨三撰　民國二十四年（1935）太原成文齋鉛印本　2 冊

022765/66
醫楔二卷 （民國）張雨三撰　民國二十四年（1935）太原成文齋鉛印本　2 冊

022768/69
醫楔二卷 （民國）張雨三撰　民國二十四年（1935）太原成文齋鉛印本　2 冊

005806/07
醫學答問四卷 （清）梁玉瑜傳　清（1644–1911）刻本　2 冊

023147/51
醫學窮源集六卷 （明）王肯堂著 （明）殷宅心輯釋　清嘉慶十三年（1808）刻本　6 冊

014032/37
醫學窮源集六卷 （明）王肯堂著 （明）

殷宅心輯釋　清嘉慶十三年（1808）刻本寶仁堂藏板　6冊

022693/96
醫學求是初集一卷二集二卷附醫案一卷　（清）吳達著　民國八年（1919）江陰方橋寶文書莊刻本　4冊

025214/17
醫學求是初集一卷二集二卷附醫案一卷　（清）吳達著　民國八年（1919）江陰方橋寶文書莊刻本　4冊

014283/84
醫學求是初集一卷二集二卷附醫案一卷　（清）吳達著　民國十年（1921）上海大成書局石印本　2冊

008663/66
醫學求是初集一卷二集二卷附醫案一卷　（清）吳達著　清光緒六年（1880）刻本餘慶堂藏板　4冊

025483/84
醫學源流論二卷　（清）徐大椿著　清（1644–1911）刻本半松齋藏板　2冊

005839
醫醫瑣言二卷續一卷　（清）徐延祚撰　清光緒二十三年（1897）刻本鐵如意軒藏板　1冊

005235/36
醫意二卷　（清）徐延祚著　清光緒二十二年（1896）刻本鐵如意軒藏板　2冊

014030/31
醫意二卷　（清）徐延祚著　清光緒二十二年（1896）刻本鐵如意軒藏板　2冊

023137/38
醫意二卷　（清）徐延祚著　清光緒二十二年（1896）刻本鐵如意軒藏板　2冊

023143/44
醫原二卷　（清）石壽棠學　清咸豐十一年（1861）刻本留耕書屋藏板　2冊

008659/62
醫原二卷　（清）石壽棠學　清咸豐十一年（1861）刻本留耕書屋藏板　4冊

013725/28
醫原二卷　（清）石壽棠學　清咸豐十一年（1861）刻本留耕書屋藏板　4冊

023117/20
醫原三卷附醫學舉要六卷　（清）石壽棠學　（清）張聲馳重校　（清）徐鏞輯　清光緒十七年（1891）鉛印本　4冊

014146/49
醫原三卷附醫學舉要六卷　（清）石壽棠學　（清）張聲馳重校　（清）徐鏞輯　清光緒十七年（1891）鉛印本　4冊

008228/31
引經證醫四卷　（清）程梁著　清光緒八年（1882）刻本　4冊

023145/46
友漁齋醫話六種八卷　（清）黄凱鈞輯　清嘉慶十七年（1821）刻本　2冊

005731/32
郁岡齋筆麈四卷　（明）王肯堂著　民國十九年（1930）國立北平圖書館鉛印本　2冊

005729/30
郁岡齋筆麈四卷　（明）王肯堂著　民國十九年（1930）國立北平圖書館鉛印本　2冊

005668/69
御醫曹滄洲醫案秘本二卷　（清）曹滄洲著　民國十三年（1924）上海江左書林石

印本　2 冊

005666/67
御醫曹滄洲醫案秘本二卷（清）曹滄洲著　民國十三年（1924）上海江左書林石印本　2 冊

024300
惲鐵樵演講録不分卷（民國）章巨膺編校（民國）惲鐵樵著　民國二十四年（1935）上海新群印刷所鉛印本　1 冊

024125
增訂醫醫病書二卷（清）吳鞠通著　民國十三年（1924）紹興育新書局石印本　1 冊

006387/88
增訂醫醫病書二卷（清）吳鞠通著　民國四年（1915）紹興育新書局石印本　2 冊

013596/99
瞻山醫案四卷（清）任瞻山著　民國十三年（1924）劉陽唐文胎室木活字本　4 冊

013600/03
瞻山醫案四卷（清）任瞻山著　民國十三年（1924）劉陽唐文胎室木活字本　4 冊

013720/23
瞻山醫案四卷（清）任瞻山著　民國十三年（1924）劉陽唐文胎室木活字本　4 冊

009035/40
張氏醫案二十卷（清）張乃修著　民國七年（1918）江陰吳氏刻本　6 冊

014472/77
張氏醫案二十卷（清）張乃修著　民國七年（1918）江陰吳氏刻本　6 冊

025275
張氏醫案二十卷（清）張乃修著　民國十八年（1929）上海萃英書局石印本　1 冊　存 2 卷（8,9）

009053/60
張氏醫案二十卷（清）張乃修著　民國二十四年（1935）上海萃英書局石印本　8 冊

008640/47
張氏醫案二十卷（清）張乃修著　民國十八年（1929）上海萃英書局石印本　8 冊

006873/80
張氏醫案二十卷（清）張乃修著　民國十八年（1929）上海萃英書局石印本　8 冊

013153
張氏醫案不分卷附經驗藥方不分卷（民國）張國華著　民國二十一年（1932）日新印刷工業社鉛印本　1 冊

013165/66
趙氏醫貫六卷（清）趙獻可著　清同治六年（1867）文英堂刻本　2 冊

013530/31　善本
折肱漫録七卷（明）黃承昊撰（清）程永培校　清乾隆五十九年（1794）刻本修敬堂藏板　2 冊

013031
診餘集不分卷（清）余聽鴻著　民國七年（1918）余鴻仁醫寓鉛印本　1 冊

005789
診餘舉隅録二卷（清）陳廷儒書　清光緒二十四年（1898）鉛印本　1 冊

013407
止園醫話四卷（民國）羅止園著　民國二十七年（1938）止園學社鉛印本　1 冊

013408
止園醫話四卷 （民國）羅止園著　民國二十七年（1938）止園學社鉛印本　1冊

013555
止園醫話續集四卷 （民國）羅止園著　民國三十二年（1943）止園學社鉛印本　1冊

013556
止園醫話續集四卷 （民國）羅止園著　民國三十二年（1943）止園學社鉛印本　1冊

005824/25
治驗偶存二卷 （清）魯烺撰　清嘉慶二十三年（1818）刻本　2冊

008982
畫星樓醫案一卷 （民國）孫西台著　民國（1912–1949）上海震東學社石印本　1冊

009093/96
祝選施今墨醫案八卷 （民國）祝慎馀著　民國二十九年（1940）鉛印本　4冊

009089/92
祝選施今墨醫案八卷 （民國）祝慎馀著　民國二十九年（1940）中醫聯合診所鉛印本　4冊

養　生

005704
丹經指南二卷 （民國）張松谷著　民國十四年（1925）鉛印本　1冊

023583
男丹經不分卷 （民國）陸韜撰　民國七年（1918）鉛印本　1冊

023584
女丹經不分卷 （民國）陸韜撰　民國七年（1918）鉛印本　1冊

005060/63
青囊秘録四卷 （漢）華佗著　（唐）孫思邈述　民國十二年（1923）濟南道院鉛印本　4冊

005056/59
青囊秘録四卷 （漢）華佗著　（唐）孫思邈述　民國十二年（1923）濟南道院鉛印本　4冊

025434
壽親養老新書四卷 （宋）陳直撰　（元）訚铉編次　民國八年（1919）上海朝記書莊鉛印本　1冊　存1卷（1）

005044/49
壽親養老新書四卷 （宋）陳直撰　（元）訚铉編次　民國八年（1919）上海朝記書莊鉛印本　6冊

005050/55
壽親養老新書四卷 （宋）陳直撰　（元）訚铉編次　民國八年（1919）上海朝記書莊鉛印本　6冊

024366/71
壽親養老新書四卷 （宋）陳直撰　（元）訚铉編次　民國八年（1919）上海朝記書莊鉛印本　6冊

007681/88
壽身小補九卷 （清）黄兑眉著　清光緒十四年（1888）佛山鎮字林書局鉛印本　8冊

005030/35　善本
壽養叢書十六種三十四卷 （明）胡文煥校　明萬曆二十年（1592）虎林胡氏文會堂刻本　6冊　存4種（三元參贊延壽書4卷，養生月覽2卷，新刻攝生集覽1卷，新刻厚生訓纂6卷）

005036/43　善本
壽養叢書十六種三十四卷 （明）胡文煥

校　明萬曆二十年（1592）虎林胡氏文會堂刻本　8 冊

024067
四氣攝生圖不分卷　佚名録　民國（1912–1949）上海涵芬樓據正統道藏本影印本　1 冊

003463/66
萬壽仙書四卷　（明）羅洪仙撰　（明）曹若水輯　清（1644–1911）刻本東升閣藏板　4 冊

025713/16
衛濟餘編通天曉五卷　（清）王纕堂編　清（1644–1911）刻本經綸堂藏板　4 冊　存 4 卷（1–4）

024463
衛生要術一卷　（清）潘霨編　清光緒二年（1876）刻本　1 冊

023582
武術研究社成績録二卷　（民國）保陽武術研究社編　民國七年（1918）刻本　1 冊　存 1 卷（上）

025431
弦雪居重訂遵生八箋十九卷　（明）高濂撰　民國（1912–1949）上海江左書林石印本　1 冊　存 1 卷（17）

023399/418
弦雪居重訂遵生八箋十九卷　（明）高濂撰　清（1644–1911）刻本　20 冊

005698/703　善本
新鐫五福萬壽丹書不分卷　（明）龔居中纂著　明（1368–1644）金陵周如泉刻本　6 冊

013375
玄妙鏡三卷　（清）李昌仁著　清同治（1862–1874）刻本　1 冊

023429
養生經驗合集四卷　（清）毛世洪輯　清咸豐元年（1851）刻本聚玉齋藏板　1 冊

000152/55
養生醫藥淺説八卷　（民國）王功鎮著　民國二十七年（1938）天津逸民醫廬鉛印本　4 冊

005707/10
養生醫藥淺説八卷　（民國）王功鎮著　民國二十七年（1938）天津逸民醫廬鉛印本　4 冊

013895/98
養生醫藥淺説八卷　（民國）王功鎮著　民國二十七年（1938）天津逸民醫廬鉛印本　4 冊

014061/64
養生醫藥淺説八卷　（民國）王功鎮著　民國二十七年（1938）天津逸民醫廬鉛印本　4 冊

023156/59
養生醫藥淺説八卷　（民國）王功鎮著　民國二十七年（1938）天津逸民醫廬鉛印本　4 冊

023235
養性延命録二卷混俗頤生録二卷　（梁）陶弘景集　（宋）劉詞集　民國（1912–1949）上海涵芬樓據正統道藏本影印本　1 冊

024066
養性延命録二卷混俗頤生録二卷　（梁）陶弘景集　（宋）劉詞集　民國（1912–1949）上海涵芬樓據正統道藏本影印本　1 冊

013847/48
頤身集五卷　（清）葉志詵編　清咸豐二年（1852）廣東撫署刻本　2 冊

022543
意氣功詳解不分卷 （民國）王賢賓撰 民國二十年（1931）天津文嵐簃鉛印本 1冊

022544
意氣功詳解不分卷 （民國）王賢賓撰 民國二十年（1931）天津文嵐簃鉛印本 1冊

023234
因是子靜坐法三篇 （民國）蔣維喬編 民國六年（1917）商務印書館鉛印本 1冊

023252/53
運氣辨不分卷 （清）陸儋辰著 民國九年（1920）刻本 2冊

025144/49
增演易筋洗髓内功圖説十七卷 （清）周述官編 民國十九年（1930）重慶印刷公司石印本 6冊

014065/69
中外衛生要旨五卷 （清）鄭觀應編輯 民國（1912–1949）鉛印本 5冊

013221/25
中外衛生要旨五卷 （清）鄭觀應編輯 清光緒（1875–1908）刻本 5冊

綜 合

000376/81
包氏醫宗第二集五卷 （民國）包識生著 民國二十五年（1936）包氏醫宗出版部鉛印本 6冊

000464/69
包氏醫宗第二集五卷 （民國）包識生著 民國十九年（1930）包氏醫宗出版部鉛印本 6冊

013538/43
包氏醫宗第二集五卷 （民國）包識生著 民國十九年（1930）包氏醫宗出版部鉛印本 6冊

024926,024929,026123
包氏醫宗第三集國醫學粹四卷 （民國）包識生著 民國二十二年（1933）包氏醫宗出版社鉛印本 3冊 存3卷（1–3）

000399,024927/28
包氏醫宗第三集國醫學粹四卷 （民國）包識生著 民國二十二年（1933）包氏醫宗出版社鉛印本 3冊 存3卷（1–3）

000382/85
包氏醫宗第三集國醫學粹四卷 （民國）包識生著 民國二十五年（1936）包氏醫宗出版社鉛印本 4冊

024161/62,024930/33
包氏醫宗第一集五卷 （民國）包識生著 民國十九年（1930）包氏醫宗出版社鉛印本 6冊

025337/39
包氏醫宗第一集五卷 （民國）包識生著 民國二十五年（1936）包氏醫宗出版部鉛印本 3冊 存2卷（2,4）

000370/75
包氏醫宗第一集五卷 （民國）包識生著 民國二十五年（1936）包氏醫宗出版部鉛印本 6冊

000394/98
包氏醫宗第一集五卷 （民國）包識生著 民國十九年（1930）包氏醫宗出版部鉛印本 5冊 存4卷（1–4）

024607
本草備要醫方全書合刻二種 （清）汪昂著輯 清（1644–1911）刻本 1冊 存1卷（醫方全書6）

012880/91
本草傷寒輯要合編二十二卷 （清）林玉

友輯　清道光十一年（1831）刻本村耕堂藏板　12冊　存13卷（本草輯要6卷，傷寒輯要1–7）

025084/91
本經逢原四卷診宗三昧一卷傷寒兼證析義一卷（清）張璐纂述（清）张倬著　清（1644–1911）刻本　8冊

007324/25
筆花醫鏡四卷（清）江涵暾輯　清光緒十八年（1892）聚珍書局刻本　2冊

000605/07
筆花醫鏡四卷藥要便蒙新編二卷（清）江涵暾輯（清）談鴻鋆輯　清光緒十七年（1891）刻本龍光齋藏板　3冊

007320/23
筆花醫鏡四卷藥要便蒙新編二卷（清）江涵暾輯（清）談鴻鋆輯　清光緒十七年（1891）刻本龍光齋藏板　4冊

001181/82
扁鵲心書三卷附神方一卷（戰國）扁鵲傳（宋）竇材重集（清）胡玨參論　清（1644–1911）刻本浙衢三餘堂藏板　2冊

001805/08
扁鵲心書三卷首一卷附神方一卷（戰國）扁鵲傳（宋）竇材重集（清）胡玨參論　民國十七年（1928）刻本江陰寶文堂藏版　4冊

008248/51
扁鵲心書三卷首一卷附神方一卷（戰國）扁鵲傳（宋）竇材重集（清）胡玨參論　民國十七年（1928）刻本上海千頃堂藏版　4冊

024183
扁鵲心書三卷附神方一卷（戰國）扁鵲傳（宋）竇材重集（清）胡玨參論　清（1644–1911）刻本浙衢三餘堂藏板　1冊

008123/25,008140/42
辨證冰鑒十二卷（清）陳士鐸著　清光緒二十二年（1896）京都擷華書局刻本　6冊

005490/95
辨證冰鑒十二卷（清）陳士鐸著　清宣統元年（1909）北京龍文閣石印本　6冊

008171/77
辨證録十四卷（清）陳士鐸著述　清（1644–1911）刻本　7冊

025257/59
辨證録十四卷附脉訣闡微一卷（清）陳士鐸著述　清（1644–1911）刻本　3冊　存3卷（1,5,6）

003266/77
辨證録十四卷附脉訣闡微一卷（清）陳士鐸著述　清道光二十七年（1847）刻本文英堂藏板　12冊

008358/69　善本
辨證録十四卷附脉訣闡微一卷（清）陳士鐸著述　清乾隆十三年（1748）刻本喻義堂藏板　12冊

008179/89
辨證録十四卷附胎産秘書一卷（清）陳士鐸撰　民國十年（1921）上海大成書局石印本　11冊

008342/57
辨證録十四卷附胎産秘書一卷（清）陳士鐸著述　清光緒三十年（1904）刻本兩儀堂藏板　16冊

008326/41
辨證録十四卷附胎産秘書一卷（清）陳士鐸著述　清同治七年（1868）刻本　16冊

008461
辯證奇聞十卷（清）錢松著　民國元年

（1912）廣益書局石印本　1冊

008370/81

蒼生司命八卷首一卷　（明）虞摶輯　清（1644–1911）刻本文富堂藏板　12冊

005190/97

蒼生司命八卷首一卷藥性一卷　（明）虞摶輯　清（1644–1911）刻本文富堂藏板　8冊

007004/10,007023/30

陳修園先生醫書四十八種　（清）陳念祖著　民國（1912–1949）上海錦章書局石印本　15冊　存12種（神農本草經讀4卷，醫學三字經4卷，時方妙用4卷，傷寒論淺註1–3，時方歌括2卷，景岳新方砭4卷，靈素節要淺註5–12，金匱方歌括6卷，醫學從眾録8卷，醫學實在易8卷，金匱要略淺註10卷，女科要旨4卷）

007084/103

陳修園醫書二十八種　（清）陳念祖著　清光緒三十年（1904）上海日新書局石印本　20冊

007048/83

陳修園醫書二十一種　（清）陳念祖著　清（1644–1911）刻本敦厚堂藏版　36冊

006995/7003

陳修園醫書二十一種　（清）陳念祖著　清光緒十八年（1892）上海圖書集成印書局鉛印本　20冊

006241/49,007163/67,012892/94,012896,012897,024798/802,024922/23,025309,025524

陳修園醫書全集二十五種　（清）陳念祖著　清光緒十九年（1893）刻本　28冊　存21種（靈素節要淺註12卷，傷寒醫訣串解6卷，十藥神書註解1卷，醫學實在易8卷，醫學三字經4卷，神農本草經讀4卷，急救異痧奇方1卷，瘟疫明辨4卷末1卷，白喉治法忌表抉微1卷，咽喉脈證通論1卷，救迷良方1卷，傷寒論淺註6卷，福幼編1卷，太乙神鍼1卷，長沙方歌括6卷，金匱方歌括6卷，時方妙用4卷，時方歌括2卷，傷寒真方歌括6卷，女科要旨4卷，景岳新方砭4卷）

002393/98

陳修園醫書全集十六種　（清）陳念祖著　清光緒十五年（1889）行素堂朱氏刻本　6冊　存1種（靈素節要淺註12卷）

007022,024622

陳修園醫書全集四十八種　（清）陳念祖著　民國（1912–1949）石印本　2冊　存5種（醫壘元戎1卷，名醫別録1卷，平辨脈法歌括1卷，局方發揮1卷，醫學實在易4–8）

006964/94

陳修園醫書十六種　（清）陳念祖著　清（1644–1911）刻本　31冊　存13種（金匱要略淺註10卷，景岳新方砭4卷，傷寒真方歌括6卷，傷寒醫訣串解6卷，十藥神書註解1卷，金匱方歌括6卷，傷寒論淺註6卷，長沙方歌括6卷，醫學實在易8卷，女科要旨4卷，醫學三字經4卷，時方妙用4卷，時方歌括2卷）

007011/21

陳修園醫書四十八種　（清）陳念祖著　民國（1912–1949）上海文昌書局石印本　11冊　存36種（傷寒醫訣串解6卷，長沙方歌括6卷，靈樞素問集註4卷，急救奇痧方1卷，傷寒真方歌括6卷，眼科捷徑1卷，急救喉疹要法1卷，咽喉脈證通論1卷，白喉治法抉微1卷，痢瘧三字訣1卷，喉痧正的1卷，春溫三字訣1卷，瘧疾論2卷，溫熱條辨1卷，溫熱贅言1卷，引痘略1卷，達生編1卷，婦科雜症1卷，福幼編1卷，救迷良方1卷，太乙神鍼1卷，平辨脈法歌括1卷，本草經百種録3卷，食物秘書1卷，局方發揮1卷，本經便讀1卷，名醫别録1卷，古今醫論1卷，醫壘元戎1卷，刺療捷法1卷，醫法心傳1卷，十藥神書註解1卷，霍亂論1卷，傷寒舌診1卷，養生鏡1卷，醫學論1卷）

007104/27
陳修園醫書四十八種（清）陳念祖著　民國二十四年（1935）上海三星書店石印本　24冊

024828/31
陳修園醫書四十八種（清）陳念祖著　民國（1912–1949）石印本　4冊　存10種（靈樞素問集註12卷，傷寒論淺註6卷，傷寒醫訣串解6卷，傷寒直方歌括6卷，金匱要略淺註10卷，金匱方歌括6卷，時方歌括2卷，景岳新方砭4卷，女科要旨4卷，醫學實在易8卷）

007128/55
陳修園醫書五十種（清）陳念祖等著　清光緒三十一年（1905）上海商務印書館鉛印本　28冊

007156/62
陳修園醫書五十種（清）陳念祖等著　清光緒三十一年（1905）上海商務印書館鉛印本　7冊　存26種（霍亂論2卷，引痘畧1卷，痢症三字訣1卷，濕熱條辨1卷，本經便讀1卷，溫熱贊言1卷，神農本草經百種録1卷，婦科雜症1卷，傷寒舌鑒1卷，眼科捷徑1卷，養生鏡1卷，弔腳痧方論1卷，達生編1卷，醫壘元戎1卷，名醫別録1卷，平辨脈法歌括1卷，局方發揮1卷，醫法心傳1卷，增補食物秘書1卷，爛喉丹痧輯要1卷，急治喉疹要法1卷，瘧疾論1卷，喉痧正的1卷，王洪緒先生外科證治全生集1卷，春溫三字訣1卷，增廣保嬰要旨1卷）

025273
赤水玄珠三十卷（明）孫一奎集　民國（1912–1949）鉛印本　1冊　存2卷（5,6）

001309/28,001401/04　善本
赤水玄珠三十卷附三吳治驗二卷新都治驗二卷宜興治驗一卷醫旨緒餘二卷（明）孫一奎著輯　清（1644–1911）刻本西泠吳氏藏板　24冊

001353/68
赤水玄珠三十卷附醫旨緒餘二卷三吳醫案二卷新都醫案二卷宜興醫案一卷（明）孫一奎撰　民國二十年（1931）浙東曹堂鉛印本　16冊

001369/84
赤水玄珠三十卷附醫旨緒餘二卷三吳醫案二卷新都醫案二卷宜興醫案一卷（明）孫一奎撰　民國三年（1914）上海著易堂鉛印本　16冊

001385/400
赤水玄珠三十卷附醫旨緒餘二卷三吳醫案二卷新都醫案二卷宜興醫案一卷（明）孫一奎撰　民國三年（1914）上海著易堂鉛印本　16冊

001277/308　善本
赤水玄珠三十卷附醫旨緒餘二卷三吳醫案二卷新都醫案二卷宜興醫案一卷（明）孫一奎撰　清（1644–1911）歙邑黃鼎刻本　32冊

001201/07,001329/52,025944
赤水玄珠三十卷醫旨緒餘二卷三吳醫案二卷新都醫案二卷宜興醫案一卷（明）孫一奎著　清（1644–1911）刻本粵東佛鎮天寶樓藏板　32冊

014419/22
存存匯集醫學易讀四卷（清）王錫鑫撰　清咸豐（1851–1861）宏道堂刻本　4冊

005841/46
丹臺玉案六卷（明）孫文胤著　清

（1644–1911）刻本五鳳樓藏板　6 冊

008470/75
丹臺玉案六卷　（明）孫文胤著　清（1644–1911）刻本五鳳樓藏板　6 冊

005828/35　善本
丹臺玉案六卷　（明）孫文胤著　清乾隆元年（1736）三樂齋刻本　8 冊

005847/54　善本
丹臺玉案六卷　（明）孫文胤著　清乾隆元年（1736）三樂齋刻本　8 冊

008266/69
丹溪先生治法心要八卷　（明）高叔宗編（明）高叔宗校正　（清）蕭澍霖重校　清宣統元年（1909）武林蕭氏鉛印本　4 冊

008290/307,024987/92　善本
丹溪心法附餘二十四卷首一卷　（明）方廣集　明萬曆崇禎間（1573–1644）世德堂刻本　24 冊

013183/94
丹溪心法附餘二十四卷首一卷　（明）方廣編　清光緒二十五年（1899）古越徐氏石印本　12 冊

008282/85
丹溪心法附餘二十四卷首一卷　（明）方廣輯　民國（1912–1949）石印本　4 冊

013273/82,026112/13
丹溪心法附餘二十四卷首一卷　（明）方廣輯　民國九年（1920）浙江紹興墨潤堂石印本　12 冊

008270/81
丹溪心法附餘二十四卷首一卷　（明）方廣輯　民國十三年（1924）上洋海左書局石印本　12 冊

013261/72
丹溪心法附餘二十四卷首一卷　（明）方廣輯　民國元年（1912）上海文瑞樓石印本　12 冊

026020/29
丹溪心法五卷附録一卷　（元）朱丹溪撰（明）程充校補　清（1644–1911）刻本　10 冊

007562/73
當歸草堂醫學叢書初編十二種　（清）丁丙輯　清光緒四年（1878）錢塘丁氏當歸草堂刻本　12 冊

023283/94
當歸草堂醫學叢書初編十二種　（清）丁丙輯　清光緒四年（1878）錢塘丁氏當歸草堂刻本　12 冊

011468/69
當歸草堂醫學叢書初編十種　（清）丁丙輯　清光緒四年（1878）錢塘丁氏當歸草堂刻本　2 冊　存 2 種（顱顖經 2 卷，傳信適用方 4 卷）

009989,010203,012702
當歸草堂醫學叢書初編十種　（清）丁丙輯　清光緒四年（1878）錢塘丁氏當歸草堂刻本　3 冊　存 3 種（產育寶慶方 2 卷，產寶諸方 1 卷，瑞竹堂經驗方 5 卷）

007542/51
當歸草堂醫學叢書初編十種　（清）丁丙輯　清光緒四年（1878）錢塘丁氏當歸草堂刻本　10 冊

007552/61
當歸草堂醫學叢書初編十種　（清）丁丙輯　清光緒四年（1878）錢塘丁氏當歸草堂刻本　10 冊

000441/52
當歸草堂醫學叢書初編十種　（清）丁丙輯　清光緒四年（1878）錢塘丁氏當歸草堂刻本　12 冊

001576/87

當歸草堂醫學叢書初編十種 （清）丁丙輯　清光緒四年（1878）錢塘丁氏當歸草堂刻本　12 冊

025238

弔腳痧方論不分卷白喉忌表抉微不分卷傷寒大成不分卷 （清）徐子默撰 （清）耐修子撰 （清）張璐撰　清光緒二十七年（1901）上海圖書集成局石印本　1 冊

007874/78

定靜軒醫學四種 （民國）胡巨瑗著　民國十三年（1924）鉛印本　5 冊　存 3 種（開明眼科卷上、中，眼科三字經 1 卷，證驗隨筆 1 卷）

007873,007879/83

定靜軒醫學四種 （民國）胡巨瑗著　民國十三年（1924）鉛印本　6 冊

000172/75

訂補明醫指掌十卷 （明）皇甫中撰註 （明）王肯堂訂補　民國四年（1915）上海練石齋書局石印本　4 冊

005300/05　善本

訂補明醫指掌十卷 （明）皇甫中撰註 （明）王肯堂訂補　清乾隆四十四年（1779）刻本翰海樓藏板　6 冊

006524

訂正東醫寶鑒二十三卷目録二卷 （朝鮮）許浚撰　清（1644–1911）鉛印本　1 冊　存 4 卷（内景篇 4 卷）

006486/504

訂正東醫寶鑒二十三卷目録二卷 （朝鮮）許浚撰　清（1644–1911）退思堂刻本　19 冊　存 23 卷（訂正東醫寶鑒 23 卷）

006456/68,006470/72

訂正東醫寶鑒二十三卷目録二卷 （朝鮮）許浚撰　清光緒三十四年（1908）埽葉山房鉛印本　16 冊

014829/53

東醫寶鑒二十三卷目録二卷 （朝鮮）許浚撰　朝鮮萬曆四十一年（1613）刻本　25 冊

006473/85,025330/33

東醫寶鑒二十三卷目録二卷 （朝鮮）許浚撰　清（1644–1911）刻本　17 冊　存 15 卷（内景篇卷 2、3，雜病篇卷 1、2、4、6、9–11，湯液篇 1–3 卷，外形篇 1–4 卷，目録卷下）

006505/23

東醫寶鑒二十三卷目録二卷 （朝鮮）許浚撰　清（1644–1911）刻本　19 冊　存 15 卷（内景篇 4 卷，雜病篇 10 卷，湯液篇 2）

006431/55

東醫寶鑒二十三卷目録二卷 （朝鮮）許浚撰　清嘉慶二年（1797）刻本　25 冊

001103/18　善本

東垣十書十二種二十二卷 （明）佚名輯　清（1644–1911）步月樓刻本映旭齋藏板　16 冊

022093/104

東垣十書十二種二十二卷 （明）佚名輯 （明）王肯堂訂正　清（1644–1911）刻本敦化堂藏板　12 冊

001097/102

東垣十書十二種二十二卷 （明）佚名輯　民國文盛書局石印本　6 冊

014409

東垣十書十二種二十二卷 （明）佚名輯　清（1644–1911）刻本　1 冊　存 1 種（内外傷辨 3 卷）

008048

東垣十書十二種二十二卷 （明）佚名

輯　清（1644–1911）刻本　1 冊　存 2 卷（醫壘元戎 1 卷，癍論萃英 1 卷）

024770/71
東垣十書十二種二十二卷　（明）佚名輯　清（1644–1911）刻本　2 冊　存 2 卷（外科精義卷下，東垣先生此事難知集卷下）

024842/44　善本
讀素問鈔九卷推求師意二卷運氣易覽三卷（明）汪機編輯　明嘉靖（1507–1567）刻本　3 冊　缺 5 卷（讀素問鈔 5–9）

005322/324
多疾彙箋三卷　（日本）喜多村直寬撰　日本文政十一年（1828）學訓堂活字本　3 冊

008286/89
方氏脉症正宗四卷　（清）方肇權著　清乾隆十四年（1749）刻本　4 冊

007748/53
費氏全集四種　（清）費伯雄著　民國元年（1912）孟河費耕心堂鉛印本　5 冊

007754/59
費氏全集四種　（清）費伯雄著　民國元年（1912）孟河費耕心堂鉛印本　6 冊

007760/65
費氏全集四種　（清）費伯雄著　民國元年（1912）孟河費耕心堂鉛印本　6 冊

007612/31
馮氏錦囊秘録八種四十九卷　（清）馮兆張纂輯　民國十二年（1923）上海千頃堂書局石印本　20 冊　存 4 種（雜癥大小合參卷内經纂要首 2 卷，雜癥大小合參卷 20 卷，痘疹 15 卷，雜癥痘疹藥性主治合參 12 卷）

007637/42
馮氏錦囊秘録八種四十九卷　（清）馮兆張纂輯　清（1644–1911）刻本　6 冊　存 1 種（雜症大小合參 7–14）

007582/611
馮氏錦囊秘録八種四十九卷　（清）馮兆張纂輯　清（1644–1911）刻本本衙藏板　30 冊

007632/36,007643,007650/75
馮氏錦囊秘録八種四十九卷　（清）馮兆張纂輯　清嘉慶十八年（1813）刻本宏道堂藏板　32 冊

006021
鮃溪醫述十五種　（民國）陸晉笙著　民國（1912–1949）紹興醫藥學報社鉛印本　1 冊　存 2 種（用藥禁忌書 2 卷，要藥選不分卷）

005808/11
傅青主男科二卷女科二卷產後編二卷（清）傅山著　清光緒九年（1883）刻本古經閣藏板　4 冊

022708/19
稿本乾隆吴陵紀桂芳醫學叢書四種　（清）紀桂芳釋　清乾隆四十九年（1784）稿本　12 冊

007031/36
公餘醫録六種　（清）陳念祖著　清同治九年（1870）綏定達縣明德善堂刻本　6 冊

025454/56
公餘醫録五種　（清）陳念祖著　清光緒十五年（1889）江左書林刻本　3 冊　存 2 種（時方歌括 2 卷，時方妙用 4 卷）

005795/98
古今名醫彙粹八卷　（清）羅美輯　清道光三年（1823）刻本本衙藏板　4 冊

008550/53
古今名醫彙粹八卷　（清）羅美選評　清

（1644–1911）抄本　4冊　存4卷（4–7）

006557/64
古今名醫彙粹八卷　（清）羅美輯　清嘉慶六年（1801）刻本五柳居藏板　8冊

006551/56
古今名醫彙粹方論合刊八卷　（清）羅美輯　民國十三年（1924）上海大成書局石印本　6冊　存6卷（1–6）

011378/79,025276/81,012925
古今名醫彙粹方論合刊八卷　（清）羅美輯　民國十三年（1924）上海大成書局石印本　8冊

006630/32,024832/34
古今醫徹四卷　（清）懷遠著　清道光十年（1830）重刻本讀味齋藏板　6冊

001443/522
古今醫統正脈全書四十四種二百零四卷（明）王肯堂編　民國十二年（1923）北京中醫學社補修本　80冊

000911/90
古今醫統正脈全書四十四種二百零四卷（明）王肯堂編　民國十二年（1923）北京中醫學社補修本　80冊

000991/1070
古今醫統正脈全書四十四種二百零四卷（明）王肯堂編　清（1644–1911）江陰朱文震校刻本　80冊　缺1卷（黄帝内經素問二十四卷附素問遺篇卷1）

026102/09
古今醫統正脈全書四十四種二百零四卷（明）王肯堂編　清（1644–1911）刻本　8冊　存11卷（格致余論1卷，金匱鉤玄3卷，傷寒標本2卷，傷寒心要1卷，傷寒醫鑒1卷，活法機要1卷，瘢論萃英1卷，局方發揮1卷）

014407/08
古今醫統正脈全書四十四種二百零四卷（明）王肯堂編　清（1644–1911）刻本　2冊　存2種（活法機要1卷，醫學發明1卷）

014318/19
古吳童氏重校醫宗必讀十卷　（明）李中梓著　民國（1912–1949）上海大成書局石印本　2冊　存5卷（4,5,8–10）

014316/17
古吳童氏重校醫宗必讀十卷　（明）李中梓著　民國（1912–1949）上海鴻文書局石印本　2冊

008415/19
古吳童氏重校醫宗必讀十卷　（明）李中梓著　民國五年（1916）上海廣益書局石印本　5冊

000601/04
顧氏醫鏡六種十六卷　（清）顧靖遠著　民國十三年（1924）上海掃葉山房石印本　4冊

006643/48
顧氏醫鏡六種十六卷　（清）顧靖遠著　民國十三年（1924）上海掃葉山房石印本　6冊

014898/905
國醫講義六種　（民國）秦伯未撰　民國十九年（1930）秦氏同學會鉛印本　8冊

025668,025670/72
國醫小叢書三十八種　（民國）上海國醫書局輯　民國（1912–1949）上海國醫書局鉛印本　4冊　存4種（之五七十四種瘰癧圖説，之八戴校疫痧草，之二十七小兒病叢談，之三十八霍亂指南）

013663/96
國醫小叢書三十四種　（民國）上海國醫

書局輯　民國十九年至二十五年（1920–1936）上海國醫書局鉛印本　34 冊

013343/46
宏濟堂醫書叢刊七卷　（清）陳少江校訂　民國（1912–1949）鉛印本　4 冊

007884/88
華氏醫學心傳四集　（民國）華秉麾撰　民國二十二年（1933）無錫錫成印刷公司鉛印本　5 冊

007724/35
黄氏醫書八種　（清）黄元御撰　民國（1912–1949）上海江左書林石印本　10 冊

002035/46
黄氏醫書八種　（清）黄元御撰　清光緒二十六年（1900）飛鴻閣石印本　12 冊

007736/47
黄氏醫書八種　（清）黄元御撰　清光緒三十年（1904）上海圖書集成印書局鉛印本　12 冊

007700/15
黄氏醫書八種　（清）黄元御撰　清咸豐十年（1860）長沙燮龢精舍刻本　16 冊

007693/99
黄氏醫書八種　（清）黄元御撰　清咸豐十年（1860）長沙燮龢精舍刻本　7 冊

024236/39,025236,025562,025581/96,025679/81
黄氏醫書八種　（清）黄元御撰　清宣統元年（1909）益元書局據燮龢精舍刻本重刻本　25 冊

004934,004936/37
迴瀾社醫書四種　（民國）汪紹達輯　民國十八年（1929）迴瀾社影印本　3 冊　存 3 種（葉天士家傳秘訣 1 卷，李翁醫記 2 卷，醫事啟源 1 卷）

022615/18
迴瀾社醫書四種　（民國）汪紹達輯　民國十八年（1929）上海迴瀾社影印本　4 冊

022697/700
迴瀾社醫書四種　（民國）汪紹達輯　民國十八年（1929）上海迴瀾社影印本　4 冊

007863/66
迴瀾社醫書四種　（民國）江紹達輯　民國十八年（1929）上海迴瀾社影印本　4 冊

006381/82
活人精言二種　（清）戴天章著　（明）戈維城著　清光緒二十七年（1901）刻本崇義堂藏板　2 冊

006383/86
活人精言二種　（清）戴天章著　（明）戈維城著　清光緒二十七年（1901）刻本崇義堂藏板　4 冊

006565/68
活人心法四卷　（清）劉以仁著　清咸豐九年（1859）重刻本三義公藏板　4 冊

010281/84
吉林國光醫學校講義四種　（民國）辛瑞鋒等編　民國（1912–1949）吉林遠東印書館鉛印本　4 冊

024207
急救喉證刺疔合編二種　（清）費山壽彙輯　（清）張鏡著　清光緒五年（1879）三省書屋刻本　1 冊

005245/46
己任編八卷　（清）高鼓峰著　（清）楊乘六評　清（1644–1911）刻本　2 冊

000503/12
濟生拔粹方十九卷　（元）杜思敬編　民

國二十七年（1938）上海涵芬樓據元延祐二年（1315）刻本影印本　10 冊

025875/82
濟生拔粹方十九卷　（元）杜思敬編　民國二十七年（1938）上海涵芬樓據元延祐二年（1315）刻本影印本　10 冊

024803/05
濟生拔粹方十九卷　（元）杜思敬編　民國二十七年（1938）上海涵芬樓據元延祐二年（1315）刻本影印本　3 冊　存 6 卷（8–11,18,19）

022944/53
濟生拔粹方十九卷　（元）杜思敬輯　民國二十七年（1938）上海涵芬樓據元（1271–1368）刻本影印本　10 冊

000474/81,001929/36
濟世全書二十七種　（清）汪啟賢、汪啟聖撰　清康熙（1661–1722）刻本　16 冊　存 15 種（悟真指南 2 卷，動功按摩秘訣 1 卷，中風癱瘓驗方 1 卷，蠱膈彙選驗方 1 卷，彙選方外奇方 1 卷，彙選增補應驗良方 1 卷，廣嗣秘訣驗方 1 卷，添油接命金丹大道 1 卷，女媧氏煉石補天 1 卷，清淨金丹大道 1 卷，六種應驗神方 1 卷，虛勞彙選應驗良方 1 卷，女科彙選應驗良方 1 卷，幼科彙選應驗良方 1 卷，外科彙選應驗良方 1 卷）

002089/92
濟眾新編八卷　（朝鮮）康命吉撰　朝鮮嘉慶四年（1799）内閣刻本　4 冊

002084/88
濟眾新編八卷　（朝鮮）康命吉撰　朝鮮嘉慶四年（1799）内閣刻本　5 冊

008382/86
濟眾新編八卷　（朝鮮）康命吉撰　朝鮮嘉慶四年（1799）内閣刻本　5 冊

005513/18,009417/18,023168,024172,024209/10
嘉定張氏體仁堂醫藥叢刊十五種　（民國）張壽頤著　民國（1912–1949）浙江蘭谿中醫學校鉛印本　12 冊　存 5 種（重訂中風斠詮 3 卷，脈學正義 6 卷，沈氏女科輯要箋正 2 卷，瘍科綱要 2 卷，英醫合信氏全體新論疏證 2 卷）

001558/61
簡易醫訣四卷　（清）周雲章著　清宣統元年（1909）刻本　4 冊

005331/34
簡易醫訣四卷　（清）周雲章著　清宣統元年（1909）刻本　4 冊

005335/38
簡易醫訣四卷　（清）周雲章著　清宣統元年（1909）刻本　4 冊

008520/23
簡易醫訣四卷　（清）周雲章著　清宣統元年（1909）刻本　4 冊

001562/65
簡易醫訣四卷　（清）周雲章著　清宣統元年（1909）刻本　5 冊

000148/51
簡易醫訣四卷　（清）周雲章著　清宣統元年（1909）刻本成都本志古堂藏板　4 冊

005836
江唯一先生醫學先路四卷　（清）江唯一著　民國十三年（1924）刻本　1 冊　存 2 卷（1,2）

024096,025676
江陰柳氏醫學叢書十二種　（清）柳寶詒著　清光緒二十六年（1900）惜馀小舍刻本　2 冊　存 2 種（評選環溪草堂醫案 3 卷，評選愛廬醫案 1 卷）

014445/49
校正公餘醫録五種 （清）陳念祖著　民國二十二年（1933）上海錦章圖書局石印本　5 冊

024249
校正圖註難經脉訣八卷附校正瀕湖脉學一卷奇經八脉考一卷 （明）張世賢注　民國（1912–1949）上海鴻寶齋書局石印本　1 冊

025597
校正醫宗金鑑九十卷 （清）吳謙輯　民國（1912–1949）上海文華書局石印本　1 冊　存 2 卷（外科 1,2）

026234/36
校正醫宗金鑑九十卷 （清）吳謙輯　民國（1912–1949）上海文華書局石印本　3 冊　存 23 卷（内科 1–23）

014412/16　善本
京板校正大字醫學正傳八卷 （明）虞摶編集　（明）虞守愚校正　明萬曆五年（1577）金陵三山書舍松亭吳江刻本　5 冊　存 6 卷（1–6）

008053/62
精校加批增圖醫學入門七卷首一卷 （明）李梴著　民國二年（1913）上海校經山房石印本　10 冊

022668/75
精校加批增圖醫學入門七卷首一卷 （明）李梴著　民國二年（1913）上海校經山房石印本　8 冊

000578/87
精校詳註醫學入門七卷首一卷 （明）李梴編著　民國（1912–1949）上海廣益書局石印本　10 冊

001543/46
景岳全書發揮四卷 （清）葉桂著　清道光二十四年（1844）刻本吳郡葉眉壽堂藏板　4 冊

000366/69
景岳全書發揮四卷 （清）葉桂著　清光緒五年（1879）醉六堂刻本　4 冊

001551/53
景岳全書發揮四卷 （清）葉桂著　清光緒五年（1879）醉六堂刻本　3 冊　存 3 卷（1,2,4）

001547/50
景岳全書發揮四卷 （清）葉桂著　清光緒五年（1879）醉六堂刻本　4 冊

001554/57
景岳全書發揮四卷 （清）葉桂著　清光緒五年（1879）醉六堂刻本　4 冊

001539/42
景岳全書發揮四卷首一卷 （清）葉桂著　民國二十五年（1936）上海千頃堂書局石印本　4 冊

000513/28
景岳全書六十四卷 （明）張介賓著　民國（1912–1949）上海會文堂新記書局石印本　16 冊

024742/56
景岳全書六十四卷 （明）張介賓著　民國（1912–1949）石印本　15 冊　存 58 卷（7–64）

001523/38
景岳全書六十四卷 （明）張介賓著　民國六年（1917）上海校經山房石印本　16 冊

006889/91
景岳全書六十四卷 （明）張介賓著　清（1644–1911）刻本　3 冊　存 5 卷（54–57,64）

002027/34,005757/64

景岳全書六十四卷 （明）張介賓著　清光緒二十年（1894）上海圖書集成印書局鉛印本　16 冊

000529/52　善本

景岳全書六十四卷 （明）張介賓著　清康熙四十九年（1710）刻本光德堂藏板　24 冊

006548/50

蘭室秘藏三卷 （金）李杲撰　（明）吳勉學校　清（1644–1911）刻本　3 冊

006402/06,025485/87

蘭臺軌范八卷 （清）徐大椿著　清乾隆二十九年（1764）刻本洄溪草堂藏板　8 冊

006407/14

蘭臺軌范八卷 （清）徐大椿著　清乾隆二十九年（1764）刻本洄溪草堂藏板　8 冊

007844/55

雷氏慎修堂醫書三種 （清）雷豐著　清光緒十年（1884）至光緒十三年（1887）三衢雷慎修堂養鶴山房刻本　12 冊

001267/76

雷氏醫書三種 （清）雷豐著　民國（1912–1949）成都昌福公司鉛印本　10 冊

000138/47

類證治裁八卷首一卷附舌色辨生死辨 （清）林佩琴著　清光緒十年（1884）丹陽林氏重刻本研經堂藏板　10 冊

006569/78

類證治裁八卷首一卷附舌色辨生死辨 （清）林佩琴著　清光緒十年（1884）丹陽林氏重刻本研經堂藏板　10 冊

006579/88

類證治裁八卷首一卷附舌色辨生死辨 （清）林佩琴著　清光緒十年（1884）丹陽林氏重刻本研經堂藏板　10 冊

006419/30

利溥集三種十四卷 （清）王鴻驥輯　清宣統二年（1910）刻本成都閑存齋藏板　12 冊

006525/29,　025150/56

利溥集三種十四卷 （清）王鴻驥輯　清宣統二年（1910）刻本成都閑存齋藏板　12 冊

006415/18

利溥集四種十八卷 （清）王鴻驥輯　清宣統二年（1910）刻本成都閑存齋藏板　4 冊　存 1 種（内經提要 4 卷）

005724/28

聊復集五卷 （清）汪必昌輯纂　（清）汪國祥校　清嘉慶十五年（1810）刻本　5 冊

008159/70

臨症醫案傷寒症辨證録十四卷附胎產秘書一卷 （清）陳士鐸著述　清光緒十年（1884）善成堂刻本　12 冊

008143/58

臨症醫案傷寒症辨證録十四卷附胎產秘書一卷 （清）陳士鐸著述　清光緒十年（1884）善成堂刻本　16 冊

003684/707

六科證治準繩六種 （明）王肯堂輯　清（1644–1911）修敬堂刻本　24 冊　存 2 種（雜症 8 卷，外科 6 卷）

003772/94

六科證治準繩六種三十八卷 （明）王肯堂輯　（清）程永培校　清光緒十八年（1892）上海圖書集成印書局鉛印本　23

冊　存37卷（類方準繩卷1-6、8,傷寒準繩8卷,女科準繩5卷,外科準繩6卷,幼科準繩3卷,證治準繩8卷）

003534/65,003568/72　善本
六科證治準繩六種四十四卷　（明）王肯堂輯　清（1644-1911）刻本　37冊　存36卷（外科準繩6卷,幼科準繩9卷,傷寒準繩8卷,女科準繩5卷,雜病準繩8卷）

003474/553
六科證治準繩六種四十四卷　（明）王肯堂輯　清乾隆五十八年（1793）修敬堂刻本　80冊

003795/826
六科準繩六種四十四卷　（明）王肯堂輯　民國（1912-1949）石印本　32冊

003859
六科準繩六種四十四卷　（明）王肯堂輯　民國二十四年（1935）上海掃葉山房石印本　1冊　存1卷（類方準繩3）

003827/58,003865/68
六科準繩六種四十四卷　（明）王肯堂輯　民國二十四年（1935）上海掃葉山房石印本　36冊

003729/57,003764/71
六科準繩六種四十四卷　（明）王肯堂輯　民國三年（1914）上海鴻寶齋書局石印本　37冊　存37卷（類方準繩8卷,傷寒準繩8卷,證治準繩8卷,幼科準繩8卷,女科準繩1-5）

003758/63,003860/64
六科準繩六種四十四卷　（明）王肯堂輯　民國元年（1912）上海鴻寶齋書局石印本　11冊　存13卷（傷寒準繩8卷,證治準繩2,女科準繩5,幼科準繩6-8）

003716/28,025063/64
六科準繩六種四十四卷　（明）王肯堂輯　（清）程永培校　民國二十四年（1935）上海掃葉山房石印本　15冊　存4種（兒科準繩,女科準繩,雜症準繩,傷寒準繩）

000482/89,007219/26
六醴齋醫書十種　（清）程永培編　清（1644-1911）刻本修敬堂藏板　16冊

007175/96
六醴齋醫書十種　（清）程永培編　清光緒十七年（1891）廣州藏修堂刻本　22冊

007197/218
六醴齋醫書十種　（清）程永培編　清光緒十七年（1891）廣州藏修堂刻本　22冊

000754/73
六醴齋醫書十種　（清）程永培編　清乾隆五十九年（1794）修敬堂刻本　20冊

001221/34
六譯館叢書二十二種　廖平撰輯　民國（1912-1949）成都存古書局刻本　14冊　存13種（黄帝内經明堂1卷附録1卷,分方治宜篇,靈素五解篇,黄帝太素人迎脈口診補證2卷,黄帝内經太素診皮補證1卷附古經診皮名詞1卷釋尺2卷附録1卷,難經經釋補證卷下,楊氏太素三部九候篇補證,仲景三部九候診法附傷寒淺注讀法,傷寒總論1卷附太素傷寒總論補證1卷太素四時病補證1卷虐解補證1卷,傷寒平議,傷寒古本考,傷寒雜病論古本3卷,傷寒之雜病桂枝湯講義）

024274
六譯館叢書二十二種　廖平撰輯　民國（1912-1949）成都存古書局刻本　1冊　存1種（楊氏太素診絡篇補證3卷附病表1卷名詞解1卷）

005503/04,024232,024247/08,025287

六譯館叢書二十二種 廖平撰輯 民國（1912–1949）成都存古書局刻本 6冊 存5種（黄帝内經太素診皮篇補證1卷附古經診皮名詞解1卷尺2卷附録1卷，楊氏太素診絡篇補證3卷附病表1卷名詞解1卷，仲景三部九候診法附傷寒淺注讀法，黄帝太素人迎脈口診補證2卷，楊氏太素三部九候篇補證附十二經動脈表1卷）

009667

六種新編六種 （清）文晟輯 清同治十一年（1872）萍鄉文氏刻本 1冊 存2種（外科摘録2卷，急救便方1卷）

000001/05,007676/80 善本

羅氏會約醫鏡二十卷 （清）羅國綱輯 清乾隆五十四年（1789）大成堂刻本 10冊

000006/15 善本

羅氏會約醫鏡二十卷 （清）羅國綱輯 清乾隆五十四年（1789）大成堂刻本 10冊

025272

呂祖醫道還元九卷 （清）李時品校印 民國十九年（1930）北京天華館鉛印本 1冊 存2卷（6,7）

014054/58

呂祖醫道還元九卷 （清）李時品校印 民國十九年（1930）北京天華館鉛印本 5冊

023381/85

呂祖醫道還元九卷 （清）李時品校印 民國十九年（1930）北京天華館鉛印本 5冊

000570/77

脈藥聯珠合刻三種 （清）龍柏撰 清嘉慶二十一年（1816）刻本醒愚閣藏板 8冊

006633/42

明醫指掌十卷 （明）皇甫中撰注 （明）王肯堂補訂 民國（1912–1949）詩葉堂刻本 10冊

002160/72

南雅堂醫書全集十六種 （清）陳念祖著 清（1644–1911）刻本 13冊 存9種（靈素節要淺註12卷，金匱要略淺註10卷，金匱方歌括6卷，長沙方歌括6卷，醫學實在易8卷，神農本草精讀4卷，時方妙用4卷，時方歌括2卷，十藥神書註解1卷）

005260/67

弄丸心法八卷 （清）楊鳳庭著 （清）張興隆校刊 清宣統三年（1911）刻本 8冊

005268/75

弄丸心法八卷 （清）楊鳳庭著 （清）張興隆校刊 清宣統三年（1911）刻本 8冊

023593/96

平法寓言十卷 （清）與樵山客撰 清光緒十三年（1887）刻本 4冊

006908/09 善本

平陽府所刻醫書六種 （明）佚名編 明正德十年（1515）山西平陽府刻本 2冊

013392/93 善本

平陽府所刻醫書六種 （明）佚名編 明正德十年（1515）山西平陽府刻本 2冊 存2種（銅人鍼灸經7卷，西方子明堂灸經8卷）

004959/62

潛齋醫書八種十一卷 （清）王士雄編 民國元年（1912）鉛印本 4冊

007504/07

潛齋醫書八種十一卷 （清）王士雄編

民國元年（1912）鉛印本　4冊

007496/503
潛齋醫書五種二十卷　（清）王士雄著　民國（1912–1949）上海錦章圖書局石印本　8冊

007428/37
潛齋醫書五種二十七卷　（清）王士雄著　清光緒十八年（1892）上海醉六堂刻本　10冊

007481/95
潛齋醫學叢書十四種　（清）王士雄編　民國七年（1918）集古閣石印本　15冊　存12種（重慶堂隨筆2卷，醫砭1卷，言醫1卷，願體醫話良方1卷，柳洲醫話1卷，潛齋簡效方1卷，四科簡效方4卷，霍亂論2卷，女科輯要2卷，古今醫案按選4卷，王氏醫案2卷，王氏醫案續編8卷）

007455/63,026062/68
潛齋醫學叢書十四種　（清）王士雄編　民國七年（1918）集古閣石印本　16冊

007465/80
潛齋醫學叢書十四種　（清）王士雄編　（清）曹炳章校刊　民國七年（1918）集古閣石印本　16冊

007439/54
潛齋醫學叢書十四種　（清）王士雄編　（清）曹炳章校刊　民國十七年（1928）集古閣石印本　16冊

023707/08
秦氏同門集一卷二集一卷　（民國）秦伯未等著　民國二十四年（1935）鉛印本　2冊

008071/73
邱氏内科大綱三種　（民國）邱崇著　民國二十六年（1937）北平和平書局鉛印本　3冊

000420/25
求志居叢書初集五種二集五種　（清）陳隆澤輯　清光緒二十六年（1900）刻本（二集為清光緒二十五年（1899）刻本）6冊　存6種（博濟方5卷，旅舍備要方1卷，傷寒微旨2卷，全生指迷方4卷，傷寒九十論1卷，褚氏遺書1卷，黄帝内經明堂1卷）

023597/98
人子須知集四卷　（清）何夢瑶纂輯　清同治十一年（1872）刻本百爽軒藏板　2冊

000495/500　善本
儒門事親十五卷　（金）張從正著　（明）吴勉學校　明嘉靖二十年（1541）步月樓刻本映旭齋藏板　6冊

011613,014321,025935/7,026011/15
儒門事親十五卷　（金）張從正著　（明）吴勉學校　清（1644–1911）步月樓刻本映旭齋藏板　10冊

008484/89
儒門事親十五卷　（金）張從正著　（明）吴勉學校　清（1644–1911）敦化堂刻本　5冊　存13卷（1–11,14,15）

009868/71
三科輯要三種　（清）何夢瑶輯　清乾隆二十二年（1757）刻本樂只堂藏板　4冊

014394/95
三指捷編三卷　（清）朱耀榮著　清光緒二十九年（1903）刻本問心堂藏板　2冊

023499
三字經合編三種　（民國）張驥輯　民國二十二年（1933）鉛印本　1冊

023500
三字經合編三種　（民國）張驥輯　民國

二十二年（1933）鉛印本　1 冊

007889/93
攝生總要四種九卷（明）洪基參訂　清（1644–1911）文錦堂刻本　5 冊　缺 1 卷（種子秘剖下）

022929
神農本草經四卷傷寒雜病論集十卷（清）顧觀光學　清（1644–1911）刻本　1 冊

003404/06,025499/501,025503/07
神州醫藥專門學校課本（民國）神州醫藥專門學校編　民國（1912–1949）神州醫藥書報社鉛印本　11 冊　存 9 種（德性學講義，戈鵬雲述；雜症講義，張山雷述；經方講義，包識生著；包氏診斷學，包識生著；中醫解病理學講義，包識生著；中醫解剖生理衛生學，包識生編；瘍科藥劑學講義，張山雷述；瘍科講義，張山雷述；傷寒論講義，包識生著）

006665/78
沈氏尊生書五種六十八卷（清）沈金鰲撰　清同治十三年（1874）湖北崇文書局重刻本　14 冊　存 38 卷（傷寒論綱目 16 卷，要藥分劑 10 卷，婦科玉尺 6 卷，幼科釋謎 6 卷）

006652/64
沈氏尊生書五種六十八卷（清）沈金鰲撰　清同治十三年（1874）湖北崇文書局重刻本　13 冊　存 31 卷（雜病源流 30 卷，傷寒論綱目卷 1）

006750/62,025448
沈氏尊生書五種六十八卷（清）沈金鰲撰　清同治十三年（1874）湖北崇文書局重刻本　14 冊　存 35 卷（雜病源流卷 16–30，傷寒論綱目 16 卷，要藥分劑卷 7–10）

000180/205
沈氏尊生書五種六十八卷（清）沈金鰲撰　清同治十三年（1874）湖北崇文書局重刻本　26 冊

000206/31
沈氏尊生書五種六十八卷（清）沈金鰲撰　清同治十三年（1874）湖北崇文書局重刻本　26 冊

006679/704
沈氏尊生書五種六十八卷（清）沈金鰲撰　清同治十三年（1874）湖北崇文書局重刻本　26 冊

006705/30
沈氏尊生書五種六十八卷（清）沈金鰲撰　清同治十三年（1874）湖北崇文書局重刻本　26 冊

006731/49,024772/78
沈氏尊生書五種六十八卷（清）沈金鰲撰　清同治十三年（1874）湖北崇文書局重刻本　26 冊

001427/32
石室秘録六卷（清）陳士鐸撰　清（1644–1911）菁華堂刻本　6 冊

008491/96
石室秘録六卷（清）陳士鐸撰　清（1644–1911）刻本校經山房藏板　6 冊

008497/502　善本
石室秘録六卷（清）陳士鐸撰　清雍正八年（1730）刻本萱永堂藏板　6 冊

008490
石室秘録四卷（清）陳士鐸撰　民國（1912–1949）上海廣益書局石印本　1 冊

000426/40
拾慧集七卷續集十卷（清）何德藻輯增　民國九年（1920）吉林東興印書館鉛印本　15 冊

026256
士材三書八卷 （明）李中梓著述 （清）尤乘增補 清（1644–1911）刻本 1 冊 存 2 卷（病機沙篆 2 卷）

001261/66
士材三書八卷 （明）李中梓著述 （清）尤乘增補 清（1644–1911）刻本上海千頃堂藏版 6 冊

002058/63
士材三書八卷 （明）李中梓著述 （清）尤乘增補 清（1644–1911）善成堂刻本 6 冊

007856/60
士材三書八卷 （明）李中梓撰 （清）尤乘輯 清（1644–1911）宏道堂刻本 5 冊

022983/93
世補齋醫書正集六種三十三卷續集四種二十五卷 （清）陸懋修著 清光緒十年（1884）刻本 11 冊

022911/28
世補齋醫書正集六種三十三卷續集四種二十五卷 （清）陸懋修著 清光緒十二年（1886）山左書局刻本 18 冊

014337
世補齋醫書十五種 （清）陸懋修著 清光緒十年（1884）刻本 1 冊 存 2 種（内經運氣表 1 卷，内經難經音義 1 卷）

012496/97
壽世彙編四種 （清）祝韻梅編 清光緒元年（1875）雨梅書屋刻本 2 冊

012498/99
壽世彙編四種 （清）祝韻梅校刊 清光緒三十一年（1905）重刻本德裕堂藏板 2 冊

011320
壽世彙編五種十二卷 （清）祝韻梅編 清光緒十一年（1885）刻本金陵評事街楊宅藏板 1 冊

022849/51
壽世醫鑒三卷 （清）王文選編輯 清光緒六年（1880）重刻本萬邑王同仁藏板 3 冊

008449
四美合編四種 （清）勞守慎撰 民國二十四年（1935）安鋪華安印務書局鉛印本 1 冊

009363
四美合編四種 （清）勞守慎纂 清光緒二十九年（1903）南海勞禮安堂刻本廣州宏經閣藏板 1 冊 存 2 種（惡核良方釋疑 1 卷，經驗雜方 1 卷）

010653/54
四美合編四種 （清）勞守慎纂 清光緒二十九年（1903）南海勞禮安堂刻本廣州宏經閣藏板 2 冊 存 2 種（惡核良方釋疑 1 卷，經驗雜方 1 卷）

008519
四聖懸樞五卷 （清）黄元御著 清咸豐十年（1860）長沙徐氏燮龢精舍刻本 1 冊

012986/89
四香齋醫簡一卷四香齋雜記一卷雜症治法一卷醫方藥性一卷 （清）溦菴居士手訂 清光緒二十年（1894）抄本 4 冊

000360/65
嵩厓尊生書十五卷 （清）景日昣著 民國八年（1919）上海錦章書局石印本 6 冊

013428/31
嵩厓尊生書十五卷 （清）景日昣著 清

（1644–1911）宏道堂刻本　4 冊

000593/600
嵩厓尊生書十五卷（清）景日昣著　清（1644–1911）刻本緯文堂藏版　8 冊

023922/29
嵩厓尊生書十五卷（清）景日昣著　清光緒六年（1880）刻本　8 冊

013414/21
嵩厓尊生書十五卷（清）景日昣著　民國八年（1919）上海錦章書局石印本　2 冊

014366/73
蘇氏醫書正誤六種（清）蘇國棵著　民國九年（1920）刻本　8 冊

008312/13
素仙簡要四卷（清）奎瑛著輯　清同治四年（1865）刻本明道堂藏板　2 冊

008308/11
素仙簡要四卷（清）奎瑛著輯　民國三年（1914）上海石竹山房石印本　4 冊

023200/03
素仙簡要四卷（清）奎瑛著輯　民國三年（1914）上海石竹山房石印本　4 冊

000557/66
孫氏醫學叢書六種（民國）孫鼎宜撰　民國二十五年（1936）中華書局鉛印本　10 冊

000608/17
孫氏醫學叢書六種（民國）孫鼎宜撰　民國二十五年（1936）中華書局鉛印本　10 冊

006158/64,025056/58
孫氏醫學叢書六種（民國）孫鼎宜撰　民國二十五年（1936）中華書局鉛印本　10 冊

022187/96
孫氏醫學叢書六種（民國）孫鼎宜撰　民國二十五年（1936）中華書局鉛印本　10 冊

023609/18
孫氏醫學叢書六種（民國）孫鼎宜撰　民國二十五年（1936）中華書局鉛印本　10 冊

023444/53
孫氏醫學叢書六種（民國）孫鼎宜撰　民國二十五年（1936）中華書局鉛印本　10 冊

014236/38
太倉傅氏醫學三書（清）傅松元著　民國十九年（1930）上海中醫書局鉛印本劉河傅學古堂藏版　3 冊　存 2 種（醫案摘奇 4 卷，舌胎統志 1 卷附課藝芻議析疑）

024626
太乙神鍼方一卷救迷良方一卷喉痧正的一卷春溫三字訣一卷痢症三字訣一卷養生鏡一卷　佚名等撰　民國（1912–1949）石印本　1 冊

005670
唐氏中西六經方證通解三種（清）唐宗海著　民國六年（1917）上海千頃堂書局石印本　1 冊

009034,014239
唐氏中西六經方證通解三種（清）唐宗海著　民國六年（1917）上海千頃堂書局石印本　2 冊

007310/18
桃隝謝氏彙刻方書九種（清）謝家福編　清光緒二十一年（1895）刻本　9 冊

024184
天元病機九章不分卷（清）藍蕤芻撰　清光緒二十四年（1898）京都增補刻

本　1冊

006138/42

圖註難經脉訣八卷附校正湖瀕脉學一卷奇經八脉方一卷　（明）張世賢注　民國二十三年（1934）上海沈鶴記書局石印本　5冊

004864/66　善本

圖註難經脉訣八卷　（明）張世賢注　明（1368–1644）刻本　3冊　存5卷（圖註八十一難經辨真1、2，圖註脉訣辨真1、2、4）

004876/77

圖註八十一難經辨真四卷刪註脈訣規正二卷　（明）張世賢圖註　（清）沈鏡刪註　清（1644–1911）刻本明德堂藏版　2冊

004867,006179/83

圖註難經脉訣八卷附奇經八脉考一卷脉訣考證一卷脉訣附方一卷瀕湖脉學一卷（明）張世賢注　清（1644–1911）姑蘇掃葉永記刻本　6冊

004859/61　善本

圖註難經脉訣八卷附脉訣考證一卷脉訣附方一卷瀕湖脉學一卷奇經八脉考一卷（明）張世賢注　清（1644–1911）刻本　3冊　缺2卷（圖註脉訣辨真1、2）

006169/74

圖註八十一難經辨真四卷刪註脈訣規正二卷　（明）張世賢圖註　（清）沈鏡刪註　清（1644–1911）大文堂刻本　6冊

004868/71

圖註八十一難經辨真四卷刪註脈訣規正二卷　（明）張世賢圖註　（清）沈鏡刪註　清光緒八年（1882）儒興堂刻本　4冊

006165/68

圖註八十一難經辨真四卷刪註脈訣規正二卷　（明）張世賢圖註　（清）沈鏡刪註　清光緒八年（1882）儒興堂刻本　4冊

005220/25

圖註八十一難經辨真四卷刪註脉訣規正二卷　（明）張世賢圖註　（清）沈鏡刪註　清（1644–1911）刻本文光閣藏板　6冊

001071/72

退思廬醫書四種合刻十五卷　（民國）嚴鴻志輯　民國（1912–1949）上海千頃堂石印本　2冊　存1種（感證輯要1、2）

001073/80

退思廬醫書四種合刻十五卷　（民國）嚴鴻志輯　民國十年（1921）寧波汲梗書莊石印本　8冊

001081/88

退思廬醫書四種合刻十五卷　（民國）嚴鴻志輯　民國十年（1921）寧波汲梗書莊石印本　8冊

000132/37

外倓答問十二卷　（民國）陸晉笙編　民國九年（1920）紹興醫藥學報社鉛印本　6冊

009703

外科切要不分卷療瘡要書不分卷奇方纂要不分卷　（清）王文選撰　清（1644–1911）刻本　1冊

007966/89,026096/101

萬密齋醫學全書十種　（明）萬全撰　清乾隆四十三年（1778）刻本忠信堂藏板　30冊　存8種（保命歌括35卷，傷寒摘錦2卷，養生四要5卷，萬氏女科4卷，痘疹心法23卷，廣嗣紀要16卷，幼科發揮2卷，片玉痘疹13卷）

007920/25　善本

汪石山醫書八種　（明）汪機編輯　（明）陳桷校正　清（1644–1911）刻本　6冊　存3種（針灸問對3卷，外科理例7卷附

方1卷，痘治理辨1卷附方1卷）

007913/19　善本
汪石山醫書八種　（明）汪機編輯　（明）陳桷校正　清（1644–1911）刻本　6冊　存4種（石山醫案3卷附録1卷，針灸問對3卷，外科理例7卷附方1卷，推求師意2卷）

022967/72
汪氏醫學六種　（清）汪宏著　清（1644–1911）刻本歙東汪村竹里藏板　6冊　存4種（神農本草經歌括3卷、本草附經歌括3卷、望診遵經2卷、入門要訣1卷）

007894/912
汪氏醫學叢書八種　（明）汪機撰　民國十年（1921）上海石竹山房石印本　19冊

000400/19
汪氏醫學叢書八種　（明）汪機撰　民國十年（1921）上海石竹山房石印本　20冊

006379/80
王旭高醫書六種　（清）王旭高編輯　民國（1912–1949）上海千頃堂書局石印本　2冊

007766/71
韓園醫學六種　（清）潘霨增輯　清光緒（1875–1908）江西書局刻本　6冊　存5種（醫學金鍼8卷，女科要略1卷附產寶1卷，理瀹外治方要1卷附録應驗諸方1卷，外科症治全生集4卷，十藥神書1卷）

001185/96
韓園醫學六種　（清）潘霨增輯　清光緒十年（1884）江西書局刻本　12冊

001853/64
韓園醫學六種　（清）潘霨增輯　清光緒十年（1884）江西書局刻本　12冊

007772/87
韓園醫學六種　（清）潘霨增輯　清光緒四年（1878）刻本　16冊

007788/803
韓園醫學六種　（清）潘霨增輯　清光緒四年（1878）刻本　16冊

009208/15
衛生寶鑑二十四卷補遺一卷　（元）羅天益著　清光緒十四年（1888）惜陰書局重刻本　8冊

008387/94
衛生寶鑑二十四卷補遺一卷　（元）羅天益著　清（1644–1911）鉛印本　8冊

007512
衛生會刊不分卷廣益良方不分卷　（民國）徐友丞輯　民國七年（1918）中華衛生公會鉛印本　1冊

013365/74
夏氏醫書五種　（清）夏俊臣集抄　清（1644–1911）抄本　10冊

023373/76
先醒齋醫學廣筆記四卷　（明）繆希雍著　民國八年（1919）上海集古閣石印本　4冊

023377/80
先醒齋醫學廣筆記四卷　（明）繆希雍著　民國八年（1919）上海集古閣石印本　4冊

002073/77　善本
詳校醫宗必讀十卷　（明）李中梓著　清乾隆四十七年（1782）金相堂刻本　5冊

005100/29　善本
新編醫學正傳八卷　（明）虞摶編集　明（1368–1644）刻本　30冊

022808/17
新刊壽世保元十卷 （明）龔廷賢編　清（1644–1911）刻本　10 冊

026239
新刊萬病回春原本八卷 （明）龔廷賢編　清（1644–1911）刻本　1 冊　存 2 卷（7,8）

014437/44
新刊增補萬病回春八卷 （明）龔廷賢編　清（1644–1911）上海埽葉山房刻本　8 冊

024879/81,025712
新刊增補萬病回春原本八卷 （明）龔廷賢編　清（1644–1911）刻本　4 冊

013697/704
新刊增補萬病回春原本八卷 （明）龔廷賢編　清（1644–1911）刻本上海掃葉山房藏板　8 冊

013962　善本
新刻心印紺珠經二卷 （明）李湯卿撰　清（1644–1911）刻本　1 冊

013340
新醫宗必讀不分卷 （清）何炳元著　清光緒三十三年（1907）石印本　1 冊

013362/64
新纂中西醫書八種 佚名輯　清光緒二十五年（1899）石印本　3 冊

013385/86
徐靈胎十二種全集 （清）徐大椿著　清同治三年（1864）善成堂刻本　2 冊　存 1 種（難經經釋 2 卷）

013317/32
徐靈胎先生醫書十三種 （清）徐大椿著　民國（1912–1949）上海錦文堂書局石印本　16 冊

001247/52,001821/31
徐靈胎醫略六書 （清）徐大椿著　清光緒二十九年（1903）上洋趙翰香居鉛印本　18 冊

007303/08,025002/13
徐靈胎醫略六書 （清）徐大椿著　清光緒二十九年（1903）上洋趙翰香居鉛印本　18 冊

013633/56
徐靈胎醫書三十二種 （清）徐大椿著　民國（1912–1949）上海錦文堂書局石印本　24 冊

000491/94
徐靈胎醫學全書前後集十六種 （清）徐大椿著　（清）清和月醫學社彙輯重校　清光緒三十三年（1907）章福書局石印本　4 冊

001235/46
徐靈胎醫學全書前後集十六種 （清）徐大椿著　清光緒三十三年（1907）上海六藝書局石印本　12 冊　存 15 種（難經經釋二卷，神農本草經百種録一卷，醫貫砭二卷，傷寒論類方一卷，蘭臺軌范八卷，慎疾芻言一卷，洄溪醫案一卷，内經詮釋一卷，洄溪脈學一卷，傷寒約編六卷，雜病源一卷，六經病解一卷，舌鑑總論一卷，女科醫案一卷，脈訣啟悟一卷）

007284/90
徐靈胎醫學全書前後集十六種 （清）徐大椿著　清光緒三十三年（1907）上海六藝書局石印本　7 冊

007262/73
徐氏醫書八種 （清）徐大椿著　清光緒十八年（1892）湖北官書處刻本　12 冊

007238/49
徐氏醫書八種 （清）徐大椿著　清光緒十八年（1892）湖北官書處重刻本

12 冊

007250/61
徐氏醫書八種 （清）徐大椿著　清光緒十八年（1892）湖北官書處重刻本　12 冊

007227/37,025947
徐氏醫書八種 （清）徐大椿著　清光緒十五年（1889）重刻本掃葉山房藏板　12 冊

007291/302
徐氏醫書八種附五種 （清）徐大椿著　民國二年（1913）上海中華圖書館石印本　12 冊

001415/19
徐氏醫書六種 （清）徐大椿著　清同治十二年（1873）湖北崇文書局重刻本　5 冊　存 9 卷（3,8–15）

007274/83
徐氏醫書六種 （清）徐大椿著　清同治十二年（1873）湖北崇文書局重刻本　10 冊

001405/14
徐氏醫書六種 （清）徐大椿著　清同治十二年（1873）湖北崇文書局重刻本　10 冊

001811/20
徐氏醫書六種 （清）徐大椿著　清同治十二年（1873）湖北崇文書局重刻本　10 冊

001151/55
徐氏醫書六種 （清）徐大椿著　清同治十二年（1873）湖北崇文書局重刻本　5 冊　存 4 種（難經經釋 2 卷，醫學源流論 2 卷，神農本草經百種録 1 卷，醫貫砭 2 卷）

013349/54,013618/23,023523/28
薛立齋醫案全集 （明）吳琯輯　民國十年（1921）上海大成書局石印本　18 冊　存 15 種（保嬰撮要 20 卷，癧疽神秘驗方 1 卷，外科經驗方 1 卷，外科精要 3 卷，正體類要 2 卷，口齒類要 2 卷，癘疡機要 3 卷，錢氏小兒藥證直訣 4 卷，陳氏小兒痘疹方論 1 卷，保嬰金鏡録 1 卷，婦人良方 24 卷，女科撮要 2 卷，外科發揮 8 卷，外科心法 7 卷，外科樞要 4 卷）

024894/905
薛立齋醫案全集二十四種 （明）吳琯輯　民國（1912–1949）石印本　12 冊　存 15 種（十四經發揮 3 卷，錢氏小兒藥證直訣 4 卷，陳氏小兒痘疹方論 1 卷，保嬰金鏡録 1 卷，女科撮要 2 卷，口齒類要 2 卷，癘瘍機要 3 卷，難經本義 2 卷，本草發揮 4 卷，平治會萃 3 卷，内科摘要 2 卷，傷寒鈐法 1 卷，外科金鏡録 1 卷，原機啟微 2 卷附 1 卷，保嬰撮要 20 卷）

024882/93
薛立齋醫案全集二十四種 （明）吳琯輯　民國十年（1921）上海大成書局石印本　12 冊　存 10 種（十四經發揮 3 卷，婦人良方 24 卷，難經本義 2 卷，本草發揮 4 卷，平治會萃 3 卷，内科摘要 2 卷，名醫雜著 6 卷，傷寒鈐法 1 卷，外科金鏡録 1 卷，原機啟微 2 卷附 1 卷）

001119/30
薛氏醫按二十四種 （明）吳琯輯　民國（1912–1949）石印本　12 冊　存 9 種（婦人良方 24 卷，名醫雜著 6 卷，外科樞要 4 卷，外科精要 3 卷，外科發揮 8 卷，外科心法 7 卷，癧疽神秘驗方 1 卷，外科經驗方 1 卷，正體類要 2 卷）

002137/42
薛氏醫按二十四種 （明）吳琯輯　民國十年（1921）大成書局石印本　6 冊　存 9 種（口齒類要 1 卷，癘瘍機要 3 卷，癧疽神秘驗方 1 卷，外科經驗方 1 卷，正體類要 2 卷，外科精要 3 卷，外科樞要 4 卷，外科心法 7 卷，外科發揮 8 卷）

009425/28
薛氏醫按二十四種　（明）吴琯輯　民國十年（1921）上海大成書局石印本　4 冊　存 7 種（口齒類要 1 卷，癘瘍機要 3 卷，癰疽神秘驗方 1 卷，外科經驗方 1 卷，正體類要 2 卷，外科精要 3 卷，外科樞要 4 卷）

025726/33
薛氏醫按二十四種　（明）吴琯輯　清（1644–1911）刻本　8 冊　存 8 種（女科撮要 2 卷，癘瘍機要 3 卷，正體類要 2 卷，陳氏小兒痘疹方論 1 卷，錢氏小兒直訣 4 卷，原機啟微 2 卷附録 1 卷，保嬰金鏡録 1 卷，敖氏傷寒金鏡録 1 卷）

014515/62
薛氏醫按二十四種　（明）吴琯輯　清嘉慶十四年（1809）書業堂刻本　48 冊

013380
學醫筆記課餘雜著五卷　（民國）萬鐘、萬鈞合著　民國（1912–1949）上海醫學書局鉛印本　1 冊

023462/65
楊氏提綱四卷　（清）楊旦升輯　民國二十年（1931）影印本　4 冊

005229/34
楊氏醫解八種七十六卷　（民國）楊鐘濬著　民國十年（1921）抄本　6 冊

003222/31,004932/33,004935,008079
藥盦醫學叢書二十二種　（民國）惲鐵樵著　民國十七年（1928）鉛印本　14 冊　存 5 種（傷寒論輯義按 6 卷，溫病明理 4 卷，脈學發微 4 卷，保赤新書 8 卷，生理新語 4 卷）

008134/39
一見知醫六卷　（清）陳鄂輯　清同治八年（1869）刻本尚德堂藏板　6 冊

023913/20
一囊春三卷　（清）徐炳章纂輯編次　清同治五年（1866）刻本　8 冊

013432/50
醫鈔類編二十四卷　（清）翁藻編輯　（清）許振禕重刊　清光緒二十一年（1895）奉新許振禕校刻本　19 冊　存 16 卷（1–5,14–24）

007990/8011,024971/74
醫鈔類編二十四卷　（清）翁藻編輯　（清）許振禕重刊　清光緒二十一年（1895）奉新許振禕校刻本　26 冊

024164
醫醇賸義四卷王洪緒先生外科證治全生一卷本草從新十八卷　（清）費伯雄著　（清）王維德著　（清）吴儀洛輯　清光緒二年（1876）刻本　1 冊　存 5 卷（醫醇賸義 3、4, 王洪緒先生外科證治全生 1, 本草從新 1、2）

001885/928
醫方辨難大成二百零六卷首一卷　文昌帝君著　民國三十五年（1946）刻本四川巴州恩陽河飛鸞亭藏板　44 冊

006941/44,025350/78,025910/16
醫方辨難大成二百零六卷首一卷　文昌帝君著　清道光三十年（1850）刻本四川巴州恩陽河飛鸞亭藏板　40 冊

026124/77
醫方辨難大成二百零六卷首一卷　文昌帝君著　清同治六年（1867）聚文堂刻本　54 冊　存 199 卷（上集 1–98, 中集幼科 1–47、婦科 1–16, 下集外科 1–32、眼科 1–6）

012121/27

醫方集解本草備要合編二種附重校舊本湯頭歌訣一卷 （清）汪昂著輯　民國三年（1914）上海共和書局石印本　7 冊

026237

醫方集解本草備要合編二種附湯頭歌訣一卷 （清）汪昂著輯　民國（1912–1949）上海錦章圖書局石印本　1 冊　存 23 卷（增評醫方集解 23 卷）

013858/61

醫方捷徑指南全書四卷 （明）王宗顯輯（明）錢允治校　民國四年（1915）刻本　4 冊

025231/33,025248

醫方捷徑指南全書四卷 （明）王宗顯輯（明）錢允治校　民國四年（1915）刻本　4 冊

024250/53

醫方藥性初學八卷首一卷末一卷 （明）羅必煒參訂　清光緒三十年（1904）寶慶祥隆書舍刻本　4 冊

025191/93,025446

醫方藥性初學八卷首一卷末一卷 （明）羅必煒參訂　清光緒三十年（1904）寶慶祥隆書舍刻本　4 冊

008435/38

醫綱提要八卷 （清）李宗源纂集論註　清光緒二十三年（1897）李光明莊刻本　4 冊

014128/31

醫綱提要八卷 （清）李宗源纂集論註　清光緒二十三年（1897）李光明莊刻本　4 冊

023043/45

醫古微六種九卷 （民國）張驥補註　民國二十四年（1935）成都義生堂刻本　3 冊　存 3 種（周禮醫師補注 1 卷，左氏秦和傳補注 1 卷，後漢書華佗傳補注 1 卷）

022333/37

醫古微六種九卷 （民國）張驥補註　民國二十四年（1935）成都義生堂刻本　5 冊　存 3 種（史記扁鵲倉公傳補註 3 卷，漢書藝文志方技補注 2 卷，子華子醫道篇注 1 卷）

014292/93

醫古微六種九卷 （民國）張驥補註　民國二十四年（1935）成都義生堂刻本 2 冊　存 1 種（史記扁鵲倉公傳補註上、下）

001156

醫古微六種九卷 （民國）張驥補註　民國二十四年（1935）成都義生堂刻本　1 冊　存 1 種（漢書藝文志方技補注 2 卷）

024320

醫古微六種九卷 （民國）張驥補註　民國二十四年（1935）成都義生堂刻本　1 冊　存 1 種（漢書藝文志方技補注 2 卷）

023329

醫古微六種九卷 （民國）張驥補註　民國二十四年（1935）成都義生堂刻本　1 冊　存 1 種（子華子醫道篇注 1 卷）

023660

醫古微六種九卷 （民國）張驥補註　民國二十四年（1935）成都義生堂刻本　1 冊　存 1 種（子華子醫道篇注 1 卷）

023328

醫古微六種九卷 （民國）張驥補註　民國二十四年（1935）成都義生堂刻本　1 冊　存 1 種（子華子醫道篇注 1 卷）

024233

醫古微六種九卷 （民國）張驥補註　民國二十四年（1935）成都義生堂刻本　1

冊　存1種（子華子醫道篇注1卷）

013462/63
醫家金箴二卷　（民國）何醒善編　民國二十六年（1937）天津觀禮堂刻本　2冊

001809/10
醫家秘奥五種　（清）陳嘉璴輯　民國二十年（1931）北京翰文齋據明（1368–1644）抄本影印本　2冊

002047/48
醫家秘奥五種　（清）陳嘉璴輯　民國二十年（1931）北京翰文齋據明（1368–1644）抄本影印本　2冊

014259/60
醫家秘奥五種　（清）陳嘉璴輯　民國二十年（1931）北京翰文齋據明（1368–1644）抄本影印本　2冊

023115/16
醫家秘奥五種　（清）陳嘉璴輯　民國二十年（1931）北京翰文齋據明（1368–1644）抄本影印本　2冊

014116/17
醫家秘奥五種　（清）陳嘉璴輯　民國二十年（1931）北京翰文齋據明（1368–1644）抄本影印本　2冊

022609/10
醫家秘奥五種　（清）陳嘉璴輯　民國二十年（1931）北京翰文齋據明（1368–1644）抄本影印本　2冊

008232/35
醫家四要四卷　（清）程曦、江誠、雷大震同纂　清光緒十二年（1886）豫章鄧燦堂刻本養鶴山房藏板　4冊

008318/21
醫家四要四卷　（清）程曦、江誠、雷大震同纂　清光緒十二年（1886）豫章鄧燦堂刻本養鶴山房藏板　4冊

013853/57
醫家四要四卷　（清）程曦、江誠、雷大震同纂　清光緒十二年（1886）豫章鄧燦堂刻本養鶴山房藏板　5冊

014190/93　善本
醫經小學六卷　（明）劉純撰　清（1644–1911）精抄本　4冊

022294/303　善本
醫壘元戎十二卷　（元）王好古箋次　明嘉靖四十一年（1562）魏尚純刻本　10冊

022666
醫理大概約説一卷　（清）劉沅著　清光緒三十二年（1906）成都守經堂刻本　1冊

022537/42
醫理發明八卷　（清）黄元吉著　清道光十七年（1837）廣濟堂刻本黄氏藏版　6冊

022667
醫理隨壇録不分卷　（民國）何醒善撰　民國二十三年（1934）觀禮堂刻本　1冊

023480/84,024993/97
醫理元樞七種　（清）朱音恬輯　清（1644–1911）刻本三益堂藏板　10冊

013862/67
醫理元樞七種　（清）朱音恬輯　清（1644–1911）藜照書屋刻本　6冊

023034/37
醫理真傳四卷醫法圓通四卷　（清）鄭壽全著　清光緒二十九年（1903）刻本七星會藏板　4冊

002065/72
醫理真傳四卷醫法圓通四卷　（清）鄭壽全著　清光緒十七年（1891）宏道堂刻本　8冊

013784/91
醫理真傳四卷醫法圓通四卷 （清）鄭壽全著　清同治八年（1869）刻本文林齋藏板　8 冊

013899/906
醫林指月十二種 （清）王琦纂輯　清光緒二十二年（1896）上海圖書集成印書局鉛印本　8 冊

023728
醫林指月十二種 （清）王琦纂輯　清（1644–1911）刻本　1 冊　存 3 種（醫家心法 1 卷，易氏醫案 1 卷，芷園臆草存案 1 卷）

013815/22
醫林指月十二種 （清）王琦纂輯　清乾隆三十二年（1767）刻本寶笏樓藏板　8 冊　存 3 種（醫學真傳 1 卷，本草崇原 3 卷，學古診則 4 卷）

001143/50
醫林指月十二種 （清）王琦纂輯　清光緒二十二年（1896）上海圖書集成印書局鉛印本　8 冊

023318/27
醫林纂要探源十卷附録一卷 （清）汪紱輯　清光緒二十三年（1897）江蘇書局刻本　10 冊

023434/43
醫林纂要探源十卷附録一卷 （清）汪紱輯　清光緒二十三年（1897）江蘇書局刻本　10 冊

023645/54
醫林纂要探源十卷附録一卷 （清）汪紱輯　清光緒二十三年（1897）江蘇書局刻本　10 冊

024654/59
醫林纂要探源十卷附録一卷 （清）汪紱輯　清光緒二十三年（1897）江蘇書局刻本　6 冊　存 8 卷（1、2,6–11）

013872/77
醫録便覽六卷首一卷 （清）劉福慶纂著　清光緒三十年（1904）刻本　6 冊

008439/42
醫門八法四卷 （清）劉鴻恩著　清光緒六年（1880）蓬池劉氏石印本　4 冊

023131/34
醫門八法四卷 （清）劉鴻恩著　清光緒六年（1880）蓬池劉氏石印本　4 冊

022390/99
醫門棒喝十三卷 （清）章虛谷著　清宣統元年（1909）蠡城三友益齋石印本　10 冊

011306/07
醫門擘要二卷 （明）蘭茂著　清（1644–1911）刻本　2 冊

005213/15
醫門補要三卷 （清）趙濂著　民國（1912–1949）上海中醫書局據清光緒九年（1883）古本醫學叢書刻本影印本　3 冊

023994/9
醫門初學萬金一統要訣分類二十卷 （明）太醫院原本　清光緒十四年（1888）南京李光明莊刻本　6 冊

008464/67
醫門初學萬金一統要訣十卷 （明）羅必煒參訂　清光緒十四年（1888）南京李光明莊刻本　4 冊

025568
醫門法律六卷 （清）喻昌著　民國（1912–1949）石印本　1 冊　存 2 卷（5,6）

022276/81
醫門法律六卷 （清）喻昌著　清光緒三十一年（1905）經元書室刻本　6 冊

024850/59
醫門法律六卷 （清）喻昌著　民國六年（1917）南昌退盧刻本　10 冊

014429/30
醫門小學四卷首一卷末一卷 （清）趙亮采注　清光緒十三年（1887）鹿門慎業齋刻本　2 冊

022611/14
醫門小學四卷首一卷末一卷 （清）趙亮采注　清光緒十三年（1887）鹿門慎業齋刻本　4 冊

024131/32
醫門要訣二卷 （清）吳錫圭纂述　民國十二年（1923）油印本　2 冊

000352/53
醫師秘笈二卷附薛生白濕熱條辨一卷 （清）佚名撰　清光緒七年（1881）刻本簡香齋藏板　2 冊

023038/41
醫詩必讀十二卷 （清）冉敬簡編輯　清（1644–1911）宏道堂刻本　4 冊

022701
醫事蒙求一卷 （民國）張壽頤著　民國二十三年（1934）鉛印本　1 冊

024941/58,000588/92,014320
醫書匯參輯成二十四卷 （清）蔡宗玉輯　清嘉慶十二年（1807）刻本　24 冊

010543
醫書七種　佚名輯　清（1644–1911）刻本　1 冊　存 4 種（喉痧正的 1 卷，太乙神鍼 1 卷，救迷良方 1 卷，福幼編 1 卷）

014107/10
醫悟十二卷 （清）馬冠群述　清光緒二十三年（1897）寄廡刻本　4 冊

008478/83
醫悟十二卷 （清）馬冠群述　清光緒二十三年（1897）寄廡刻本　6 冊

023160/63
醫悟十二卷 （清）馬冠群述　清光緒十九年（1893）刻本　4 冊

014228/31
醫學白話四卷 （清）洪壽曼編　民國八年（1919）上海廣益書局石印本　4 冊

005000/03
醫學白話四卷 （清）洪壽曼編　清光緒三十三年（1907）上海彪蒙書室石印本　2 冊

023135
醫學必讀四卷 （民國）李島三編　民國十年（1921）上海世界書局石印本　1 冊

006210/13,025790/93
醫學初階四種 （清）嚴嶽蓮編　民國十三年（1924）渭南嚴氏據清光緒三十四年（1908）刻本補刻本　8 冊　存 2 種（本經逢原 4 卷，金匱要略淺註方論合編 10 卷）

000302/41　善本
醫學綱目四十卷 （明）樓英編　明嘉靖四十四年（1565）曹灼刻本　40 冊

007375/404,025794/99
醫學匯海三十六卷首一卷 （清）孫德潤著輯　清光緒五年（1879）楊州董蓮據道光六年（1826）刻本重修刻本　36 冊

022528/31
醫學集成四卷 （清）劉仕廉纂輯　民國十一年（1922）成都昌福公司鉛印本　4 冊

008450/53
醫學集成四卷 （清）劉仕廉纂輯 （清）李培郁校正 （清）劉仕鵬校閲 （清）張文儼校録 （清）李仲元校刊 （清）劉永鐘校字　民國十二年（1923）富記書局重刻本　4 冊

022350/53
醫學集成四卷 （清）劉仕廉纂輯 （清）李培郁校正 （清）劉仕鵬校閲 （清）張文儼校録 （清）李仲元校刊 （清）劉永鐘校字　民國十二年（1923）富記書局重刻本　4 冊

022354/57
醫學集成四卷 （清）劉仕廉纂輯 （清）李培郁校正 （清）劉仕鵬校閲 （清）張文儼校録 （清）李仲元校刊 （清）劉永鐘校字　清光緒十二年（1886）刻本益元堂藏板　4 冊

022358/61
醫學集成四卷 （清）劉仕廉纂輯 （清）李培郁校正 （清）劉仕鵬校閲 （清）張文儼校録 （清）李仲元校刊 （清）劉永鐘校字　清光緒十二年（1886）刻本益元堂藏板　4 冊

008431/34
醫學集成四卷 （清）劉仕廉纂輯 （清）李培郁校正 （清）劉仕鵬校閲 （清）張文儼校録 （清）李仲元校刊 （清）劉永鐘校字　清光緒十年（1884）刻本光明山房藏板　4 冊

005781
醫學集萃不分卷 張林莫録　民國二十年（1931）張林莫抄本　1 冊

005237/44
醫學輯要八卷 （清）谢甘澍輯　清光緒二十六年（1900）滸灣舊學山房刻本　8 冊

008216/17
醫學金鍼八卷 （清）陳念祖撰 （清）潘霨增輯　清光緒四年（1878）吴縣潘霨敏德堂刻本　2 冊

008236/39
醫學金鍼八卷 （清）陳念祖撰 （清）潘霨增輯　清光緒四年（1878）吴縣潘霨敏德堂刻本　4 冊

024146/49
醫學金鍼八卷 （清）陳念祖撰 （清）潘霨增輯　清光緒四年（1878）吴縣潘霨敏德堂刻本　4 冊

005208/11
醫學津梁六卷 （明）王肯堂著　民國（1912–1949）上海千頃堂石印本　4 冊

023018/21
醫學津梁六卷 （明）王肯堂著　民國八年（1919）上海孚華書局石印本　4 冊

014150
醫學津梁六卷 （明）王肯堂著 （清）岳昌源刪補　民國（1912–1949）上海學海圖書館石印本　1 冊

008395/98
醫學考辨十二卷 （清）羅紹芳纂輯　清咸豐五年（1855）刻本羅氏粹白齋藏板　4 冊

023430/33
醫學考辨十二卷 （清）羅紹芳纂輯　清咸豐五年（1855）刻本羅氏粹白齋藏板　4 冊

023510/11
醫學六經真傳一卷附經絡圖一卷 （清）吴霖生校録　清光緒十二年（1886）敏德堂刻本　2 冊

014059/60
醫學南針二集 （民國）陸士諤撰　民

國十七年（1928）上海世界書局鉛印本 2冊

000156/57
醫學篇八卷 （清）曾懿著 清光緒三十三年（1907）刻本 2冊

005218/19
醫學篇八卷 （清）曾懿著 清光緒三十三年（1907）刻本 2冊

013845/46
醫學篇八卷 （清）曾懿著 清光緒三十三年（1907）刻本 2冊

023360/61
醫學篇八卷 （清）曾懿著 清光緒三十三年（1907）刻本 2冊

014122/27
醫學啟蒙彙編六卷 （清）翟良纂輯 （清）翟文楠、李聚和參補 清（1644–1911）刻本 6冊

013768/77
醫學全書九卷 （清）劉常彥纂 清光緒五年（1879）術古堂刻本 10冊

013594/95
醫學入門二卷 （民國）周本一著 民國二十年（1931）鉛印本 2冊

022016/24
醫學入門七卷首一卷 （明）李梴編註 清道光二十年（1840）廣城福文堂刻本 9冊

022051/66
醫學入門七卷首一卷 （明）李梴編註 清咸豐八年（1858）刻本佛山金玉樓藏板 16冊

001157/65
醫學入門七卷首一卷 （明）李梴編註 清光緒十八年（1892）刻本粵東佛鎮翰寶樓藏版 9冊 存4卷（卷首1卷,1–3）

000738/53
醫學十書十二種二十二卷 （明）佚名輯 清光緒七年（1881）羊城雲林閣刻本 16冊

008063/70,001089/96
醫學十書十二種二十二卷 （明）佚名輯 清光緒七年（1881）羊城雲林閣刻本 16冊

013779/82
醫學實在易八卷 （清）陳念祖著 （清）陳元犀參訂 清光緒二十四年（1898）刻本 4冊

013916
醫學探驪集六卷 （清）康應辰著 清宣統二年（1910）石印本 1冊

023386/87
醫學探驪集六卷 （清）康應辰著 清宣統二年（1910）石印本 2冊

022545/48
醫學探源六卷 陳鼎三輯著 民國三十一年（1942）石印本 4冊

008218/21
醫學探源六卷 陳鼎三輯著 民國三十一年（1942）石印本 4冊

022836/39 善本
醫學體用四卷 （清）盧雲乘著 清雍正三年（1725）刻本懷陽堂藏板 4冊

013999/4003
醫學五則五種 （清）廖雲溪編 民國四年（1915）成都三府會刻本 5冊

013989/91,013993
醫學五則五種 （清）廖雲溪編 清光緒十三年（1887）刻本興發堂藏板 4冊 存4種（醫門初步1卷，藥性簡要1卷，

湯頭歌括 1 卷，增補脈訣 1 卷）

002078/82
醫學五則五種 （清）廖雲溪編　清光緒十三年（1887）刻本興發堂藏板　5 冊

013994/98
醫學五則五種 （清）廖雲溪編　清光緒十三年（1887）刻本興發堂藏板　5 冊

022282/93
醫學心境録十一卷首一卷 （明）唐君田編輯　清乾隆十二年（1747）刻本中和堂藏板　12 冊

008222/27
醫學心悟六卷 （清）程國彭著　清光緒六年（1880）掃葉山房刻本　6 冊

025569
醫學心悟六卷 （清）程國彭撰　民國（1912–1949）石印本　1 冊　存 1 卷（3）

004989/91
醫學心悟五卷附外科十法一卷 （清）程國彭著　清光緒二十年（1894）上海圖書集成印書局鉛印本　2 冊

008212/15
醫學尋源易簡録四卷 （清）陳念祖撰　清（1644–1911）刻本　4 冊

014152/53
醫學一見能不分卷 （清）唐宗海著　清光緒十六年（1890）刻本　2 冊

014154/55
醫學一見能不分卷 （清）唐宗海著　清光緒十六年（1890）刻本　2 冊

008190/91
醫學易通八卷 （清）陳念祖原著 （清）潘霨增輯　民國十四年（1925）上海中華新教育社石印本　2 冊

013800/05,024201
醫學易知十四種 （民國）中華書局編　民國八年（1919）上海中華書局鉛印本　7 冊

011470/71
醫學引深二卷 （民國）何仲皐著　民國（1912–1949）四川高等國醫學校鉛印本　2 冊

000568
醫學源流不分卷 （清）徐大椿撰 （清）寄虞子抄　清光緒六年（1880）抄本　1 冊

014047/48
醫學韻編二卷 （民國）楊蔚編　民國十一年（1922）影印本　2 冊

023075/82,　023136
醫學摘粹八卷 （清）慶恕撰　清光緒二十九年（1903）刻本　9 冊

023196/99
醫學摘粹五種八卷附天人解一卷六氣解一卷 （清）慶恕編撰　民國三年（1914）關東印書館鉛印本　4 冊

002049/57
醫學摘粹五種八卷附天人解一卷六氣解一卷 （清）慶恕編撰　清光緒二十三年（1897）刻本　9 冊

013810
醫學正傳八卷 （明）虞摶編集　民國（1912–1949）上海會文堂書局石印本　1 冊　存 4 卷（1,3,5,8）

022573/80
醫學正傳八卷 （明）虞摶編集　民國（1912–1949）上海會文堂書局石印本　8 冊

022565/72
醫學正傳八卷 （明）虞摶編集　民

國（1912–1949）上海會文堂書局石印本　8冊

001865/84
醫學指南十卷　（清）韋進德編輯　（清）章繼泳校正　清咸豐八年（1858）勞大中丞重刻本　20冊

022533/34
醫學指南五卷　（清）李德忠撰　清光緒二十四年（1898）聚元堂刻本　2冊

023164/67
醫學指南五卷　（清）李德忠撰　清光緒二十四年（1898）聚元堂刻本　4冊

013553
醫學衷中參西録三十卷　（民國）張錫純著　民國十三年（1924）滄州利達醫院鉛印本　1冊　存4卷（藥物講義4卷）

007351/74,014501/506　善本
醫學準繩六要六種十九卷　（明）張三錫撰　（明）王肯堂校　明崇禎十七年（1644）聚錦堂刻本　30冊　缺2卷（治法彙卷7缺1–81頁，本草選卷5缺1–47頁）

013983/88
醫藥叢書第一集　（民國）裘慶元輯　民國五年（1916）紹興醫藥學報社刻本　6冊　缺1卷（羅謙甫治驗案卷下）

022591/608
醫藥叢書全三集　（民國）裘慶元輯　民國五年至民國十年（1916–1921）紹興醫藥學報社刻本　18冊

023246/51
醫藥集覽八種　佚名著　清（1644–1911）刻本　6冊

022740/41
醫醫偶録二卷　（清）陳念祖著　清同治十三年（1874）蜀川蓬萊友善堂重刻本　2冊

008240
醫宗寶鏡五卷　（清）鄧復旦輯　民國（1912–1949）上海錦章書局石印本　1冊

014250
醫宗寶鏡五卷　（清）鄧復旦輯　民國（1912–1949）上海錦章書局石印本　1冊

005212
醫宗備要三卷　（清）曾鼎輯　清同治八年（1869）湖北崇文書局重刻本　1冊

025938
醫宗備要三卷　（清）曾鼎輯　清同治八年（1869）湖北崇文書局重刻本　1冊

005066
醫宗備要三卷　（清）曾鼎輯　清同治八年（1869）李光明莊狀元閣刻本　1冊

014325/28
醫宗必讀十卷　（明）李中梓著　清（1644–1911）宛委山莊刻本　4冊　存6卷（1–4,7,8）

008420/24
醫宗必讀十卷　（明）李中梓著　清光緒九年（1883）群玉山房刻本　5冊

008425/30
醫宗必讀十卷　（明）李中梓著　清光緒六年（1880）掃葉山房刻本　6冊

000158/71　善本
醫宗粹言十四卷　（明）羅周彦編輯　明萬曆四十年（1612）刻本　14冊　存8卷（1–8）

008314/17
醫宗説約六卷　（清）蔣示吉纂述　民國十七年（1928）重刻本江陰寶文堂藏版　4冊

025470/73

醫宗説約六卷 （清）蔣示吉纂述　清（1644–1911）刻本　4 冊　存 3 卷（2,3下,4）

023121/24

醫宗説約六卷 （清）蔣示吉纂述　清（1644–1911）刻本　4 冊　存 4 卷（1–4）

022551/56

醫宗説約六卷 （清）蔣示吉纂述　清光緒十四年（1888）刻本掃葉山房藏板　6 冊

014186/89

醫宗説約五卷首一卷 （清）蔣示吉纂述　清（1644–1911）寶翰樓刻本　4 冊

007931/50

影印古本醫學叢書十種 （民國）錢季寅輯　民國二十年（1931）上海中醫書局影印本　20 冊

007951/65,025139/43

影印古本醫學叢書十種 （民國）錢季寅輯　民國二十年（1931）上海中醫書局影印本　20 冊

007926/30

影印古本醫學叢書十種 （民國）錢季寅輯　民國二十年（1931）上海中醫書局影印本　5 冊　存 3 種（辨脈平脈章句 2 卷,本草衍義 20 卷,女科秘旨 8 卷）

014309/11

映雪堂祥校醫宗必讀十卷 （明）李中梓著　清（1644–1911）刻本　3 冊　存 6 卷（1,2,7–10）

023885/900

玉機微義五十卷 （明）劉宗厚著　清光緒四年至宣統三年（1878–1911）通德堂據日本寬文四年（1664）刻本刻本　16 冊

008399/414

玉機微義五十卷 （明）劉宗厚著　清光緒四年至宣統三年（1878–1911）通德堂據日本寬文四年（1664）刻本刻本　16 冊

006616/25

聿修堂醫學叢書十三種 （日本）丹波元簡等撰　（清）楊守敬輯　民國二十四年（1935）上海中醫書局鉛印本　10 冊　存 7 種（素問識 8 卷,藥治通義 12 卷,脈學輯要 3 卷,醫略抄 1 卷,難經疏證 2 卷,傷寒廣要 12 卷,醫賸 3 卷）

002781,004847,006306/09,006610/15,013478/81,023497,025211/12

聿修堂醫學叢書十三種 （日本）丹波元簡等撰　（清）楊守敬輯　民國二十四年（1935）上海中醫書局鉛印本　19 冊

005399

聿修堂醫學叢書十三種 （日本）丹波元簡等撰　（清）楊守敬輯　民國二十四年（1935）上海中醫書局鉛印本　1 冊　存 2 種（脈學輯要 3 卷,醫略抄 1 卷）

023388,024628/30

聿修堂醫學叢書十三種 （日本）丹波元簡等撰　（清）楊守敬輯　民國二十四年（1935）上海中醫書局鉛印本　3 冊　存 5 種（藥治通義 12 卷,脈學輯要 3 卷,醫略抄 1 卷,救急選方 2 卷,醫賸 3 卷）

024860/67,024967/70

喻氏三書十五卷 （清）喻昌著　清（1644–1911）刻本　12 冊

001833/52

喻氏三書十五卷 （清）喻昌著　清（1644–1911）刻本積玉會藏板　20 冊

023485/90

喻氏三書十五卷 （清）喻昌著　清光緒二十六年（1900）老校經山房石印

本　6 冊

023907/12
喻氏三書十五卷　（清）喻昌著　清宣統元年（1909）掃葉山房石印本　6 冊

025602,025604
御纂醫宗金鑑九十卷　（清）吳謙輯　民國（1912–1949）簡青齋書局石印本　2 冊　存 11 卷（39–44,64–68）

025607/16
御纂醫宗金鑑九十卷　（清）吳謙輯　民國（1912–1949）商務印書館石印本　10 冊　存 48 卷（内科 6–22、42–52、57–69, 外科 5–11）

025603
御纂醫宗金鑑九十卷　（清）吳謙輯　民國（1912–1949）申漢鍊石書局石印本　1 冊　存 6 卷（69–74）

025605/06
御纂醫宗金鑑九十卷　（清）吳謙輯　民國（1912–1949）石印本　2 冊　存 10 卷（45–50,55–58）

025598/601
御纂醫宗金鑑九十卷　（清）吳謙輯　民國（1912–1949）石印本　4 冊　存 58 卷（1–58）

000698/737
御纂醫宗金鑑九十卷　（清）吳謙輯　清（1644–1911）聚奎堂刻本　40 冊

025380/89
御纂醫宗金鑑九十卷　（清）吳謙輯　清（1644–1911）刻本　10 冊　存 10 卷（外科 7–16）

025618/28
御纂醫宗金鑑九十卷　（清）吳謙輯　清（1644–1911）刻本　11 冊　存 15 卷（外科 2–16）

025673
御纂醫宗金鑑九十卷　（清）吳謙輯　清（1644–1911）刻本　1 冊　存 4 卷（71–74）

007405/27
御纂醫宗金鑑九十卷　（清）吳謙輯　清（1644–1911）刻本　23 冊　存 42 卷（58–77,79–90）

024490/519
御纂醫宗金鑑九十卷　（清）吳謙輯　清（1644–1911）刻本　30 冊　存 62 卷（1–3,6–11,16–45,48–50,55–74）

000650/97
御纂醫宗金鑑九十卷　（清）吳謙輯　清（1644–1911）刻本　48 冊

025073/78
御纂醫宗金鑑九十卷　（清）吳謙輯　清（1644–1911）刻本　6 冊　存 6 卷（外科 1–6）

025390/96
御纂醫宗金鑑九十卷　（清）吳謙輯　清（1644–1911）刻本　7 冊　存 15 卷（35–49）

026254,026259
御纂醫宗金鑑九十卷　（清）吳謙輯　清（1644–1911）刻本　2 冊　存 2 卷（38,57）

025438/39
御纂醫宗金鑑九十卷　（清）吳謙輯　清（1644–1911）善成堂刻本　2 冊　存 4 卷（外科 9,10,13,14）

023491/96
御纂醫宗金鑑九十卷　（清）吳謙輯　清光緒三十二年（1896）刻本三義堂藏板　6 冊　存 16 卷（外科 1–16）

001605/64

御纂醫宗金鑑九十卷首一卷 （清）吳謙輯 清光绪二年（1876）江西书局重刻本 60 冊

023083/90

豫醫雙璧三十五卷 （清）吳重喜編 清宣統元年（1909）梁園節署鉛印本 8 冊

023091/98

豫醫雙璧三十五卷 （清）吳重喜編 清宣統元年（1909）梁園節署鉛印本 8 冊

014038/41

元彙醫鏡五卷首一卷 （民國）敲礄道人撰 民國十八年（1929）刻本北京永盛齋刻字鋪藏板 4 冊

014043/46

元彙醫鏡五卷 （民國）敲蹻道人撰 清光緒三十四年（1908）刻本 4 冊

024876/78,025188

元彙醫鏡五卷 （民國）敲蹻道人撰 清光緒三十四年（1908）刻本 4 冊

014423/26 善本

雲林神彀四卷 （明）龔廷賢編著 明萬曆十九年（1591）刻本 4 冊

013028/30

雜病辨要二卷附雜病補亡論一卷 （日本）淺田惟常著 日本安政四年（1857）聯腋書院活字本 3 冊

008126/33

增補百病辨證録十四卷 （清）陳士鐸撰 民國（1912–1949）上海千頃堂書局石印本 8 冊

008252/59

增補壽世保元十卷 （明）龔廷賢編 清宣統三年（1911）石印本 8 冊

008260/65

增補萬病回春原本八卷 （明）龔廷賢編 民國三年（1914）石印本 6 冊

014244/47

增補醫方一盤珠全集十卷首一卷 （清）洪金鼎撰 民國（1644–1911）上海錦章書局石印本 4 冊

026240/46

增補醫林狀元壽世保元十卷附太乙神鍼方 （明）龔廷賢編 民國二年（1913）上海廣益書局石印本 7 冊

026257

增補醫林狀元壽世保元十卷附太乙神鍼方 （明）龔廷賢編 民國（1912–1949）石印本 1 冊 存 1 卷（1）

014312/15

增補醫宗必讀全書五卷 （明）李中梓著 清（1644–1911）文聚堂刻本 4 冊

001208/11

增訂醫門初學萬金一統要訣九卷首一卷末一卷 （明）羅必煒參訂 （清）楊能儒梓行 民國三十五年（1946）寶慶富記書局刻本 4 冊

024396/415

增訂醫宗金鑑九十卷首一卷 （清）吳謙輯 民國（1912–1949）上海廣益書局石印本 20 冊

014182/85

增注醫宗己任編四種八卷 （清）楊乘六輯 （清）王汝謙補注 清光緒十七年（1891）南京李光明莊刻本 4 冊

006818/43

張氏醫通七種二十七卷 （清）張璐纂述 （清）張登、張倬編次 清光緒二十五年（1899）浙江官書局重印本 26 冊

006858/72
張氏醫通七種二十七卷 （清）張璐纂述 （清）張登、張倬編次 清光緒二十五年（1899）浙江官書局重印本 32 冊

006844/57
張氏醫通十六卷 （清）張璐纂述 清光緒二十年（1894）上海圖書集成印書局鉛印本 14 冊

025579/80
張氏醫通十六卷 （清）張璐纂述 清光緒二十年（1894）上海圖書集成印書局鉛印本 2 冊 存 7 卷（1–7）

000618/33 善本
張氏醫通十六卷 （清）張璐纂述 清康熙四十年（1701）寶翰樓刻本 16 冊

024627
張仲景傷寒論原文淺註六卷神農本草經讀四卷醫學三字經四卷醫學實在易八卷 （清）陳念祖著 民國（1912–1949）石印本 1 冊 存 15 卷（張機傷寒論原文淺註 1–5, 神農本草經讀 4 卷, 醫學三字經 1、2, 醫學實在易 5–8）

008118/22,013122/26,013234/41,014106,025318/29
浙江中醫專門學校講義 （民國）傅榮黻等編 民國（1912–1949）鉛印本 31 冊 存 23 種（病理學講義不分卷眾雜學講義不分卷, 徐首篔、方善長、傅榮黻編; 傷寒學講義 7 卷, 傅崇黻編; 運氣學講義不分卷, 傅崇黻編; 倫理學講義 1 卷訓育談 2 卷, 傅煥編; 國文講本不分卷, 傅煥選; 國文講義不分卷; 蛤子隨筆 4 卷, 傅煥著; 國文選本 1 卷, 唐世濰編; 國語講本 1 卷, 傅煥選; 外科要旨講義不分卷, 傅崇黻編; 婦科學講義不分卷, 陸無病、黃素庵編; 金匱學講義 3 卷, 孫祖燧、李芷洲、馬湯楹編; 雜症學講義不分卷, 孫祖燧、魏子祥、金澄甫編; 溫熱學講義不分卷, 王普耀編; 衛生學講義 1 卷, 陸元照編; 診察學講義 3 卷, 都敬齋、嵇季橘、陸弢編述; 藥物學講義 1 卷, 邢誦華編述; 診斷學講義 4 卷附補遺, 馬湯楹輯述（存卷四、補遺）; 組織學講義 3 卷, 傅崇黻編述; 生理學講義 4 卷, 陸元照編述; 病理學講義不分卷, 陸弢編述）

003577/601,003614/18,003638/55,022956/65,024806/27
證治準繩四十四卷 （明）王肯堂輯 （清）程永培校 清光緒十八年（1892）廣州石經堂刻本 80 冊

008192/211 善本
證治大還六種 （清）陳治述 清康熙（1662–1722）雲間貞白堂刻本 20 冊

013544/47
證治心得十二卷 （清）吳炳著 民國十五年（1926）鉛印本惜陰書屋藏板 4 冊

013758/62 善本
證治要訣十二卷 （明）戴元禮述 （明）余時雨校 明（1368–1644）新安余時雨校刻本 5 冊

013217/20
證治要義十卷 （清）陳當務輯 清乾隆五十年（1785）惠民堂刻本 4 冊

013741/44
證治鍼經四卷 （清）郭誠勛輯 清道光八年（1828）刻本得且堂藏板 4 冊

013588/91
證治鍼經四卷 （清）郭誠勛輯 清道光八年（1828）新樂刻本得且堂藏板 4 冊

013120,025082
知醫捷徑一卷 （清）錢榮國編 民國十三年（1924）江陰錢氏石印本 2 冊

013745/46

中國醫學初桄四編 （日本）矢數有道撰（民國）陳祖同譯述　民國三十年（1941）京華印書局鉛印本　2 冊

023601/02

中國醫學初桄四編 （日本）矢數有道撰（民國）陳祖同譯述　民國三十年（1941）京華印書局鉛印本　2 冊

013747/48

中國醫學初桄四編 （日本）矢數有道撰（民國）陳祖同譯述　民國三十年（1941）京華印書局鉛印本　2 冊

000176/79

中華醫學十六卷 （民國）余斌著　民國九年（1920）德瑩印刷社鉛印本　4 冊

005393/96,　024998/5001

中外醫書八種合刻　佚名輯　清光緒二十七年（1901）刻本正字山房藏板　8 冊

008012/35

中西匯通醫書六種 （清）唐宗海著　清宣統二年（1910）文倫書局鉛印本　24 冊

013050/59

中西匯通醫書五種二十九卷 （清）唐宗海著　清光緒二十年（1894）申江袖海山房書局石印本　10 冊

008036/40

中西匯通醫書五種二十九卷 （清）唐宗海著　清（1644–1911）石印本　5 冊　存 3 種（傷寒論淺註補正 7 卷首 1 卷，金匱要略淺註補正 9 卷，本草問答 2 卷）

025401/10

中西匯通醫書五種二十九卷 （清）唐宗海撰　清光緒三十二年（1906）善成堂刻本　10 冊

001131/41

中西匯通醫書五種二十九卷 （清）唐宗海撰　清光緒三十四年（1908）千頃堂書局石印本　11 冊　缺 1 種（本草問答 2 卷）

013289/300

中西匯通醫書五種二十九卷 （清）唐宗海撰　清光緒三十四年（1908）千頃堂書局石印本　12 冊

013464/77

中西醫通彙函十一種 （清）朱鈞編　清光緒三十三年（1907）上海朱氏煥文書局石印本　14 冊

022362/77

中西醫學全書十二種 （民國）羊城醫學會社輯　民國元年（1912）石印本羊城醫學研究所藏版　16 冊　存 9 種（臟腑圖説症治合璧 3 卷，格致醫理略述 1 卷，傷寒論淺註補正 7 卷，皮膚新編 1 卷，中西辯證醫經精義 2 卷，血證論 8 卷，本草奧義問答 2 卷，脈學精微輯要 3 卷，論脈不分卷）

025157/64

中西醫學全書十二種 （民國）羊城醫學會社輯　民國元年（1912）石印本羊城醫學研究所藏版　8 冊　存 4 種（臟腑圖説症治合璧 3 卷，格致醫理略述 1 卷，傷寒論淺註補正 7 卷，皮膚新編 1 卷）

013038/49

中西醫學群書十種 （清）陳俠君編　清光緒三十三年（1907）南洋醫學社刻本　12 冊

013157/64

中醫實驗談八卷　蒲湘澄編　民國三十四年（1945）刻本　8 冊

024425/27

周氏醫學叢書三集三十二種 （清）周學

海輯　清宣統三年（1911）刻本福慧雙脩館藏版　3冊　存3種（形色外診簡摩2卷，診家直訣2卷，傷寒補例2卷）

004239/42,004301/62
周氏醫學叢書三集三十二種　（清）周學海輯　民國二十五年（1936）據清宣統三年（1911）刻本影印本　66冊　缺36卷（内經評文36卷）

004228/38,004243/300
周氏醫學叢書三集三十二種　（清）周學海輯　民國二十五年（1936）據清宣統三年（1911）刻本影印本　69冊　缺8卷（中藏經3卷附方1卷，三消論1卷，溫熱論1卷，幼科要略2卷）

004045/74
周氏醫學叢書三集三十二種　（清）周學海輯　清光緒十七年（1891）池陽周氏校刻本　30冊　存6種（本草經3卷，本草經疏30卷，脈經10卷，增輯難經本義2卷，中藏經3卷附方1卷内照法1卷，病源候論1–19）

004075/136
周氏醫學叢書三集三十二種　（清）周學海輯　清光緒十七年（1891）池陽周氏校刻本　62冊　存26種（初集、二集，共26種）

004137/68
周氏醫學叢書三集三十二種　（清）周學海輯　清宣統三年（1911）刻本福慧雙脩館藏版　32冊　存16種（本草經3卷，三消論1卷，溫熱論1卷，幼科要略2卷，評點馬氏醫案印機草1卷，評註史載之方2卷，慎柔五書5卷，金匱鉤玄3卷，本草經疏30卷，脈經10卷，增輯難經本義2卷，中藏經3卷附方1卷内照法1卷，内經評文36卷，韓氏醫通2卷，傷寒補例2卷，評點葉案存真類編2卷）

004169/227
周氏醫學叢書三集三十二種　（清）周學海輯　清宣統三年（1911）刻本福慧雙脩館藏版　59冊　缺1種（評註史載之方2卷）

013504
竹齋醫學叢刊二卷　（民國）黃竹齋撰　民國二十五年（1936）鉛印本　1冊

023125/26
註禮堂醫學舉要四卷　（清）戴緒安輯　清光緒十五年（1889）刻本　2冊

013309/12
著園醫藥學合刊兩種八卷　（民國）楊熙齡著　民國十二年（1923）京津印書局鉛印本　4冊

001212/15
著園醫藥學合刊兩種八卷　（民國）楊熙齡著　民國十二年（1923）京津印書局鉛印本　4冊

022973/82
足本大字壽世保元十卷　（明）龔廷賢編　民國（1912–1949）上海廣益書局石印本　10冊

醫　史

024173
漢洋病名對照録二卷附録一卷　（日本）落合泰藏纂著　日本明治十七年（1884）自適堂刻本　1冊

022467/68
歷代名醫蒙求二卷附歷代名醫蒙求釋音二卷　（宋）周守忠撰集　民國二十年（1931）故宮博物院據宋（960–1279）臨安刻本影印本　2冊

024372/75
明季西洋傳入之醫學九卷　范適撰　民國三十二年（1943）中華醫學史學會鉛印

本　4冊

007508/11
明季西洋傳入之醫學九卷　范適撰　民國三十二年（1943）中華醫學史學會鉛印本　4冊

023705/06
清華醫室藏書類目二卷　（民國）釋清華編　民國二十一年（1932）鉛印本　2冊

023517
太醫院誌不分卷　（清）任錫庚編　民國十二年（1923）刻本　1冊

000553/56
醫籍考八十卷　（日本）丹波元胤編　民國二十五年（1936）中西醫藥研究社據無患室叢書本影印本　4冊

006626/29
醫籍考八十卷　（日本）丹波元胤編　民國二十五年（1936）中西醫藥研究社據無患室叢書本影印本　4冊

014282
醫林尚友録一卷　章巨膺編　民國二十五年（1936）章巨膺醫寓鉛印本　1冊

022043/50
醫説十卷　（宋）張杲著　民國二十二年（1933）南京國學圖書館陶風樓據宋（960–1279）刻本影印本（影印本以殘宋本為底本，脱落處以顧定芳本補配）　8冊

000386/93
醫説十卷　（宋）張杲著　民國二十二年（1933）南京國學圖書館陶風樓據宋（960–1279）刻本影印本（影印本以殘宋本為底本，脱落處以顧定芳本補配）　8冊

022035/42
醫説十卷　（宋）張杲著　民國二十二年（1933）南京國學圖書館陶風樓據宋（960–1279）刻本影印本（影印本以殘宋本為底本，脱落處以顧定芳本補配）　8冊

014210/15
醫説十卷續醫説十卷　（宋）張杲著（明）俞弁子著　清宣統三年（1911）上海文明書局鉛印本　6冊

023224/29
醫説十卷續醫説十卷　（宋）張杲撰（明）俞弁子著　清宣統三年（1911）上海文明書局鉛印本　6冊

022383
醫學史不分卷　（民國）李子俊輯　民國（1912–1949）四川高等國醫學校石印本　1冊

013099/100
中國醫學史二卷　（民國）楊叔澄編纂　民國二十七年（1938）華北國醫學院鉛印本　2冊

013592
中國醫學史十二章　陳邦賢編纂　民國十八年（1929）上海醫學書局鉛印本　1冊

001420
中國醫學史十二章　陳邦賢編纂　民國十八年（1929）上海醫學書局鉛印本　1冊

001771
中國醫學史十二章　陳邦賢編纂　民國十八年（1929）上海醫學書局鉛印本　1冊

014434
中國醫學源流論不分卷　謝利恆著　民

國二十四年（1935）上海澄齋醫社鉛印本　1冊

014433
中國醫學源流論不分卷　謝利恒著　民國二十四年（1935）上海澄齋醫社鉛印本　1冊

023191
中國醫學源流論四編　謝利恒述　民國（1912–1949）四川醫學院鉛印本　1冊

集部

別集類

025543/48

音註韓文公文集四十卷外集十二卷 （唐）韓愈撰 （宋）祝充音註 民國二十三年（1934）文祿堂影印本 6冊 存28卷（音註韓文公文集1–16，音註韓文公文集外集12卷）

024269/71

越諺三卷附越諺勝語二卷 （清）范寅輯 清光緒八年（1882）刻本谷應山房藏板 3冊

總集類

022676/82

重訂古文釋義新編八卷 （清）余誠評註 清光緒十五年（1889）有益堂刻本 7冊

024761/68,025131/38

評註昭明文選十五卷首一卷末一卷 （清）于光華編次 民國八年（1919）上海掃葉山房石印本 16冊

023334/49

文選李善注六十卷附考異十卷 （梁）蕭統撰 （唐）李善注 民國（1912–1949）上海著易堂刻本（補配民國（1912–1949）上海大中華圖書公司刻本） 16冊

022734/39

續文選十四卷 （明）胡震亨撰 民國九年（1920）上海進化書局影印本 6冊

013195

增批古文觀止十二卷 （清）吳承權、吳大職選 民國十八年（1929）上海章昌文書局石印本 1冊

詞 類

025492

道情一卷 （清）徐大椿著 清道光四年（1824）刻本 1冊

曲 類

024150/53

律音彙考八卷 （清）邱之稑撰 清宣統三年（1911）刻本 4冊

024107

陰符經一卷樂府傳聲一卷 （清）徐大椿著 清（1644–1911）刻本 1冊

類叢部

叢書類

015271/369

春在堂全書三十一種 （清）俞樾著　清光緒（1875–1908）刻本　99 冊　缺 2 卷（第一樓叢書之七詩書餘録 2 卷）

023570/76

遯廬叢書十種　余重耀撰　民國二十五年（1936）鉛印本　7 冊

021807/950,025014/29

黄氏逸書考二百七十四種 （清）黄奭輯　民國二十三年（1934）江都朱氏刻本　160 冊

021975/2003

精校大字漢魏叢書九十六種 （清）王謨輯　民國（1912–1949）上海大通書局石印本　29 冊

023873/84

留真譜新編十二卷 （民國）楊守敬編　清光緒二十七年（1901）刻本　12 冊

021602/75

劉申叔先生遺書七十四種 （民國）劉師培撰　民國二十七年（1938）寧武南氏鉛印本　74 冊

022400/11

秘書二十一種 （清）汪士漢輯　清乾隆七年（1741）文盛堂刻本　12 冊

024083/88

欽定四庫全書 （清）紀昀等纂修　民國（1912–1949）上海商務印書館據清（1644–1911）文淵閣本影印本　6 冊　存 4 種（經部：皇祐新樂圖記 3 卷，史部：紹熙州縣釋奠儀圖 1 卷，子部：家山圖書 1 卷，集部：欽定補繪蕭雲從離騷全圖 3 卷）

015061/100

説郛一百卷 （明）陶宗儀纂　民國十六年（1927）商務印書館鉛印本　40 冊

023809/16

四部備要三百三十六種 （民國）中華書局編　民國二十五年（1936）中華書局鉛印本　8 冊　存 1 種（路史前紀 9 卷後紀 13 卷餘論 10 卷發揮 6 卷國名記 7 卷）

015122/26,015382/423,015426/016121,016127/380,016382/607,016609/017481,020831/32

四部叢刊三百三十一種 （民國）張元濟等輯　民國十六年至十七年（1927–1928）上海涵芬樓影印本　2098 冊　存 317 種（經部：周易 9 卷附略例 1 卷，三國魏王弼等注，影印宋刻本；監本纂圖重言重意互註點校尚書 13 卷，漢孔安國傳、唐陸德明音義，影印宋刻本；毛詩 20 卷，漢毛亨傳、漢鄭玄箋、唐陸德明音義，影印宋刻本；周禮 12 卷，漢鄭玄注、唐陸德明音義，影印明翻刻宋岳氏本；儀禮 17 卷，漢鄭玄注，影印明徐氏翻刻宋本；纂圖互註禮記 20 卷，漢鄭玄注，影印宋刻本；春秋經傳集解 30 卷附春秋二十國年表 1 卷，晉杜預撰、唐陸德明音義，影印宋刻本；春秋公羊經傳解詁 12 卷，漢何休撰、唐陸德明音義，影印宋建安余氏刻本；春秋穀梁傳 12 卷，晉范甯集解、唐陸德明音義，影印宋建安余氏刻本；孝經 1 卷，唐李隆基注，影印景宋抄本；論語 10 卷，三國魏何晏集解，影印日本正平間刻本；孟子 14 卷，漢趙岐注，影印宋大字刻本；爾雅 3 卷附音釋 3 卷，晉郭璞注，影印宋刻本；京氏易傳 3 卷，漢京房撰，影印明天一閣刻本；尚書大傳 5 卷附序録 1 卷辨譌，漢伏勝撰、漢鄭玄注，影印陳氏刻本；詩外傳 10 卷，漢韓嬰撰，影印明沈氏野竹齋刻本；大戴禮記 13 卷，漢戴德撰，影印明吴郡袁氏嘉趣堂刻本；春秋繁露 17 卷，漢董仲舒撰，影印武英殿聚珍版書本；經典釋文 30 卷附校勘記 3 卷，唐陸德明撰，影印通志堂經解本；方言 13

卷，漢揚雄撰，影印宋刻本；釋名8卷，漢劉熙撰，影印明翻刻宋書棚本；説文解字15卷，漢許慎撰、宋徐鉉校定，影印北宋刻本；説文解字繫傳40卷，五代徐鍇撰，影印述古堂景宋抄本；大廣益會玉篇30卷附玉篇總目偏旁篆書之法1卷，宋陳彭年重修，影印元刻本；廣韻5卷，宋陳彭年重修，影印宋刻本．史部：竹書紀年2卷，梁沈約注，影印明天一閣刻本；前漢紀30卷，漢荀悦撰，影印明翻刻宋本；後漢紀30卷，晉袁宏撰，影印明翻刻宋本；資治通鑒294卷，宋司馬光撰，影印宋刻本；資治通鑒考異30卷，宋司馬光撰，影印宋刻本；資治通鑒目録30卷，宋司馬光撰，影印北宋刻本；司馬溫公稽古録20卷，宋司馬光撰，影印明刻本；資治通鑒外紀10卷目録5卷，宋劉恕編集，影印明刻本；資治通鑒釋文30卷，宋史炤撰，影印宋刻本；通鑒紀事本末42卷，宋袁樞撰，影印宋刻本；汲冢周書10卷，晉孔晁注，影印明嘉靖二十二年章檗刻本；國語21卷，三國吴韋昭注，影印明嘉靖間翻刻宋本；戰國策10卷，宋鮑彪校注、元吴師道重校，影印元至正本；晏子春秋8卷，影印明活字印本；劉向古列女傳7卷續列女傳1卷，漢劉向撰，影印明刻本；五朝名臣言行録10卷三朝名臣言行録14卷，宋朱熹撰，影印宋刻本；吴越春秋10卷，漢趙曄撰、宋徐天祜音注，影印明弘治間鄺璠刻本；越絕書15卷，漢袁康撰，影印明雙柏堂刻本；華陽國志12卷，晉常璩撰，影印明錢穀抄本；水經注40卷，北魏酈道元撰，影印武英殿聚珍版書本；大唐西域記12卷，唐玄奘譯、唐辯機撰，影印宋藏經本；史通20卷附札記1卷札記補1卷，唐劉知幾撰、民國孫毓修輯、民國姜殿揚輯，影印明張鼎思刻本．子部：孔子家語10卷，三國魏王肅注，影印明翻刻宋本；荀子20卷，唐楊倞注，影印黎氏景宋本；孔叢子7卷附釋文1卷，漢孔鮒撰，影印明翻刻宋本；新語2卷，漢陸賈撰，影印明弘治間刻本；新書10卷，漢賈誼撰，影印明正德十年吉藩刻本；鹽鐵論10卷，漢桓寬撰，影印明刻本；劉向新序10卷，漢劉向撰，影印明翻刻宋本；説苑20卷，漢劉向撰，影印明抄本；揚子法言13卷附音義1卷，漢揚雄撰、晉李軌注，影印景宋本；潛夫論10卷，漢王符撰，影印述古堂景宋抄本；申監5卷，漢荀悦撰、明黄省曾注，影印明嘉靖四年刻本；徐幹中論2卷，漢徐幹撰，影印明嘉靖四十四年刻本；中説10卷，隋王通撰、宋阮逸注，影印宋刻本；孫子集註13卷，宋吉天保輯，影印明嘉靖三十四年談愷刻本；六韜6卷，影印景宋抄本；管子24卷，唐房玄齡注，影印宋刻本；鄧析子1卷，影印明刻本；商子5卷，影印明天一閣刻本；韓非子20卷，影印景宋抄校本；齊民要術10卷，北魏賈思勰撰，影印明抄本；黄帝素問靈樞經12卷，影印明趙府居敬堂刻本；王翰林集註黄帝八十一難經5卷，明王九思撰，影印日本活字本；新編金匱要略方論3卷，漢張機撰、明王叔和集，影印明嘉靖間俞橋刻本；註解傷寒論10卷，漢張機撰、明王叔和撰，影印明嘉靖二十四年歙汪氏主一齋刻本；新刊王氏脈經10卷，晉王叔和撰，影印元刻本；重修政和經史證類備用本草30卷，宋唐慎微撰，影印金泰和間晦明軒刻本；周髀算經2卷音義1卷，漢趙爽注、北周甄鸞重述，唐李淳風注釋，影印明趙開美刻本；九章算術9卷音義1卷，晉劉徽注、唐李淳風注釋、唐李籍音義，影印清微波榭本；太玄經10卷附説玄1卷釋文1卷，漢揚雄撰、晉范望注、唐王涯撰、宋林瑀撰，影印明萬玉堂翻刻宋本；易林16卷，漢焦贛撰，影印元刻本；墨子15卷，影印明嘉靖三十二年唐堯臣刻本；尹文子1卷，影印明覆刻宋本；慎子内篇1卷外篇1卷補遺1卷逸文1卷附内篇校文1卷，民國繆荃孫輯、民國孫毓修撰，影印江陰繆氏藕香簃寫本；

鶡冠子3卷，宋陸佃解，影印明翻刻宋本；鬼谷子3卷附録1卷，梁陶弘景注，影印江都秦氏石研齋本；呂氏春秋26卷，漢高誘注，影印明刻本；淮南鴻烈解21卷，漢劉安撰、漢許慎注，影印景北宋抄本；人物志3卷，三國魏劉邵撰、北魏劉昞注，影印明刻本；顔氏家訓2卷，北齊顔之推撰，影印明刻本；白虎通德論10卷，漢班固撰，影印元大德翻刻宋監本；論衡30卷，漢王充撰，影印明通津草堂刻本；風俗通義10卷，漢應劭撰，影印元刻本；群書治要50卷，唐魏徵輯，影印日本尾張本；意林5卷逸文1卷補2卷，唐馬總輯、清周廣業輯、清李遇孫録，影印武英殿聚珍版書本；西京雜記6卷，晉葛洪集，影印明嘉靖間刻本；世説新語3卷附校語1卷，南朝宋劉義慶撰、梁劉孝標注，影印明吳郡袁氏嘉趣堂刻本；穆天子傳6卷，晉郭璞注，影印明天一閣刻本；唐段少卿酉陽雜俎20卷續集10卷，唐段成式撰，影印明刻本；廣弘明集30卷，唐道宣撰，影印明刻本；法苑珠林120卷，唐道世撰，影印明萬曆間刻本；翻譯名義集7卷，宋法雲撰，影印宋刻本；老子道德經2卷，漢河上公章句，影印宋刻本；沖虚至德真經8卷，晉張湛注，影印北宋刻本；南華真經10卷附札記1卷，晉郭象注、唐陸德明音義、民國孫毓修札記，影印明刻本；抱朴子内篇20卷外篇50卷，晉葛洪撰，影印明嘉靖四十四年魯藩刻本；雲笈七籤122卷，宋張君房撰，影印明正統道藏本.集部：楚辭17卷，漢王逸章句、宋洪興祖補注，影印明翻刻宋本；蔡中郎文集10卷外傳1卷，漢蔡邕撰，據明華氏活字本景印；曹子建集10卷，三國魏曹植撰，影印明活字印本；嵇中散集10卷，三國魏嵇康撰，影印明嘉靖間刻本；陸士衡文集10卷，晉陸機撰，影印明鄭德建翻刻宋本；陸士龍文集10卷，晉陸雲撰，影印明正德間翻刻宋本；箋註陶淵明集10卷，晉陶潛撰、宋李公煥箋註，影印宋刻巾箱刻本；鮑氏集10卷，南朝宋鮑照撰，影印毛斧季校宋本；謝宣城詩集5卷，齊謝朓撰，影印明抄本；梁昭明太子文集5卷，梁蕭統撰，影印明刻本；梁江文通文集10卷附校補1卷，梁江淹撰、清葉樹廉輯，影印明翻刻宋本；徐孝穆集10卷，陳徐陵撰，影印明屠隆刻本；庾子山集16卷，北周庾信撰，影印明屠隆刻本；寒山詩1卷，唐寒山撰，影印景宋本；王子安集16卷附録1卷，唐王勃撰，影印明刻本；楊穎川集10卷附録1卷，唐楊炯撰，影印明刻本；幽憂子集7卷附録1卷，唐盧照鄰撰，影印明刻本；駱賓王文集10卷，唐駱賓王撰，影印明刻本；陳伯玉文集10卷，唐陳子昂撰，影印明弘治間陽澄刻本；張説之文集25卷補1卷附校記1卷，唐張説撰，影印明嘉靖十六年刻本；唐丞相曲江張先生文集20卷附録1卷，唐張九齡撰，影印明成化間刻本；分類補註李太白詩25卷分類編次文5卷，唐李白撰、元楊齊賢集註、元簫士贇補註，影印明郭雲鵬刻本；分門集註杜工部詩25卷，唐杜甫撰，影印宋刻本；須溪先生校本唐王右丞集6卷，唐王維撰，影印元刻本；高常侍集8卷，唐高適撰，影印明活字印本；孟浩然集4卷，唐孟浩然撰，影印明刻本；唐元次山文集10卷拾遺1卷補1卷，唐元結撰、民國孫毓修補，影印明正德刻本；顔魯公文集15卷補遺1卷，唐顔真卿撰，影印明刻本；岑嘉州詩7卷附録1卷後序1卷，唐岑參撰，影印明正德刻本；晝上人集10卷，唐皎然撰，影印景宋抄本；劉隨州文集10卷外集1卷，唐劉長卿撰，影印明正德刻本；韋刺史詩集10卷附録1卷，唐韋應物撰，影印明刻本；毘陵集20卷補遺1卷附録1卷，唐獨孤及撰，影印清趙氏亦有生齋本；錢考功集10卷，唐錢起撰，影印明活字印本；唐陸宣公翰院集24卷，唐陸贄撰，影印宋刻本；權載之文集50卷補刻1卷附校補1卷，唐權德輿撰、民國姜殿揚補校，影印清大興朱氏刻本；朱文公校昌黎先生文集40卷外集10卷遺文1卷，唐韓愈撰、宋朱熹考異、宋王伯大集釋，影印元刻本；增廣註釋音辯唐柳先生集43卷別集2卷外集2卷附録1卷，唐柳宗元撰、宋童宗説註釋、宋張敦頤音辯、宋潘緯音義，影印元刻本；劉夢得文集30卷外集10卷，唐劉禹錫撰，影印武進董氏景宋刻本；吕和叔文集10卷附校勘記1卷，唐吕温撰，影印述古堂抄本；唐張司業詩集8卷，唐張籍撰，影印明刻本；皇甫持正文集6卷，唐皇甫湜撰，影印宋刻本；唐李文公集18卷，唐李翱撰，影印明成化是十一年刻本；歐陽行周文集10卷，唐歐陽詹撰，影印明正德刻本；孟東野詩集10卷，唐孟郊撰，影印明弘治十二年刻本；唐賈浪仙長江集10卷，唐賈島撰，影印明翻刻宋本；歌詩編4卷集外詩1卷，唐李賀撰，影印金本及北宋本；沈下賢文集12卷，唐沈亞之撰，影印明刻本；李文饒文集20卷別集10卷外集4卷補1卷附訂正1卷，唐李德裕撰，影印明刻本；元氏長慶集60卷集外文章1卷附校文1卷，唐元稹撰，影印明嘉靖三十一年刻本；白氏文集71卷，唐白居易撰，影印日本元和間活字本；樊川文集20卷外集1卷別集1卷，唐杜牧撰，影印明翻刻宋本；姚少監詩集10卷，唐姚合撰，影印明抄本；唐李義山詩集6卷，唐李商隱撰，影印明嘉靖二十九年毗陵蔣氏刻本；李義山文集5卷附補校1卷，唐李商隱撰，影印舊抄本；溫庭筠詩集7卷別集1卷，唐溫庭筠撰，影印清錢曾述古堂抄本；丁卯集2卷，唐許渾撰，影印景宋抄本；唐劉蛻集6卷，唐劉蛻撰，影印明吳氏問青堂刻本；唐孫樵集10卷，唐孫樵撰，影印明吳氏問青堂刻本；李群玉詩集3卷後集5卷，唐李群玉撰，影印宋刻本；碧雲集3卷，五代李中撰，影印宋刻本；唐李推官披沙集6卷，唐李咸用撰，影印宋刻本；皮日休文集10卷，唐皮日休撰，影印明刻本；唐甫里先生文集20卷附校勘記1卷，唐陸龜蒙撰，影印清黄丕烈校本；玉川子詩集2卷外集1卷，唐盧仝撰，影印舊抄本；司空表聖文集10卷，唐司空圖撰，影印舊抄本；司空表聖詩集5卷，唐司空圖撰，影印唐音統籤本；玉山樵人集1卷香奩集1卷，唐韓偓撰，影印舊抄本；桂苑筆耕集20卷，唐崔致遠撰，影印高麗刻本；唐黄先生文集8卷附録1卷，唐黄滔撰，影印明刻本；甲乙集10卷，唐羅隱撰，影印宋書棚本；白蓮集10卷附風騷旨格1卷，唐齊己撰，影印景明抄本；禪月集25卷，唐貫休撰，影印景宋抄本；浣花集10卷補遺1卷，五代韋莊撰，影印明正德朱子儋刻本；廣成集17卷，五代杜光庭撰，影印正統道藏本；徐公文集30卷，宋徐鉉撰，影印清黄丕烈校宋本；河東先生集16卷，宋柳開撰，影印抄本；王黄州小畜集30卷附札記1卷，宋王禹偁撰，影印宋刻本配吕無黨抄本；王黄州小畜外集□卷，宋王禹偁撰，影印景宋抄本；宋林和靖先生詩集4卷補1卷，宋林逋撰，影印景寫明黑口本；河南穆公集3卷遺事1卷附校補1卷，宋穆修撰、民國孫毓修校補，影印述古堂景宋抄本；范文正公集20卷別集4卷政府奏議2卷尺牘3卷附録13卷附范文正年譜1卷補遺1卷言行拾遺事録4卷范文正公鄱陽遺事録1卷，宋范仲淹撰、宋樓鑰撰，影印明翻刻元天曆本；河南先生文集28卷，宋尹洙撰，影印春岑閣抄本；蘇學士文集16卷附校語1卷，宋蘇舜欽撰、清何焯校，影印清白華書屋刻本；溫國文正公文集80卷，宋司馬光撰，影印宋紹興三年刻本；直講李先生文集37卷外集3卷附直講李先生年譜1卷門人録1卷，宋李覯撰，影印明刻本；陳眉公先生訂正丹淵集40卷拾遺2卷附録1卷，宋文同撰，影印明刻本；南豐先生元豐類藁50卷附録1卷，宋曾鞏撰，影印元刻本；宛陵先生集60卷拾遺1卷附録1

卷，宋梅堯臣撰，影印明刻本；伊川擊壤集20卷外詩1卷，宋邵雍撰，影印明成化間刻本；歐陽文忠公集153卷，宋歐陽修撰，影印元刻本；嘉祐集15卷，宋蘇洵撰，影印景宋抄本；臨川先生文集100卷，宋王安石撰，影印明嘉靖間撫州刻本；增刊校正王狀元集註分類東坡先生詩25卷，宋蘇軾撰、宋王十朋注，影印宋刻本；經進東坡文集事略60卷，宋蘇軾撰、宋郎曄注，影印宋刻本；欒城集50後集24卷三集10卷，宋蘇轍撰，影印明嘉靖間蜀藩木活字印本；欒城應詔集12卷，宋蘇轍撰，影印景宋抄本；豫章黄先生文集30卷，宋黄庭堅撰，影印宋刻本；後山詩註12卷，宋陳師道撰、宋任淵注，影印高麗活字本；張右史文集60卷，宋張耒撰，影印舊抄本；淮海集40卷後集6卷長短句3卷，宋秦觀撰，影印明嘉靖間刻小字本；石門文字禪30卷，宋惠洪撰，影印明徑山寺刻本；濟北晁先生雞肋集70卷，宋晁補之撰，影印明刻本；浮溪集32卷，宋汪藻撰，影印武英殿聚珍版書本；增廣箋註簡齋詩集30卷無住詞1卷附正誤1卷，宋陳與義撰、宋胡穉箋註並正誤、民國馮煦校勘，影印宋刻本；簡齋詩外集1卷，宋陳與義撰，影印元抄本；于湖居士文集40卷附録1卷，宋張孝祥撰，影印宋刻本；晦庵先生朱文公文集100卷續集11卷別集10卷目録2卷，宋朱熹撰，影印明刻本；止齋先生文集52卷附録1卷，宋陳傅良撰，影印明弘治十八年刻本；梅溪先生廷試策奏議5卷詩文前集20卷後集29卷附録1卷，宋王十朋撰，影印明正統刻本；攻媿集112卷，宋樓鑰撰，影印武英殿聚珍版書本；象山先生全集36卷，宋陸九淵撰，影印明刻本；盤洲文集80卷附録1卷拾遺1卷附札記1卷，宋洪适撰，影印宋刻本；石湖居士詩集34卷，宋范成大撰，影印清愛汝堂刻本；誠齋集133卷，宋楊萬里撰，影印景宋抄本；渭南文集50卷，宋陸遊撰，影印明華氏活字印本；澗谷精選陸放翁詩集前集10卷須溪精選後集8卷別集1卷，宋陸遊撰、宋羅椅選、宋劉辰翁選、明劉景寅選，影印明弘治十年刻本；水心先生文集29卷，宋葉適撰，影印明正統十三年刻本；重校鶴山先生大全文集110卷，宋魏了翁撰，影印宋刻本；西山先生真文忠公文集51卷，宋真德秀撰，影印明正德刻本；白石道人詩集2卷集外詩1卷歌曲4卷歌曲別集1卷附録1卷附詩説1卷，宋姜夔撰，影印江都陸氏刻本；後村先生大全集196卷，宋劉克莊撰，影印賜硯堂抄本；文山先生全集20卷，宋文天祥撰，影印明刻本；閑閑老人滏水文集20卷附録1卷，金趙秉文撰，影印汲古閣抄本；滹南遺老集45卷續1卷，金王若虛撰，影印舊抄本；遺山先生文集40卷附録1卷補1卷，金元好問撰，影印明弘治間刻本；湛然居士文集14卷，元耶律楚材撰，影印景元抄本；秋澗先生大全集100卷附録1卷，元王惲撰，影印明弘治間刻本；剡源戴先生文集30卷，元戴表元撰，影印明刻本；松雪齋文集10卷詩文外集1卷，元趙孟頫撰，影印元刻本；靜修先生文集22卷，元劉因撰，影印元小字本；清容居士集50卷，元袁桷撰，影印元刻本；牧庵集36卷附牧庵年譜1卷，元姚燧撰、元劉致撰，影印武英殿聚珍版書本；道園學古録50卷，元虞集撰，影印明刻本；翰林楊仲弘詩8卷，元楊載撰，影印明嘉靖十五年翁氏刻本；揭文安公全集15卷補遺1卷，元揭傒斯撰，影印舊抄本；范德機詩集7卷，元范梈撰，影印景元抄本；淵穎吳先生集10卷附録1卷附札記1卷，元吳萊撰，影印元刻本；金華黄先生文集43卷附札記1卷，元黄溍撰，影印元刻本；圭齋文集16卷，元歐陽玄撰，影印明成化間刻本；柳待制文集20卷附録1卷，元柳貫撰，影印元至正本；薩天錫詩集2卷，元薩都剌撰，影印明弘治間刻本；句曲外史貞居先生詩集5卷，元張雨撰，影印景元抄本；九靈山房集30卷，元戴良撰，影印明正統本；倪雲林先生詩集6卷附録1卷，元倪瓚撰，影印明天順間刻本；東維子文集31卷附校勘記1卷，元楊維楨撰，影印鳴野山房抄本；鐵崖先生古樂府10卷鐵崖先生復古詩集6卷，元也楊維楨撰，影印明成化五年刻本；宋學士文集75卷，明宋濂撰，影印明正德刻本；太師誠意伯劉文成公集20卷，明劉伯溫撰，影印明刻本；清江貝先生文集30卷詩集10卷詩餘1卷，明貝瓊撰，影印明洪武間刻本；蘇平仲文集16卷，明蘇伯衡撰，影印明正統七年刻本；高太史大全集18卷，明高啟撰，影印明景泰元年徐庸刻本；高太史鳧藻集5卷扣舷集1卷，明高啟撰，影印明正統九年長洲刻本；遜志齋集24卷附録1卷，明方孝孺撰，影印明刻本；匏翁家藏集77卷補遺1卷，明吳寬撰，影印明正德刻本；王文成公全書38卷，明王守仁撰，影印明隆慶間刻本；重刊荊川先生文集17卷新刊外集3卷，明唐順之撰，影印明刻本；震川先生集30卷別集10卷，明歸有光撰，影印清康熙間刻本；亭林詩集5卷文集6卷附詩集校補1卷，清顧炎武撰，影印清康熙間刻本；亭林餘集1卷，清顧炎武撰，影印清誦芬樓刻本；南雷文案10卷外卷1卷吾悔集4卷撰杖集1卷子劉子行狀2卷南雷詩歷3卷，清黄宗羲撰，影印清康熙間刻本；薑齋詩文集28卷附薑齋詩話3卷，清王夫之撰，影印船山遺書本；牧齋初學集110卷，清錢謙益撰，影印明崇禎十六年刻本；牧齋有學集50卷補1卷附校勘記1卷，清錢謙益撰，影印清康熙三年刻本；梅村家藏藁58卷詩補遺1卷文補遺1卷，清吳偉業撰，影印武進董氏本；漁洋山人精華録10卷，清王士禛撰、清林佶輯，影印清林佶寫刻本；堯峰文鈔44卷，清汪琬撰，影印清林佶寫刻本；曝書亭集80卷附録1卷，清朱彝尊撰，影印清康熙五十三年刻本；陳迦陵文集6卷儷體文集10卷湖海樓詩集8卷迦陵詞全集30卷，清陳維崧撰，影印清患立堂刻本；敬業堂詩集50卷續集6卷，清查慎行撰，影印清康熙間刻本；望溪先生文集18卷集外文10卷集外文補遺2卷，清方苞撰、清戴鈞補遺，影印清戴鈞衡刻本；樊榭山房集10卷續集10卷文集8卷集外詩3卷又1卷集外詞4卷又1卷集外曲2卷，清厲鶚撰，影印振綺堂刻本；惜抱軒文集16卷詩集10卷，清姚鼐撰，影印清嘉慶十一年刻本；戴東原集12卷附戴東原先生年譜1卷附覆校札記1卷，清戴震撰、清段玉裁注，影印經韻樓刻本；鮚埼亭集38卷外編50卷附經史問答10卷全謝山先生年譜1卷，清全望祖撰、清董秉純撰，影印清姚江借樹山房刻本；鮚埼亭詩集10卷，清全望祖撰，影印舊抄本；洪北江詩文集66卷，清洪亮吉撰，影印北江遺書本；孫淵如詩文集21卷，清孫星衍撰，影印清嘉慶間蘭陵孫氏刻本；潛研堂文集50卷詩集10卷詩續集10卷，清錢大昕撰，影印清嘉慶十一年刻本；述學内篇3卷外篇1卷補遺1卷別録1卷附春秋述義1卷，清汪中撰，影印汪氏本；容甫先生遺詩5卷補遺1卷附録1卷，清汪中撰，影印汪氏本；揅經室一集14卷二集8卷三集5卷四集2卷詩11卷續集9卷外集5卷，清阮元撰，影印清道光間阮氏刻本；大雲山房文稿初集4卷二集4卷言事2卷補編1卷，清惲敬撰，影印清同治間刻本；定盦文集3卷續集4卷補5卷，清龔自珍撰，影印吳氏刻本；定盦文集補編4卷，清龔自珍撰，影印清朱氏刻本；茗柯文初編1卷二編2卷三編1卷四編1卷，清張惠言撰，影印清同治八年刻本；茗柯文補編2卷外編2卷，清張惠言撰，影印清道光間陳善刻本；曾文正公詩集3卷文集3卷，清曾國藩撰，影印清同治間刻本；六臣註文選60卷，梁蕭統編、唐李善等注，影印宋刻本；玉台新詠10卷，陳徐陵輯，影印明五雲溪館活字本；中興間氣集2卷附校文1卷，唐高仲武輯、清何焯校，影印明翻刻宋本；河岳英靈集3卷附校文1卷，唐殷璠撰、民國孫毓修校，影印明翻刻宋本；國秀集3卷，唐芮挺章輯，影印明刻本；才調集10卷，五代韋轂輯，影印錢曾述古堂景宋抄本；古文苑21卷，宋章樵注，影印宋刻本；唐文粹100卷，宋姚鉉纂，影印元翻刻宋小字本；西昆酬唱集2卷，宋楊億輯，影印明嘉靖間刻本；樂府詩集100卷，宋郭茂倩輯，影印汲古閣刻本；皇朝文鑑150卷，宋呂祖謙輯，影印宋刻本；中州集10卷中州樂府1卷，金元好問輯並撰，影印董氏景元刻本；谷音2卷，元杜本輯，影印舊抄本；河汾諸老詩集8卷附校語1卷，元房祺輯、民國孫毓修校，影印景元抄本；國朝文類70卷，元蘇天爵輯，影印元至正間西湖書院本；皇元風雅前集6卷後集6卷，元傅習輯、元孫存吾輯，影印高麗翻刻元本；皇明文衡100卷，明程敏政輯，影印明刻本；文心雕龍10卷附闕文補1卷，梁劉勰撰，影印明刻本；唐詩紀事81卷，宋計有功撰，影印明嘉靖間刻本；增修詩話總龜48卷後集50卷，宋阮閱輯，影印明嘉靖間刻本；花間集12卷附補2卷，五代趙崇祚輯、溫博補輯，影印明萬曆間玄覽齋刻本；樂府雅詞3卷拾遺2卷，宋曾慥輯，影印抄本；唐宋諸賢絕妙詞選10卷，宋黃昇輯，影印明翻刻宋本；中興以來絕妙詞選10卷，宋黃昇輯，影印明翻刻宋本；增修箋註妙選群英草堂詩餘前後集2卷，影印明刻本；朝野新聲太平樂府9卷，元楊朝英輯，影印元刻本）

018221/730

四部叢刊續編七十七種（民國）張元濟等輯　民國二十三年（1934）上海涵芬樓影印本　510冊

020822,020824/25,020830,020175/432,020784/812,022770/74,025254/56

四庫全書珍本初集二百三十一種（民國）中央圖書館籌備處輯　民國二十三年至二十四年（1934–1935）上海商務印書館據清（1644–1911）文淵閣本影印本　299冊　存64種（經部：易變體義12卷，大易通解3–5，九經辨字瀆蒙1–2；史部：政和五禮新儀158–164；子部：七政推步1，莊氏算學1–2，皇極經世索引2卷，玉照定真經1卷，星命總括3卷，禽星易見1卷，六藝之一録1–20、54–72、187–210、257–259、405–406、续编4–12，西清硯譜1–12，元明事類鈔19–40，實賓録14卷，名賢氏族言行類稿60卷；集部：野處集4卷，佩玉齋類稿10卷，桐江續集21–36，滎陽外史集1–38，定庵類稿4卷，東庵集4卷，東堂集10卷，午溪集10卷，浮山集10卷，漁墅類稿8卷，草澤狂歌5卷，莊簡集18卷，忠惠集10卷附録1卷，蓮峰集10卷，秋岩詩集2卷，玉井樵唱3卷，剩語2卷，在軒集1卷，頤山詩話1卷，洪龜父集2卷，可傳集1卷，樗菴類稿2卷，傲軒吟稿1卷，東野農歌集5卷，桐山老農集4卷，鄭忠肅奏議遺集2卷，篔窗集10卷，壺山四六1卷，臞軒集16卷，芸庵類稿6卷，高峰文集12卷，襄陵文集12卷，演山集60卷，瓢泉吟稿5卷，昌谷集22卷，同文館唱和詩10卷，釋文紀1–14、25–45，天台集前集3卷前集別編1卷續集3卷續集別編6卷，玉笥集9卷，五峰集1、3、5，伊濱集1–6，東塘集1、2、9、10，東澗集1、2、5、6，鶴林集7、8、11–16、19、20、37–40，九華集5–8、12–14、24、25、附録，後樂集5、6、9、10，可齋雜稿9、10、18、19，筠谿集20–22，范太史集13–15、20、21、26、27）

018731/9366,025429

四明叢書八集一百六十七種（民國）張壽鏞輯　民國（1912–1949）四明張氏約園刻本　637冊

022412/35

章氏叢書十三種四十七卷（民國）章炳

麟著　民國八年（1919）浙江圖書館校刻本　24 冊

019507/747
知不足齋叢書三十集七百八十一卷　（清）鮑廷博、鮑士恭輯　清乾隆嘉慶間（1736–1820）長塘鮑氏補刻本　241 冊

類書類

021546/77　善本
北堂書鈔一百六十卷　（唐）虞世南輯　（明）陳禹謨補註　明萬曆二十八年（1600）陳禹謨刻本　32 冊

023837/48
初學記三十卷　（唐）徐堅撰　清（1644–1911）刻本　12 冊

022658/65
多能鄙事十二卷　（明）劉基編　民國六年（1917）上海榮華書局石印本　8 冊

023785/808　善本
格致鏡原一百卷　（清）陳元龍撰　清雍正十三年（1735）刻本　24 冊

022864/68
廣事類賦四十卷　（清）華希閔著　（清）鄒升恒參　（清）華希閎重訂　清嘉慶四年（1799）刻本劍光閣藏板　5 冊

025734/45
角山樓增補類腋六十七卷　（清）姚培謙撰　（清）趙克宜增輯　清（1644–1911）角山樓刻本　12 冊　存 32 卷（地部 12–24, 人部 1–6, 物部 8–20）

019367/506
佩文韻府一百零六卷　（清）張玉書等編纂　清（1644–1911）刻本　140 冊

004399,004716/41
欽定古今圖書集成博物彙編草木典三百二十卷目録一卷考證一卷　（清）蔣廷錫等輯　（清）陳夢雷輯　民國二十三年（1934）中華書局影印本　27 冊　缺 1 卷（考證 1 卷）

004665/90,004801
欽定古今圖書集成博物彙編草木典三百二十卷目録一卷考證一卷　（清）蔣廷錫等輯　（清）陳夢雷輯　民國二十三年（1934）中華書局影印本　27 冊　缺 1 卷（考證 1 卷）

004691/715,004767,004794,004802
欽定古今圖書集成博物彙編草木典三百二十卷目録一卷考證一卷　（清）蔣廷錫等輯　（清）陳夢雷輯　民國二十三年（1934）中華書局影印本　28 冊

004742/66,004803
欽定古今圖書集成博物彙編草木典三百二十卷目録一卷考證一卷　（清）蔣廷錫等輯　（清）陳夢雷輯　民國二十三年（1934）中華書局影印本　26 冊　缺 15 卷（卷 154–167, 考證 1 卷）

004768/93
欽定古今圖書集成博物彙編草木典三百二十卷目録一卷考證一卷　（清）蔣廷錫等輯　（清）陳夢雷輯　民國二十三年（1934）中華書局影印本　26 冊　缺 2 卷（目録 1 卷, 考證 1 卷）

004375,004377,004401/12,004655/64,026114/17
欽定古今圖書集成博物彙編草木典三百二十卷目録一卷考證一卷　（清）蔣廷錫等輯　（清）陳夢雷輯　民國二十三年（1934）中華書局影印本　28 冊

004398,004400,004499/540
欽定古今圖書集成博物彙編藝術典醫部五百二十卷目録一卷考證一卷　（清）蔣廷錫等輯　（清）陳夢雷輯　民國二十三年（1934）中華書局影印本　44 冊

004541/82,004797,004799

欽定古今圖書集成博物彙編藝術典醫部五百二十卷目録一卷考證一卷 （清）蔣廷錫等輯 （清）陳夢雷輯 民國二十三年（1934）中華書局影印本 44 冊

004374,004376,004457,004458/81,004583/99

欽定古今圖書集成博物彙編藝術典醫部五百二十卷目録一卷考證一卷 （清）蔣廷錫等輯 （清）陳夢雷輯 民國二十三年（1934）中華書局影印本 44 冊

004482/89,004601/23,004795,004798

欽定古今圖書集成博物彙編藝術典醫部五百二十卷目録一卷考證一卷 （清）蔣廷錫等輯 （清）陳夢雷輯 民國二十三年（1934）中華書局影印本 33 冊 缺 24 卷（284–296,396–406）

004413/29,004432/56,004796,004800

欽定古今圖書集成博物彙編藝術典醫部五百二十卷目録一卷考證一卷 （清）蔣廷錫等輯 （清）陳夢雷輯 民國二十三年（1934）中華書局影印本 44 冊

004389/97

欽定古今圖書集成博物彙編藝術典醫部五百二十卷目録一卷考證一卷 （清）蔣廷錫等輯 （清）陳夢雷輯 民國二十三年（1934）中華書局影印本 9 冊 存 114 卷（427–540）

044624/38

欽定古今圖書集成博物彙編藝術典醫部五百二十卷目録一卷考證一卷 （清）蔣廷錫等輯 （清）陳夢雷輯 民國二十三年（1934）中華書局影印本 15 冊 存 183 卷（21–203）

004600

欽定古今圖書集成博物彙編藝術典醫部五百二十卷目録一卷考證一卷 （清）蔣廷錫等輯 （清）陳夢雷輯 民國二十三年（1934）中華書局影印本 1 冊 存 11 卷（335–345）

004364/73,004639/48

欽定古今圖書集成曆象彙編五百四十四卷 （清）蔣廷錫等輯 （清）陳夢雷輯 民國二十三年（1934）中華書局影印本 20 冊 存 254 卷（乾象典卷 48–100, 歲功典卷 1–64, 庶徵典卷 52–188）

024704/41,025435

欽定古今圖書集成醫部全録四百二十三卷 （清）蔣廷錫等輯 （清）陳夢雷輯 清光緒二十三年（1897）石印本 39 冊 存 353 卷（89–121,151–341,351–367,400–414,424–520）

004384/88,004430/31

欽定古今圖書集成一萬卷目録四十卷 （清）蔣廷錫等輯 （清）陳夢雷輯 民國二十三年（1934）中華書局影印本 7 冊 存 85 卷（方輿彙編職方典 1196–1208, 明倫彙編官常典 635–647, 明倫彙編交誼典 61–72, 明倫彙編交誼典 97–108, 明倫彙編閨媛典 222–235, 理學彙編經籍典 70–80, 經濟彙編祥刑典 25–34）

004649/54

欽定古今圖書集成一萬卷目録四十卷 （清）蔣廷錫等輯 （清）陳夢雷輯 民國二十三年（1934）中華書局影印本 6 冊 存 40 卷（目録 40 卷）

004378/83

欽定古今圖書集成一萬卷目録四十卷 （清）蔣廷錫等輯 （清）陳夢雷輯 民國二十三年（1934）中華書局影印本 6 冊 存 40 卷（目録 40 卷）

015107/56

太平御覽一千卷目録十五卷 （宋）李昉等撰 清嘉慶二十三年（1818）歙縣鮑崇城刻本 50 冊

020611/74　善本

新編古今事文類聚前集六十卷後集五十卷續集二十八卷別集三十二卷新集三十六卷外集十五卷遺集十五卷　（宋）祝穆編　明萬曆三十二年（1604）唐富春德壽堂重刻本　64 册

021239/359

玉海二百卷附辭學指南四卷附刻十三種　（宋）王應麟撰　清光緒九年（1883）浙江書局刻本　221 册

新學

算　學

023254/59

代數難題解法十六卷　（英國）倫德編輯（英國）傅蘭雅口譯　（清）華蘅芳筆述　清同治十二年（1873）江南製造總局刻本　6 冊

014396/99

算草叢存八卷　（清）華蘅芳學　清光緒十九年（1893）武昌刻本　4 冊

023988/93

微積溯源八卷　（英國）華里司輯　（英國）傅蘭雅口譯　（清）華蘅芳筆述　清同治十三年（1874）刻本江南機器製造總局藏板　6 冊

動植物學

021680/81

花卉園藝二卷　張遠峰編　民國（1912–1949）鉛印本　2 冊

醫　學

009204

傳染病八種證治析疑十卷　（民國）曹元森纂　民國二十一年（1932）鉛印本　1 冊

009205

傳染病八種證治析疑十卷　（民國）曹元森纂　民國二十一年（1932）鉛印本　1 冊

009177

傳染病中西會通三篇　（民國）王趾周編　民國三十六年（1947）鉛印本　1 冊

009805/11

割症全書七卷　（美國）嘉約翰譯　清光緒十六年（1890）刻本羊城博濟醫局藏版　7 冊

009111/12

精神病廣義二卷　（民國）周利川著　民國二十五年（1936）鉛印本　2 冊

025511

全體通考十八卷　（英國）德貞子固撰　民國（1912–1949）鉛印本　1 冊　存 1 卷（論骨 1 卷）

001594/96

腎囊醫訣四卷　（英國）高令撰　（英國）萬醫生譯　清光緒二十九年（1903）道安堂刻本　3 冊

008074/77

生理補證四卷　（民國）陸淵雷撰　民國（1912–1949）鉛印本　4 冊

006469

生理解剖圖説不分卷　佚名著　清光緒三十四年（1908）掃葉山房鉛印本　1 冊

005799

俟醫淺説不分卷　George H. Hope 著　Mary Stone 譯　民國四年（1915）上海廣學會鉛印本　1 冊

012024/31

萬國藥方八卷　（美國）洪士提譯　清光緒十六年（1890）石印本　8 冊

005089

衛生要旨一卷　（美國）嘉約翰口譯　（清）海琴氏校正　清光緒九年（1883）刻本　1 冊

013659/62

西藥略釋四卷　（清）孔繼良譯撰　（美國）嘉約翰校正　清光緒十二年（1886）刻本羊城博濟醫局藏板　4 冊

003454/56,025165/67

西醫内科全書九卷　（清）孔慶高譯　（美國）嘉約翰校正　清光緒八年（1882）刻本博濟醫局藏板　6 冊

014392/93
現代精神病學不分卷 （民國）丁福保編譯　民國二十九年（1940）上海醫學書局鉛印本　2冊

014285
醫界新機不分卷 （民國）宦應清撰　民國九年（1920）漢上夢蓮寄盧鉛印本　1冊

013381/84
醫學速成法四卷 （民國）謝睿編　民國十六年（1927）上海會文堂書局石印本　4冊

025283
醫學速成法四卷 （民國）謝睿編　民國（1912–1949）上海會文堂書局石印本　1冊　存1卷（3）

000348/51
中西醫學速成法四卷 （民國）謝睿編　民國二十三年（1934）上海會文堂書局石印本　4冊

報章

025239
存粹社醫報卷二 （民國）景景醫室編　民國（1912–1949）江蘇吳縣宣内翠花街陸景景醫室鉛印本　1冊

022869/88
山西醫學雜誌 （民國）山西太原中醫改進研究會編　民國十五年至十八年（1926–1929）山西太原中醫改進研究會鉛印本　20冊　存20期（31–50）

025555
天津竹園報 （清）丁子良編　清宣統元年（1909）鉛印本　1冊　存14號（498–511）

024205
醫藥衛生報 （民國）衛生公會輯　民國七年（1918）衛生公會鉛印本　1冊　存25期（1–25）

025558
中醫雜誌彙選 （民國）上海中醫學會編　民國十三年（1924）上海中醫學會鉛印本　1冊　存4期（1–4）

025549/54
竹園白話報 （清）丁子良編　清光緒三十四年（1908）鉛印本　6冊　存89號（152–210,226–240,271–285）

索引

bi

bian

bin

bing

bo

bu

chu

chuan

chuang

chun

ci

cong

cui

cun

[D]

da

dai

dan

[E]

[F]

he

hong

hou

hu

hua

huai

huan

huang

hui

ling

liu

lu

lü

lun

luo

[M]

ma

mai

[T]

wan

wang

wei

wen

weng

wu

[X]

xi

xia

xian

xiang

xiao

xie

xin

yin

ying

you

yu

zha

zhai

zhan

zhang

zhao

zhe

zhen

zheng